2025

중소사업자·근로자·영세납세자를 위한

세금절약 가이드 Ⅰ

국세청이 알려주는 따뜻한 세상을 위한 세금 길라잡이

국세청
National Tax Service

머리말

최근 어려운 대내외 여건 속에서도 성실하게 세금을 신고·납부해 주시는 국민 여러분께 진심으로 감사의 말씀을 드립니다.

여러분께서 내신 소중한 세금은 대한민국의 안보, 치안, 교육, 복지 등 사회·경제시스템을 만드는 원동력입니다.

또한, 국민의 삶의 질이 고루 향상될 수 있도록 하는 든든한 버팀목입니다. 이 책자에는 세금의 이해를 돕기 위한 다양한 사례와 설명, 그리고 최신 개정 세법에 대한 정보를 담았습니다.

더불어, 영세납세자를 위한 복지세정과 국민의 권익을 보호하기 위한 국세청의 다양한 지원 정책도 함께 소개하였습니다.

앞으로도 국세청은 국민과 납세자의 눈높이에 맞는 다양한 노력을 기울이면서, 본연의 업무만큼은 제대로 해내는 「일 하나는 제대로 하는 국세청」으로 인정받도록 최선을 다하겠습니다.

국세청
www.nts.go.kr

아무쪼록 이 책자가 납세자 여러분의 성실신고 · 납부에 도움이 되고, 세금에 대한 궁금증을 해소하는데 유용한 길잡이로 활용되기를 바랍니다.

2025년 5월

국세청장 강 민 수

CONTENTS

CONTENTS

◆ 사업 운영 단계(사업자의 세금 신고 · 납부)

CONTENTS

CONTENTS

TAX

CONTENTS

4. 영세납세자를 위한 복지세정

CONTENTS

5. 납세자 보호 제도

2025년 주요 세무 일정

월	일	일정	비고
1월	10일	원천세(반기납 포함) 신고 납부	24년 12월분 (24년 7월~12월분)
	31일	2024년 제2기 부가가치세 확정신고 납부	24년 7월~12월분
2월	10일	원천세 신고 납부	25년 1월분
	10일	2024년 귀속 부가가치세 면세사업자 사업장 현황신고	24년 귀속분
3월	10일	원천세 신고 납부	25년 2월분
	10일	근로 · 사업 · 퇴직소득 지급명세서(원천징수영수증) 제출기한	24년 1월~12월분
	17일	2024년 하반기분 근로장려금 반기 신청기한 (3.1.~3.17.)	24년 하반기 소득분
	31일	12월 결산법인 법인세 신고 납부	24년 1월~12월분
4월	10일	원천세 신고 납부	25년 3월분
	25일	2025년 1기 부가가치세 예정신고 납부	25년 1월~3월분
5월	12일	원천세 신고 납부	25년 4월분
6월	2일	2024년 귀속 종합(양도)소득세 확정신고 납부	24년 귀속분
	2일	근로장려금 · 자녀장려금 정기 신청기한	24년 귀속분
	10일	원천세 신고 납부	25년 5월분
	30일	종합소득세 확정신고 납부 (성실신고확인 대상 사업자)	24년 귀속분
	30일	원천세 반기별 납부 신청기한(6.1.~6.30.)	25년 하반기분

월	일	일정	비고
7월	10일	원천세(반기납 포함) 신고 납부	25년 6월분 (25년 1월~6월분)
	25일	2025년 제1기 부가가치세 확정신고 납부	25년 1월~6월분
8월	4일	종합소득세 확정신고분 분납(5월 신고분)	24년 귀속분
	11일	원천세 신고 납부	25년 7월분
9월	1일	12월 결산법인 법인세 중간예납	25년 1월~6월분
	10일	원천세 신고 납부	25년 8월분
	15일	2025년 상반기분 근로장려금 신청기한 (9.1.~9.15.)	25년 상반기 소득분
10월	10일	원천세 신고 납부	25년 9월분
	27일	2025년 제2기 부가가치세 예정신고 납부	25년 7월~9월분
11월	10일	원천세 신고 납부	25년 10월분
12월	1일	근로장려금 · 자녀장려금 기한 후 신청기한	24년 귀속분
	1일	2025년 귀속 종합소득세 중간예납 납부 · 추계액 신고 납부	25년 1월~6월분
	10일	원천세 신고 납부	25년 11월분
	31일	원천세 반기별 납부 신청기한(12.1.~12.31.)	26년 상반기분

2025년부터 달라지는 세목별 주요 개정 내용

소득세법(종합소득세 분야)

○ 장애인 추가공제 대상 명확화 및 증빙인정 범위 확대

종전	개정
□ 장애인의 범위	□ 장애인 범위 명확화
❶ 「장애인복지법」에 따른 장애인 및 「장애아동 복지 지원법」에 따른 장애아동 ❷ 「국가유공자법」에 따른 상이자 또는 이와 유사한 자	○ (좌 동)
❸ 항시 치료를 요하는 중증환자	❸ 중증질환, 희귀난치성 질환 또는 이와 유사한 질병 · 부상으로 인해 중단없이 주기적인 치료를 요하는 자로서 의료기관의 장이 취업 · 취학 등 일상적인 생활에 지장이 있다고 인정하는 자
□ 장애인 추가공제 적용을 위한 증빙 인정 서류	□ 장애인에 대한 증빙 인정 서류 범위 확대
○ 장애인증명서	○ (좌 동)
〈추 가〉	○ 발달재활서비스 이용증명서* * 「장애아동 복지지원법」 §21에 따른 발달재활서비스를 지원받고 있는 6세 미만 장애아동에 한함

○ 기업의 출산 관련 지원금 비과세

종전	개정
□ 근로소득에서 비과세되는 출산수당 ○ (대상) 본인 또는 배우자의 출산과 관련하여 사용자로부터 지급받는 급여 〈신 설〉 ○ (한도) 월 20만 원 ※ 6세 이하 자녀에 대한 양육수당 비과세(월 20만 원)는 현행 유지	□ 비과세 한도 폐지 ○ ❶근로자 본인 또는 배우자의 출산과 관련하여, ❷출생일 이후 2년 이내* 최대 2차례 **, ❸공통 지급규정에 따라 사용자로부터 지급받는 급여 * 2024년 수당 지급 시에는 2021. 1. 1. 이후 출생자에 대한 지급분 포함 ** 사용자별로 최초 지급분과 그 다음 지급분만 비과세 해당 – (제외) 개인친족관계, 법인지배주주등(해당 지배주주등과 친족관계 또는 경영지배관계 포함)인 특수관계자의 출산과 관련하여 지급하는 경우 ○ 전액 비과세(한도 없음) ※ (적용시기) 2024. 1. 1. 이후 근로자에게 지급한 출산수당부터 적용

2025년부터 달라지는 세목별 주요 개정 내용

소득세법(종합소득세 분야)

○ 자녀세액공제 금액 확대

종전	개정
□ 자녀세액공제	□ 공제금액 확대
○ (공제대상자녀) 기본공제 대상자인 8세 이상의 자녀 또는 손자녀	○ (좌 동)
○ (공제금액) - (첫째) 15만 원 - (둘째) 20만 원 - (셋째 이후) 30만 원/인	○ (좌 동) - 25만 원 - 30만 원 - 40만 원/인 ※ (적용시기) 2025. 1. 1. 이후 발생하는 소득분부터 적용

○ 간주임대료 계산 및 주택임차자금 차입금 기준 이자율 조정

종전	개정
□ 임대보증금 등에 대한 간주 임대료 계산 및 주택임차자금 차입금의 기준 이자율	□ 이자율 하향
○ 연 3.5%	○ 연 3.5% → 3.1% * 「국세기본법 시행규칙」상 국세환급 가산금 이자율과 동일 ※ (적용시기) - [간주임대료] 규칙 시행일이 속하는 과세기간 분부터 적용(소득·부가칙) - [간주임대료] 2025. 1. 1. 이후 개시하는 사업연도 분부터 적용(법인칙) - [주택임차자금 차입금] 규칙 시행일 이후 차입하는 분부터 적용

조세특례제한법(종합소득세 · 근로장려세제 분야)

○ 맞벌이 가구 근로장려금 소득상한금액 인상

종전

□ 근로장려금 지급기준(기준금액 미만 지급)

가구 유형	총소득 기준
단독가구	2,200만 원
홑벌이가구	3,200만 원
맞벌이가구	3,800만 원

□ 총급여액에 따른 맞벌이가구 근로장려금 산정식

총급여액 등	근로장려금
800만 원 미만	총급여액 등 × 800분의 330
800만 원 이상 1천700만 원 미만	330만 원
1천700만 원 이상 3천800만 원 미만	330만 원 – (총급여액 등 – 1,700만 원) × 2,100분의 330

개정

□ 맞벌이가구 총소득기준금액 인상

가구 유형	총소득 기준
단독가구	2,200만 원
홑벌이가구	3,200만 원
맞벌이가구	4,400만 원

□ 맞벌이가구 소득요건 상향에 따른장려금 산정식 수정

총급여액 등	근로장려금
800만 원 미만	총급여액 등 × 800분의 330
800만 원 이상 1천700만 원 미만	330만 원
1천700만 원 이상 4천400만 원 미만	330만 원 – (총급여액 등 – 1,700만 원) × 2,700분의 330

※ (적용시기) 2025. 1. 1. 이후 신청하는 분부터 적용

2025년부터 달라지는 세목별 주요 개정 내용

조세특례제한법(종합소득세 · 근로장려세제 분야)

○ 중증장애인 직계존속 부양가구에 대한 근로장려금 지원 강화

종전	개정
□ 근로장려금 지급대상 홑벌이 가구*의 부양직계 존속 거주요건 * 배우자 또는 부양가족이 있는 가구로서 신청인 본인만 총급여액 3백만 원 이상 소득자인 가구 ○ 주민등록표상 동거가족 ○ 해당 거주자의 주소나 거소에서 현실적으로 생계를 같이 하는 직계존속	□ 직계존속이 장애인인 경우 거주요건 완화 ○ (좌 동)
〈추 가〉	- 장애인이 질병 치료·요양 목적 일시퇴거시 거주요건 적용 배제(부양가족 인정)
〈신 설〉	□ 홑벌이가구 판정시 거주요건 배제되는 장애인 범위 ○ 연령 요건(70세 이상)이 적용되지 않는 직계존속인 중증장애인* * 「장애인고용법」상 중증장애인(국가유공자, 보훈보상대상자 중 상이등급 3등급 이상인자 포함), 「5·18보상법」에 따라 장해등급 3등급 이상으로 지정된 사람 ※ (적용시기) 2025. 1. 1. 이후 신청하는 분부터 적용

○ 반기 근로장려금 환수 방식 정비

종전	개정
□ 반기 근로장려금 환수 방법	□ 환수 방법 정비
○ 다음 순서로 반기 근로장려금을 단계적으로 환수	○ (좌 동)
❶ 동일 과세기간의 자녀장려금에서 차감	❶ (좌 동)
❷ ❶에서 환수 미완료 시 5년 동안 근로·자녀장려금에서 차감	❷ 5년 → 10년
❸ ❷에서 환수 미완료 시 환수액을 소득세 납부고지	❸ (좌 동)
	※ (적용시기) 영 시행일 이후 환급하는 분부터 적용

2025년부터 달라지는 세목별 주요 개정 내용

조세특례제한법(종합소득세 · 근로장려세제 분야)

○ 주택청약종합저축 세제지원 적용대상 확대

종전	개정
□ 주택청약종합저축 납입액에 대한 소득공제 ○ (대상) 근로소득자*인 무주택 세대주 * 소득요건: 총급여액 7,000만 원 이하 ○ (소득공제) 납입액의 40%를 근로소득금액에서 공제(납입한도 연 300만 원) ○ (적용기한) 2025. 12. 31.	□ 적용대상 확대 ○ 근로소득자인 무주택 세대주 및 배우자 ○ (좌 동) ※ (적용시기) 2025. 1. 1. 이후 납입하는 분부터 적용

□ 청년*우대형 주택청약종합저축 이자소득 비과세
  * 연령: 만 19세 이상 34세 이하
○ (대상) 무주택 세대주
  * 소득요건: 총급여액 3,600만 원 또는 종합소득금액 2,600만 원 이하
○ (비과세한도) 500만 원
○ (적용기한) 2025. 12. 31.
	□ 적용대상 확대
	
	○ 무주택 세대주 및 배우자
	
	○ (좌 동)
	
	※ (적용시기) 2025. 1. 1. 이후 지급받는 이자소득분부터 적용

○ 혼인세액공제 신설

종전	개정
〈신설〉	□ 혼인세액공제 ○ (적용대상) 혼인신고를 한 거주자 ○ (적용연도) 혼인신고를 한 해(일생 1회) ○ (공제금액) 50만 원 ○ (적용기간) 2024~2026년 혼인신고 분 ※ (적용시기) 2025. 1. 1. 이후 과세표준을 신고하거나 연말정산하는 분부터 적용

— 세금절약 가이드 I —

01

세금에 관한 일반상식

세금에 관한 일반상식

01 우리가 내는 세금에는 어떤 것이 있나?

우리가 내는 세금에는 어떤 것이 있나? 우리는 일상생활을 하면서 알게 모르게 많은 세금을 내고 있다. 사업을 해서 돈을 벌었으면 소득세를 내야 하고, 번 돈을 가지고 부동산이나 자동차를 사면 취득세를 내야 하며, 집이나 자동차 등을 가지고 있으면 재산세 · 종합부동산세 · 자동차세 등을 내야 한다.

뿐만 아니라 부동산을 팔면 양도소득세를 내야 하고, 자식에게 증여를 하면 증여세를, 부모가 사망하여 재산을 물려받으면 상속세를 내야 한다.

위와 같은 세금은 그래도 알고 내는 세금이지만 우리가 알지도 못하는 사이에 내는 세금도 한 두 가지가 아니다.

물건을 사거나 음식을 먹으면 그 값에 부가가치세가 포함되어 있고, 고급가구 등을 사면 개별소비세가, 술값에는 주세가, 담배값에는 담배소비세가 포함되어 있다.

어디 그뿐인가? 계약서를 작성하면 인지세, 면허를 가지고 있으면 등록면허세를 내야하는 등 차라리 골치 안 아프게 잊어버리고 지내는 것이 속 편할지 모른다.

그러나 우리의 일상생활 속에서 세금문제는 피할 수가 없다. 소득과 재산이 있거나 거래가 이루어지는 곳에는 항상 세금이 따라 다니기 때문이다.

그러므로 우리는 세금에 대하여 무관심하거나 피하려고 하지 말고, 내가 내야 하는 세금에는 어떤 것이 있으며, 나는 그 세금을 적정하게 내고 있는지 관심을 갖는 것이 필요하다. 그래야 우리가 세금과 관련된 어떤 의사 결정을 하더라도 나중에 후회하는 일이 없을 것이다.

현재 우리나라에서 시행되고 있는 세금의 종류는 다음과 같다.

| 국세

국세는 중앙정부에서 부과 · 징수하는 세금으로 내국세와 관세로 구분된다.

- 국세
  - 내국세
    - 소득세
    - 법인세
    - 상속세
    - 증여세
    - 종합부동산세
    - 부가가치세
    - 개별소비세
    - 주세
    - 인지세
    - 증권거래세
    - 교육세
    - 교통·에너지·환경세
    - 농어촌특별세
  - 관세

'내국세'란 우리나라의 영토 안에서 사람이나 물품에 대하여 부과하는 세금으로 국세청에서 담당하고 있으며, '관세'란 외국으로부터 물품을 수입할 때 부과하는 세금으로 관세청에서 담당하고 있다.

Guide **세금과 요금**

세금은 국가나 지방자치단체가 공공경비를 조달할 목적으로 개별적인 보상 없이 국민으로부터 법률에 따라 징수하는 것이지만, 요금은 개인적인 필요에 따라 특정한 재화나 용역을 사용하고 그 대가로 내는 것을 말한다. 흔히들 전기나 수돗물 등을 사용하고 내는 대가를 전기세, 수도세라고 하고 있는데 이는 세금이 아니며 전기요금, 수도요금이라고 해야 정확한 표현이다.

| 지방세

지방세는 지역의 공공서비스를 제공하는데 필요한 재원으로 쓰기 위하여 지방자치단체별로 각각 과세하는 세금이다.

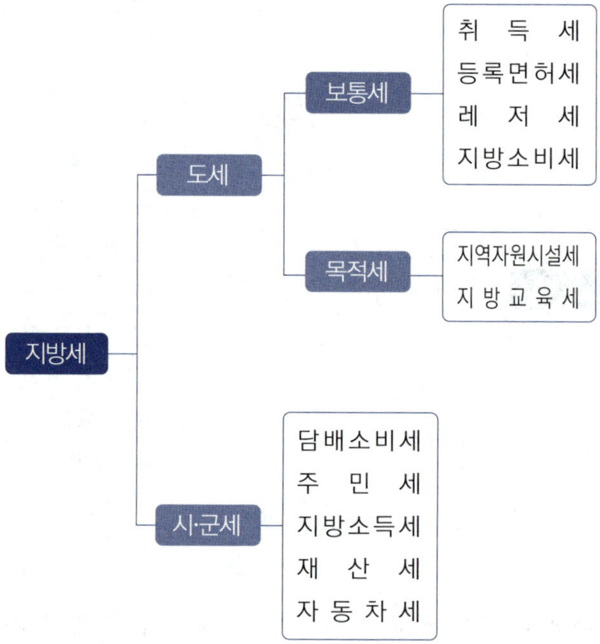

특별(광역)시세
- 보통세: 취득세, 레저세, 담배소비세, 지방소비세, 주민세, 지방소득세, 자동차세
- 목적세: 지역자원시설세, 지방교육세

자치구세: 등록면허세, 재산세

세금에 관한 일반상식

02 절세와 탈세는 어떻게 다른가?

국세청 www.nts.go.kr

세금은 국가나 지방자치단체가 그 재정수요를 충당하기 위하여 개별적인 보상 없이 국민으로부터 법률에 따라 징수하는 것이다. 따라서, 세금을 내는 국민의 입장에서 보면 가능한 한 세금을 적게 내거나 좀 더 줄여서 내고 싶은 것이 모든 사람들의 솔직한 심정일 것이다. 그렇다고 무조건 적게 낼 수는 없는 노릇이다. 왜냐하면 국민으로서 마땅히 지켜야 할 법을 위반하게 될 수도 있기 때문이다.

절세와 탈세는 모두 납세자가 자기의 세금부담을 줄이고자 하는 목적에서 행해진다는 점에서는 같다고 할 수 있다. 그러나 그 방법이 세법이 허용하는 범위 내에 있을 때는 '절세'라고 할 수 있으나, 사기, 기타 부정한 방법으로 세금부담을 줄이는 것은 '탈세'로서 조세범 처벌법에 의하여 처벌을 받게 된다.

절세(Tax Saving)

'절세'란 세법이 인정하는 범위 내에서 합법적 · 합리적으로 세금을 줄이는 행위를 말한다.

절세에 특별한 비결이 있는 것은 아니며, 세법을 충분히 이해하고 법 테두리 안에서 세금을 줄일 수 있는 가장 유리한 방법을 찾는 것이 절세의 지름길이다.

사업과 관련된 세금을 절세하려면

- 평소 증빙자료를 철저히 수집하고 장부정리를 꼼꼼하게 하여 세법에서 정한 비용이 누락되지 않도록 하고,
- 세법에서 인정하고 있는 각종 소득공제 · 세액공제 · 준비금 · 충당금 등의 조세지원 제도를 충분히 활용하며,
- 세법이 정하고 있는 각종 의무사항을 성실히 이행함으로써 매입세액 불공제나 가산세 등의 불이익 처분을 받지 않도록 하여야 한다.

| 탈세(Tax Evasion)

'탈세'란 고의로 사실을 왜곡하는 등의 불법적인 방법을 통해서 세금부담을 줄이려는 행위를 말한다.

탈세의 유형은 여러 가지가 있으나 그중 대표적인 것을 살펴보면

- 수입금액 누락
- 실물거래가 없는데도 비용을 지출한 것으로 처리하는 가공경비 계상
- 실제보다 비용을 부풀려 처리하는 비용의 과대계상
- 허위계약서 작성
- 명의위장
- 공문서 위조 등이 있다.

탈세행위는 국가재정을 축내는 행위이며, 뿐만 아니라 탈세로 축낸 세금은 결국 다른 사람이 부담해야 하기 때문에 성실한 납세자에게 피해를 주는 행위이다.

따라서, 국세청에서는 세금신고, 납부, 세법상담 등 성실신고 지원을 강화하여 최적의 성실납세 환경을 조성하는 한편, 탈세행위 근절을 위하여 전산분석시스템 도입, 신용카드 · 현금영수증 발급의무 확대, 전자(세금)계산서 발행 의무화, FIU 정보통합분석시스템 구축 등 과세 인프라를 지속적으로 강화하고 있다.

Guide **절세와 탈세**

▶ 절 세: 합법적으로 세금을 줄이는 행위
▶ 탈 세: 불법적으로 세금을 줄이는 행위

세금에 관한 일반상식

03 탈세를 하면 어떤 처벌을 받게 되나?

www.nts.go.kr 국세청

우리는 신문이나 방송을 통해 세무조사를 받은 업체의 대표자 등이 조세포탈범으로 처벌을 받는 경우를 종종 보게 된다.

세무조사를 통해 세금을 누락한 사실이 밝혀지면 세금을 추징하는데, 어떤 경우에는 사업자를 구속하기도 하고 어떤 경우에는 세금만 추징하기도 한다.

그렇다면 경우에 따라 받는 처벌은 어떻게 다를까?

세법규정

「조세범 처벌법」 제3조에서 '사기나 그 밖의 부정한 행위로써 조세를 포탈하거나 조세의 환급 · 공제를 받은 자는 2년 이하의 징역 또는 포탈세액, 환급 · 공제받은 세액의 2배 이하에 상당하는 벌금에 처한다.' 라고 규정하고 있다.

다만, 포탈세액 등이 3억 원 이상이고, 그 포탈세액 등이 신고 · 납부하여야 할 세액의 100분의 30 이상인 경우와 포탈세액 등이 5억 원 이상인 경우에는 3년 이하의 징역 또는 포탈세액 등의 3배 이하에 상당하는 벌금에 처한다.

실무상 적용

조세범 처벌법에는 위와 같이 조세범칙 행위에 대한 처벌규정을 두고 있으며, 사기나 그 밖의 부정한 방법으로 일정 금액 이상의 조세를 포탈한 혐의가 있거나 조세범칙행위 혐의자를 처벌하기 위하여 증거수집이 필요한 경우에는 조세범칙조사심의위원회의 심의를 거쳐 조세범칙조사 실시여부를 결정하게 된다.

조세범칙조사 결과 이중장부, 거짓증빙 · 거짓문서의 작성, 장부와 기록의 파기, 재산의 은닉, 소득 · 수익 · 행위 · 거래의 조작 또는 은폐, 거짓 세금계산서 수수 등과 같이 조세의 부과와 징수를 불가능하게 하거나 현저히 곤란하게 하는 적극적 행위로 조세를 포탈한 경우에는 조세범칙조사심의위원회의 심의 결정에 따라 통고처분이나 고발의 범칙처분을 받게 된다.

▶ 관련 법규: 「조세범 처벌법」 제3조

04 궁금한 세금! 어디에 물어봐야 하나?

국세청 www.nts.go.kr

사업을 하거나 일상생활을 하다보면 종종 세금문제에 부딪히게 된다. 이럴 때는 주위 사람들에게 물어보거나 책이나 인터넷 등을 이용해 알아보기도 하는데, 세법이 워낙 복잡한데다 자주 접하는 문제도 아니라서 이해가 잘 안될 뿐 아니라 이해는 되더라도 정확하게 알고 있는 것인지 궁금할 때가 있다.

이러한 경우에는 다음과 같은 상담기관을 이용하면 된다.

126 국세상담센터

국민 누구나 「국세청」하면 쉽게 떠올려 연락할 수 있는 3자리 단일 상담전화 126번을 설치하여 운영하고 있다. 다만, 납세자의 개별 과세 정보 조회가 필요한 사항은 관할세무서로 문의하여야 한다.

◆ 전화상담

전국 어디서나 국번 없이 126번으로 전화하면 현금영수증, 전자세금계산서, 신고·납부, 학자금 상환, 연말정산간소화, 사업자등록 신청 및 변경, 증명발급, 세법상담, 세금고충상담, 탈세 제보 등 원하는 상담서비스를 선택하여 제공받을 수 있다.

국세 상담이 필요할 땐 국번 없이 126번									
1(홈택스 상담)							2	3	4
1	2	3	4	5	6	7			
현금 영수증	전자 세금 계산서	신고·납부	학자금 상환	연말 정산 간소화	사업자 등록 신청/변경	증명 발급 및 일반 세무서류	세법 상담	세금고충상담 (각 세무서 납세자보호 담당관)	탈세 등 각종 제보

일반상담은 평일 오전 9시부터 오후 6시까지 운영된다. 단, 탈세 등 각종 제보 녹음은 24시간 이용 가능하다.

126번 이용시에는 일반 통화요금이 적용되며, 1월과 5월은 상담전화가 집중되므로 신고 기간 전에 미리 전화하면 좀 더 편리하게 상담받을 수 있다.

※ 해외에서도 편리하게 이용할 수 있다.

◆ 인터넷상담

'홈택스'에서 국세에 관한 궁금한 사항을 질의하면 신속하고 정확하게 답변을 받을 수 있다.

- '홈택스(www.hometax.go.kr)' 접속 → 전체메뉴 → 상담 · 불복 · 제보 → 상담하기 → 인터넷 상담하기
- 모바일 홈택스(손택스) 앱 접속 → 전체메뉴 → 상담 · 불복 · 고충 · 제보 · 기타 → 상담하기 → 모바일 상담하기

※ [국세행정에 대한 건의, 불만, 칭찬]은 누리집(국세청 〉 국민소통 〉 국세청 100배 활용하기 가이드맵 〉 고객의 소리(VOC)) 또는 국세상담 센터 전화(국번 없이 126 → 2번 → 9번)를 통해서 접수할 수 있다.

단, 세법 개정에 관한 불만 · 건의는 기획재정부로 문의하면 된다.

I 국세청 세목소관 담당과

세법해석과 관련된 일반적인 질의는 질문할 내용을 서면으로 작성하여 우편이나 팩스(FAX)로 해당 세목과에 보내면 질의에 대한 답변을 서면으로 받아볼 수 있다.

※ '서면질의 신청서식'으로 신청

- 신청서식, 세목별 담당부서와 연락처(팩스번호) 등은 국세청 누리집(국세정책 / 제도 〉 세법해석 질의안내)를 참고
- 우편접수 (우 30128) 세종특별자치시 국세청로 8-14
  국세청 부가가치세과(부가), 소득세과(소득), 법인세과(법인),
  부동산납세과(부동산 양도), 자본거래과(주식 양도),
  상속증여세과(상속·증여), 원천세과(원천)
- 홈택스접수: 국세청 홈택스(www.hometax.go.kr) → 상담 · 불복 · 고충 · 제보 · 기타 → 세법해석 신청 → 서면질의 신청 → 인적사항작성 → 신청서식 내려받기 → 서식작성 후 파일첨부(PDF 변환 등)하여 신청

국세청 법규과

세법해석 사전답변 신청 및 이용에 관한 사항은 국세청 누리집 및 유선 ☎(044)204-3103~5로 문의하면 상담받을 수 있다.

※ 반드시 특정서식('세법해석 사전답변 신청서')으로 신청

- 신청서식 및 신청기한 등은 국세청 누리집(국세정책/제도 〉 세법해석 질의안내)를 참고
- 우편이나 직접방문 또는 홈택스로 신청 가능(FAX나 E-mail 신청은 불가)

◆ 세법해석 사전답변

납세자가 자신의 사업 또는 자신과 직접적으로 관련된 '특정한 거래'의 과세여부 등 세무 관련 의문사항에 대하여 『실명』으로 구체적 사실관계를 기재하여 사전(법정신고기한 전)에 질의하면 당사자에게 명확하게 답변을 제공하여 준다.

세무서 납세자보호담당관실

세무서를 직접 방문하여 궁금한 사항을 물어 보고 싶거나, 고지된 세금의 내용이 잘못되었다고 생각되는 경우에는 전국의 모든 세무서에 설치되어 있는 「납세자보호담당관」을 찾아가 상담하면 된다.

지방세는 해당 시청·군청·구청

지방세에 관하여 궁금한 사항이 있는 경우에는 해당 시청·군청·구청 세무과에 문의하거나, 해당기관의 누리집을 방문하여 인터넷으로 상담을 받을 수 있다.

세금에 관한 일반상식

05 억울한 세금! 어떻게 구제받을 수 있나?

모든 일을 원칙대로 처리하는 나원칙 씨는 지금까지 성실하게 세금을 납부하여 왔다고 자부하고 있었다.

그런데 얼마 전 세무서 직원들이 작년에 신고한 부가가치세에 누락된 자료가 있다고 확인을 하고 돌아간 후, 500만 원을 추가로 고지할 예정이라는 「과세예고통지서」를 보내왔다. 나원칙 씨는 이를 받아들일 수 없기 때문에 억울함을 호소하려고 한다.

나원칙 씨는 어떻게 구제받을 수 있나?

사업을 하다 보면 세금과 관련하여 부당한 처분을 받거나 필요한 처분을 받지 못하여 억울하다고 생각되는 경우가 있을 수 있다.

이런 경우에는 다음과 같은 제도를 이용하여 불복청구를 함으로써 권리침해를 방지하거나 침해된 권리를 구제받을 수 있다.

Ⅰ 법에 의한 권리구제 제도

1) 고지 전에는 과세전적부심사제도를 이용할 수 있다.

'과세전적부심사제도'는 세무조사를 실시하고 그 조사결과를 납세자에게 통지하거나, 업무감사 및 과세자료에 의하여 과세하는 경우 또는 예상고지세액이 100만 원 이상인 경우에는 과세할 내용을 미리 납세자에게 알려 준 다음 납세자가 그 내용에 대하여 이의가 있을 때 과세예고통지내용의 적법성 여부에 대한 심사를 청구하는 제도이다.

'과세전적부심사'를 청구하려면 세무조사결과통지서 또는 과세예고통지서를 받은 날부터 30일 이내에 통지서를 보낸 해당 세무서장 · 지방국세청장에게 청구서를 제출하여야 한다.

다만, 쟁점사항이 국세청장의 유권해석을 변경하여야 하거나 새로운 해석이 필요한 경우, 국세청장의 감사지적에 의한 경우, 청구세액이 5억 원 이상인 경우 및 감사원의 시정요구에 따른 과세처분으로서 시정요구 전에 과세처분 대상자가 소명안내를 받지 못한 경우 국세청장에게 제출할 수 있다.

그러면 세무서장 등은 이를 심사하여 30일 이내에 심사청구 결정절차(P.43참조)와 같이 국세심사위원회의 심의를 거쳐 결정을 한 후 납세자에게 그 결과를 통지한다.

한편, 과세전적부심사청구를 원하지 않는 납세자는 다음과 같은 「조기결정신청제도」를 이용할 수 있다.

Guide **조기결정신청제도(早期決定申請制度)**

세무조사결과통지나 과세예고통지 시 과세전적부심사 청구없이 조기 결정(부과)을 신청할 수 있는 제도로, 납세자가 「조기결정 신청서」를 제출하면 과세전적부심사 청구기간 내에도 즉시 고지를 받게 되어 가산세 부담이 경감되는 효과가 있음
※ 통지 내용 중 일부만의 조기신청도 가능

2) 고지 후에는 다음과 같은 제도를 이용할 수 있다.

세금이 고지된 후에는 다음과 같은 권리구제 제도를 이용할 수 있다.

- 세무서 또는 지방국세청에 제기하는 '이의신청'
- 국세청에 제기하는 '심사청구'
- 국무총리실 조세심판원에 제기하는 '심판청구'
- 감사원에 제기하는 '감사원 심사청구'
- 행정소송법에 의하여 법원에 제기하는 '행정소송'

위와 같은 권리구제 절차를 밟고자 하는 경우에는 1단계로 이의신청 · 심사청구 · 심판청구 · 감사원 심사청구 중 하나를 선택하여 청구할 수 있으며, 1단계 절차에서 구제를 받지 못한 경우에는 2단계로 법원에 행정소송을 제기할 수 있다.

※ 다만, 이의신청을 한 경우에는 심사 또는 심판청구를 거쳐야 행정소송을 제기할 수 있다.

또한 세금이 고지된 이후의 구제절차를 밟으려면 반드시 고지서 등을 받은 날 또는 세금부과 사실을 안 날부터 90일 이내에 관련 서류를 제출해야 하며, 1단계 절차에서 권리구제를 받지 못하여 행정소송을 제기하고자 하는 경우에는 결정통지서를 받은 날부터 90일 이내에 법원에 서류를 제출하여야 한다. 만약 이 기간을 지나서 서류를 제출하면 아무리 청구이유가 타당하더라도 '각하'결정을 하므로 청구기간은 반드시 지켜야 한다.(다만, 결정의 통지를 받기 전이라도 그 결정기간이 지난날부터는 행정소송을 제기할 수 있다)

3) 사전·사후 권리구제 시 「심리자료 사전열람」 제도를 도입하여 납세자 권익 보호를 확대하였다.

과세관청 또는 납세자 중 어느 한 쪽에 유리하게 사건을 심리한다는 의구심을 불식시키고 심리절차를 보다 공정 · 투명하게 운영하기 위해 「심리자료 사전열람」 절차를 운영하고 있다.

Guide **각하(却下), 심리자료 사전열람**

▶ 각하(却下)

적법한 청구 또는 소송요건을 갖추지 못한 경우 사건을 심리하지 않고 배척하는 것을 말함

▶ 심리자료 사전열람

불복청구 사건 담당직원이 불복사건조사서 등 심리자료를 국세심사위원회에 상정하기 전에 과세처분 관서와 납세자가 열람할 수 있도록 하고, 보충의견이나 추가 증빙을 제시하면 이를 반영하여 위원회에 상정토록 하는 심리절차

행정에 의한 권리구제 제도

◆ 납세자보호담당관제도

'납세자보호담당관제도'는 세금과 관련된 고충을 납세자의 입장에서 적극적으로 처리함으로써 납세자의 권익을 실질적으로 보호하기 위해 도입한 제도로, 이를 위해 전국의 모든 세무관서에는 납세자보호담당관이 있다.

납세자는 국세청에서 담당하는 세금과 관련된 애로 및 불편사항에 대하여 고충 또는 권리보호를 요청할 수 있는데, 예를 들면 다음과 같다.

- 세금구제 절차를 알지 못하여 불복청구 기간이 지났거나, 과세 당시 입증자료를 내지 못하여 세금을 물게 된 경우
- 체납세액에 비하여 너무 많은 재산을 압류하였거나 다른 재산이 있음에도 사업활동에 지장을 주는 재산을 압류한 경우
- 일반 국세행정 분야에서 국세공무원의 부당한 행위로 납세자의 권리가 침해되고 있거나 침해가 현저히 예상되는 경우
- 세무조사과정에서 과도한 자료요구 등 세무조사와 관련하여 애로·불만사항이 있는 경우 등
- 기타 세금관련 애로사항 발생

납세자의 고충민원 및 권리보호요청이 접수되면 납세자보호담당관이 책임지고 적극 처리하고 있다. 그러므로 국세와 관련된 애로사항이 있으면 가까운 세무서의 납세자보호담당관과 상담해 보는 것이 좋다.

전국 어디서나 국번 없이 126번으로 전화하여 3번을 누르면 관할 세무서 납세자보호담당관과 연결되어 친절한 상담을 받을 수 있다.

납세자 권리구제절차

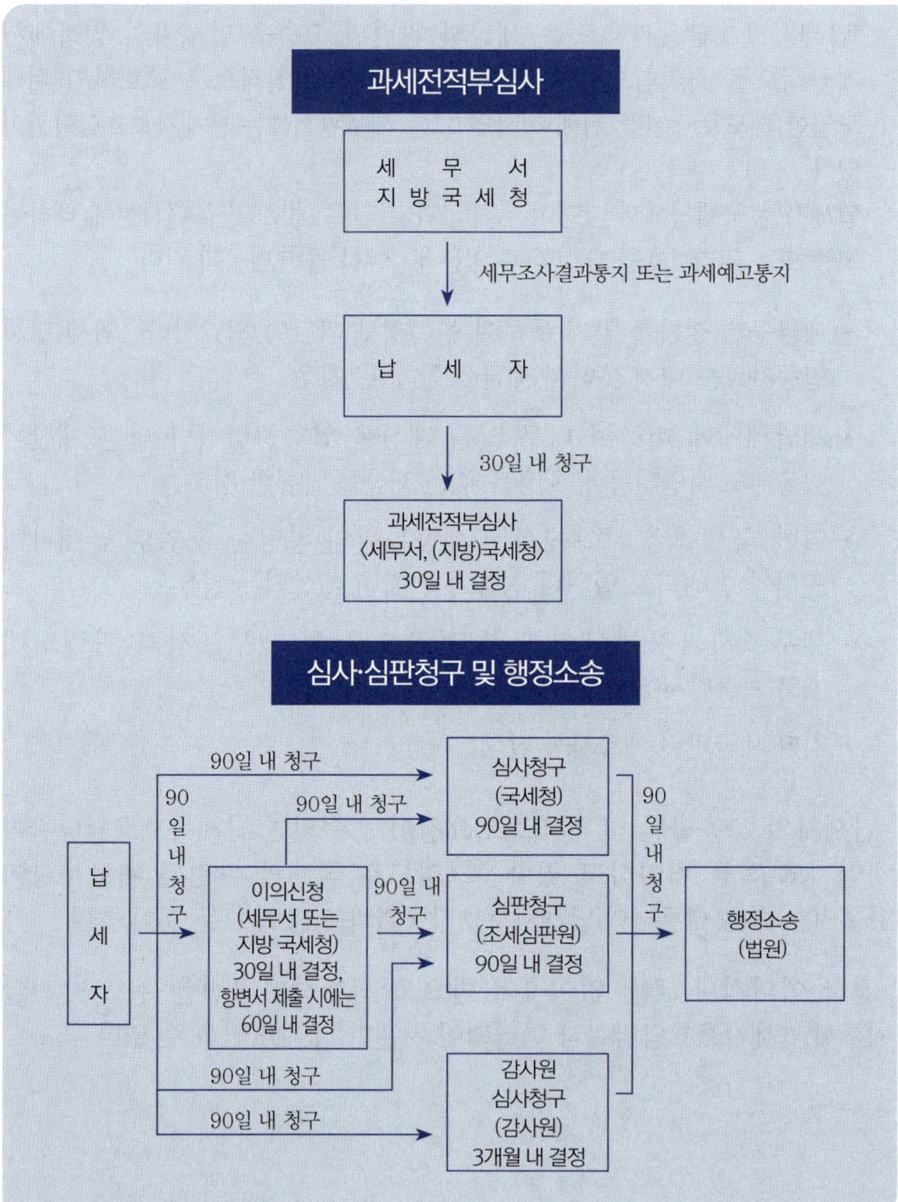
과세전적부심사
세 무 서
지 방 국 세 청
세무조사결과통지 또는 과세예고통지
납 세 자
30일 내 청구
과세전적부심사
〈세무서, (지방)국세청〉
30일 내 결정
심사·심판청구 및 행정소송
납세자
90일 내 청구
90일 내 청구
90일 내 청구
이의신청
(세무서 또는 지방 국세청)
30일 내 결정, 항변서 제출 시에는 60일 내 결정
90일 내 청구
심사청구
(국세청)
90일 내 결정
심판청구
(조세심판원)
90일 내 결정
90일 내 청구
90일 내 청구
감사원
심사청구
(감사원)
3개월 내 결정
90일 내 청구
행정소송
(법원)

심사청구 결정절차

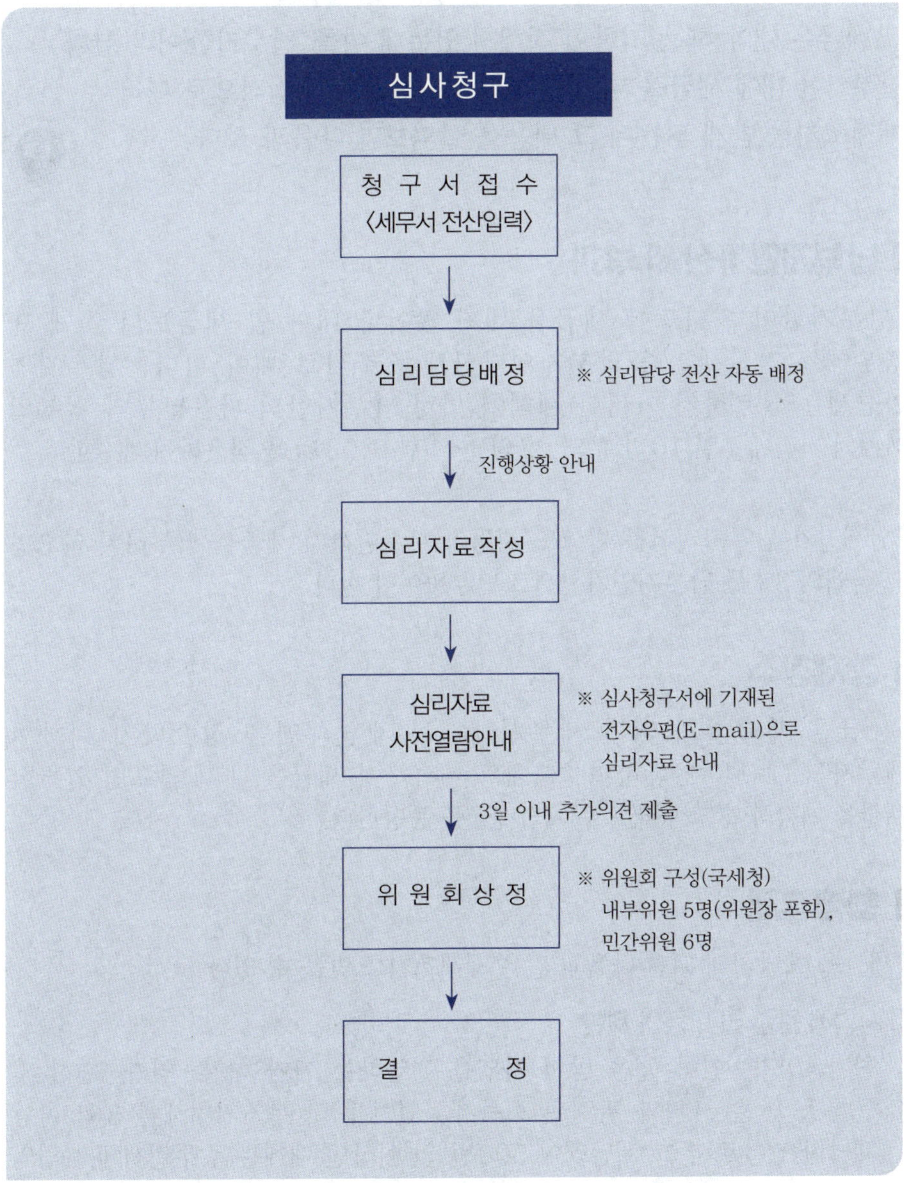
심사청구
청 구 서 접 수
〈세무서 전산입력〉
심 리 담 당 배 정
※ 심리담당 전산 자동 배정
진행상황 안내
심 리 자 료 작 성
심리자료
사전열람안내
※ 심사청구서에 기재된
전자우편(E-mail)으로
심리자료 안내
3일 이내 추가의견 제출
위 원 회 상 정
※ 위원회 구성(국세청)
내부위원 5명(위원장 포함),
민간위원 6명
결 정

세금에 관한 일반상식

06 세금을 제때 못 내면 어떤 불이익을 받게 되나?

세금은 내야 하는 기한이 정해져 있는데 이를 '납부기한'이라 한다. 납부기한 내에 세금을 내지 못하면 법적으로나 행정적으로 여러 제재조치를 받게 되는데 그 내용을 살펴보면 다음과 같다.

ㅣ납부지연가산세 부과

납부기한이 지나도록 세금을 내지 않거나 내야 할 세금보다 적게 낸 경우에는 가산세, 즉 납부지연가산세를 추가로 내야 한다. 납부지연가산세는 납부하지 아니한 세액에 법정 납부기한의 다음날부터 납부일까지의 기간에 1일 10만 분의 22의 율(1년 8.03%)을 적용하여 계산한다.

납세자가 납부고지서를 받고도 지정 납부기한까지 세금을 납부하지 않으면 그 금액의 3%를 납부지연가산세로 납부하여야 한다.

ㅣ강제징수

세금을 체납하게 되면 세무서에서는 체납세액을 징수하기 위하여 체납자의 재산을 압류하며, 그래도 계속하여 세금을 내지 않으면 압류한 재산을 매각하여 그 대금으로 체납세금을 충당한다.

ㅣ행정규제

세금을 체납하게 되면 다음과 같은 제재조치를 받을 수 있다.

1) 사업에 관한 허가 등의 제한

허가 · 인가 · 면허 등을 받아 사업을 경영하는 자가 허가 · 인가 · 면허 및 등록을 받은 사업과 관련된 소득세, 법인세 및 부가가치세를 3회 이상 체납한 경우로서 그 체납액이 500만 원 이상인 때에는 주무관서에 사업의 정지 또는 허가의 취소를 요구할 수 있다.

2) 출국금지

정당한 사유 없이 국세를 5,000만 원 이상 체납한 자로서 소유재산 등으로 조세채권을 확보할 수 없고, 강제징수를 회피할 우려가 있다고 인정하는 경우 관계 부처에 출국금지를 요청한다.

3) 체납 자료의 신용정보기관 제공

다음에 해당하는 경우 세무서장은 신용정보집중기관(한국신용정보원)에 자료를 제공하며, 자료가 제공되면 신용불량정보로 등록되어 신규 대출의 중단, 신용카드 발급 제한 등 각종 금융제재를 받을 수 있다.

- 체납발생일부터 1년이 지나고 체납액이 500만 원 이상인 자
- 1년에 3회 이상 체납하고 체납액이 500만 원 이상인 자

4) 고액·상습체납자의 명단 공개

- 국세체납액이 2억 원 이상인 자로서
  - 체납발생일부터 1년이 지난 경우

5) 고액·상습체납자의 감치(아래 3가지 요건 모두 충족)

① 국세를 3회 이상 체납, 1년 경과, 체납된 국세 합계 2억 원 이상
② 납부 능력이 있음에도 정당한 사유 없이 체납한 경우
③ 국세정보위원회의 의결로 감치 필요성이 인정되는 경우

※(절차) 국세청장의 감치 신청 → 검사의 감치 청구 → 법원의 결정 → 체납자를 30일 이내 구치소 등에 유치

▶관련 법규: 「국세징수법」 제110조, 제112조, 제113조, 제114조, 제115조
「국세징수법 시행령」 제106조

세금에 관한 일반상식

07 정부에서 세금을 부과할 수 있는 기간은?

그동안 부동산에 투자하여 재미를 많이 본 정갑부 씨는 강남에 대형 아파트와 상가건물 등을 소유하고 있는 알부자이다. 그는 최근에 세무서로부터 양도소득세 4,000만 원을 납부하라는 고지서를 받았는데, 내용을 확인해 보니 6년 전에 등기를 하지 않고 토지를 양도한 것이 문제가 되었다.

정갑부 씨는 5년이 지나면 세금을 내지 않아도 되는 것으로 알고 있는데, 세무서에서는 세금을 내야 한다고 주장하고 있다.

정갑부 씨는 세금을 내지 않아도 될까?

세법에서는 일정한 기간 안에서만 세금을 부과할 수 있도록 하고 그 기간이 지나면 세금을 부과할 수 없도록 하고 있는데, 이를 '국세 부과의 제척기간'이라 한다.

일반적으로 국민들은 국세부과의 제척기간이 5년이라고 알고 있으나 이를 무조건 5년이라고 생각하면 큰 오산이다. 제척기간이 최장 15년까지 있기 때문이다.

국세부과의 제척기간은 다음과 같다.

1 일반적인 경우

1) 상속세와 증여세

- 원칙: 국세를 부과할 수 있는 날부터(신고기한의 다음날부터) 10년간
- 예외: 다음에 해당하는 경우에는 신고기한의 다음날부터 15년간
  - 납세자가 사기 그 밖에 부정한 행위로써 상속세 또는 증여세를 포탈하거나 환급·공제받는 경우
  - 상속세 또는 증여세를 신고하지 아니하였거나 허위신고 또는 누락신고한 경우

2) 상속세 및 증여세 이외의 세금

- 원칙: 신고기한의 다음날부터 5년간{역외거래[「국제조세조정에 관한 법률」 제2조제1항제1호에 따른 국제거래(이하 "국제거래"라 한다) 및 거래 당사자 양쪽이 거주자(내국법인과 외국법인의 국내사업장을 포함한다)인 거래로서 국외에 있는 자산의 매매·임대차, 국외에서 제공하는 용역과 관련된 거래를 말한다. 이하 같다]의 경우에는 국세를 부과할 수 있는 날부터 7년}*

 * 국제거래는 2015년 1월 1일 이후 국세를 부과할 수 있는 날이 개시하는 분부터, 밑줄 부분은 2019년 1월 1일 이후 국세를 부과할 수 있는 날부터 적용하되 이미 납세의무가 성립한 분은 종전 규정에 따른다.

- 예외
  - 납세자가 법정신고기한 내에 신고를 하지 아니한 경우에는 신고기한의 다음날부터 7년간(역외거래의 경우 10년)
  - 사기, 기타 부정한 행위로써 국세를 포탈하거나 환급 또는 공제받는 경우에는 그 국세를 부과할 수 있는 날부터(신고기한의 다음날부터) 10년간 (역외거래의 경우 15년간)
  - 부정한 행위로 포탈하거나 환급·공제받는 국세가 법인세인 경우 「법인세법」 제67조에 따라 처분된 소득세 및 법인세에 대하여도 그 소득세 또는 법인세를 부과할 수 있는 날부터 10년간(2012년 1월 1일 이후 최초 처분하는 금액부터 적용)
  - 납세자의 부정한 행위로 가산세 부과대상 (「소득세법」 제81조제3항제4호, 「법인세법」 제75조의8 제1항제4호, 「부가가치세법」 제60조제2항제2호·제3항 및 제4항)에 해당 시 해당 가산세를 부과할 수 있는 날로부터 10년간 (역외거래의 경우 15년간)

┃ 특수한 경우

1) 고액 상속·증여재산

납세자가 사기, 기타 부정한 행위로 상속세 또는 증여세를 포탈하는 경우로서 다음 중 하나에 해당하는 경우에는 위의 규정에 불구하고 당해 재산의 상속 또는 증여가 있음을 안 날부터 1년 이내에 상속세 또는 증여세를 부과할 수 있다. 다만, 상속인이나 증여자 및 수증자가 사망한 경우와 포탈세액 산출의 기준이 되는 재산가액이 50억 원 이하인 경우에는 위 일반적인 제척기간에 의한다.

- 제3자의 명의로 되어 있는 피상속인 또는 증여자의 재산을 상속인 또는 수증자가 취득한 경우
- 계약에 의하여 피상속인이 취득할 재산이 계약이행기간 중에 상속이 개시됨으로써 등기·등록 또는 명의개서가 이루어지지 아니하여 상속인이 취득한 경우
- 국외에 있는 상속재산이나 증여재산을 상속인 또는 수증자가 취득한 경우
- 등기·등록 또는 명의개서가 필요하지 아니한 유가증권·서화·골동품 등 상속재산 또는 증여재산을 상속인이나 수증자가 취득한 경우
- 수증자의 명의로 되어 있는 증여자의 「금융실명거래 및 비밀보장에 관한 법률」 제2조제2호에 따른 금융자산을 수증자가 보유하고 있거나 사용·수익한 경우
- 「상속세 및 증여세법」 제3조제2호에 따른 비거주자인 피상속인의 국내재산을 상속인이 취득한 경우
- 「상속세 및 증여세법」 제45조의2에 따른 명의신탁재산의 증여의제에 해당하는 경우

2) 조세쟁송의 경우

이의신청 · 심사청구 · 심판청구 · 감사원법에 의한 심사청구 또는 행정 소송법에 의한 소송을 제기한 경우에는 일반적인 제척기간이 경과하였더라도 그 결정 또는 판결이 확정된 날부터 1년이 경과하기 전까지는 당해 결정 또는 판결에 따라 경정결정을 하거나 기타 필요한 처분을 할 수 있다.

3) 5년(무신고의 경우 7년)을 초과하여 이월결손금 공제를 받는 경우

해당 결손금이 발생한 과세기간의 소득세 또는 법인세는 이월 결손금을 공제한 과세기간의 법정신고기한으로부터 1년간

위 사례에서 정갑부 씨의 경우는 미등기로 양도하여 양도소득세를 포탈하였으므로 양도일이 속하는 연도의 다음연도 6월 1일부터 10년이 경과하기 전까지는 세금을 부과할 수 있다. 따라서, 정갑부 씨는 세금을 내야 한다.

▶ 관련 법규: 「국세기본법」 제26조의 2, 「국세기본법 시행령」 제12조의 3

— 세금절약 가이드 I —

02

중소사업자를 위한 세금

국세청

www.nts.go.kr

01 기초 세금 상식

사업자는 다음과 같은 세금을 납부하여야 합니다.

| 부가가치세

◈ 상품(재화) 등을 판매하거나 서비스(용역)를 제공하면 부가가치세를 납부하여야 합니다.

◈ 그러나, 다음과 같이 생활필수품을 판매하거나 의료 · 교육관련 용역을 제공하는데 대하여는 부가가치세가 면제됩니다.

- 곡물, 과실, 채소, 육류, 생선 등 가공되지 아니한 식료품의 판매
- 연탄 · 무연탄, 복권의 판매
- 병 · 의원 등 의료보건용역

다만, 쌍꺼풀수술, 코성형수술, 유방확대 · 축소술, 지방흡입술, 주름살제거술의 진료용역은 2011. 7. 1. 이후 제공하는 용역부터 과세

- 안면윤곽술, 치아성형(치아미백, 라미네이트와 잇몸성형술을 말함) 등 성형수술(성형수술로 인한 후유증 치료, 선천성 기형의 재건수술과 종양 제거에 따른 재건수술은 면세)과 악안면 교정술(치아교정치료가 선행되는 악안면 교정술은 면세)과 색소모반 · 주근깨 · 흑색점 · 기미치료술, 여드름치료술, 제모술, 탈모치료술, 모발이식술, 문신술 및 문신제거술, 피어싱, 지방융해술, 피부재생술, 피부미백술, 항노화치료술 및 모공축소술의 진료용역은 2014. 2. 1. 이후 제공하는 용역부터 과세

- 허가 또는 인가 등을 받은 학원, 강습소, 교습소 등 교육용역
- 도서, 신문, 잡지(광고 제외)

| 개별소비세

◈ 다음과 같은 사업을 하는 경우에 부가가치세 이외에 개별소비세와 개별소비세에 따른 교육세, 농어촌특별세도 납부하여야 합니다.

- 투전기 · 오락용 사행기구 등과 수렵용 총포류
- 보석 및 귀금속류(1개당 500만 원 초과분)
- 고급시계(1개당 200만 원 초과분), 고급융단(200만 원, ㎡당 10만 원 곱한 금액 중 큰 금액 초과분), 고급가방(1개당 200만 원 초과분, 2014. 1. 1. 이후), 고급모피 등(1개당 500만 원 초과분), 고급가구(1조당 800만 원 또는 1개당 500만 원 초과분), 정원 8명 이하 승용자동차(경차 제외), 석유류, 유연탄(2014. 7. 1. 이후), 담배(2015. 1. 1. 이후)
- 경마장(장외발매소를 포함), 경륜장(장외매장을 포함) · 경정장(장외매장을 포함), 투전기 설치 장소, 골프장, 카지노 등 과세(영업)장소
- 유흥주점, 외국인 전용 음식점, 그 밖의 이와 유사한 장소 등 과세유흥장소

소득세

◈ 사업자는 연간 소득에 대하여 소득세를 신고하고 납부하여야 합니다.

근로소득세 원천징수

◈ 사업자가 종업원을 채용하여 월급을 줄 때에는 근로소득세를 원천징수하여 납부하여야 합니다.

신고 · 납부기한은 다음과 같습니다.

<table>
<tr><th>구분</th><th>사업자</th><th colspan="2">신고·납부기한</th><th>신고·납부할 내용</th></tr>
<tr><td rowspan="4">부가
가치세</td><td>법인
사업자</td><td>1기 예정
1기 확정
2기 예정
2기 확정</td><td>4. 1. ~ 4. 25.
7. 1. ~ 7. 25.
10. 1. ~ 10. 25.
다음 해 1. 1. ~ 1. 25.</td><td>1. 1. ~ 3. 31.의 사업실적
4. 1. ~ 6. 30.의 사업실적
7. 1. ~ 9. 30.의 사업실적
10. 1. ~ 12. 31.의 사업실적</td></tr>
<tr><td rowspan="2">개인 일반
사업자</td><td>1기 확정
2기 확정</td><td>7. 1. ~7. 25.
다음 해 1. 1. ~1. 25.</td><td>1. 1. ~ 6. 30.의 사업실적
7. 1. ~ 12. 31.의 사업실적</td></tr>
<tr><td colspan="3">※ 예정신고 및 예정고지(일반과세자에 한함)
- 사업부진자, 조기환급발생자는 예정신고납부와 예정고지납부 중 하나를 선택</td></tr>
<tr><td>개인 간이
과세자</td><td>확정신고</td><td>다음 해 1. 1. ~ 1. 25.</td><td>1. 1. ~ 12. 31.의 사업실적</td></tr>
<tr><td rowspan="2">소득세</td><td rowspan="2">개인
사업자
(과세·면세)</td><td>확정신고</td><td>다음 해
5. 1. ~ 5. 31.</td><td>1. 1. ~ 12. 31.의 연간 소득금액</td></tr>
<tr><td>중간예납
(11. 15.고지)</td><td>11. 1. ~ 11. 30.</td><td>중간예납 기준액의 1/2 또는
중간예납 추계액</td></tr>
<tr><td rowspan="4">개별
소비세</td><td>과세물품
제조</td><td colspan="2" rowspan="2">분기의 다음 달 25일까지
(석유류, 담배는 다음 달 말일까지)</td><td>3개월의 제조장
반출가격(기준가격 초과분)</td></tr>
<tr><td>과세장소</td><td>3개월의 입장인원</td></tr>
<tr><td>과세유흥장소</td><td colspan="2">다음 달 25일까지</td><td>1개월의 유흥음식요금</td></tr>
<tr><td>과세영업장소</td><td colspan="2">다음 해 3월 말일까지</td><td>1년간 총매출액</td></tr>
<tr><td>사업장
현황신고</td><td>개인
면세사업자</td><td colspan="2">다음 해 1. 1. ~ 2. 10.</td><td>1. 1. ~ 12. 31.(폐업일)의
면세수입금액</td></tr>
<tr><td rowspan="2">원천징수
이행상황
신고</td><td rowspan="2">원천징수
의무자</td><td>일반사업자</td><td>다음 달 10일</td><td rowspan="2">매월 원천징수한 세액</td></tr>
<tr><td>반기납부자</td><td>7. 10. / 다음 해 1. 10.</td></tr>
</table>

※ 개별소비세 과세물품을 제조하여 반출하는 자는 [반출한 날이 속하는 분기의 다음 달 25일(석유류, 담배는 판매 또는 반출한 날이 속하는 달의 다음 달 말일)까지] 제조장 관할 세무서장에게 신고 · 납부하여야 합니다.

※ 과세유흥장소를 경영하는 사람은(유흥음식행위를 한 날이 속하는 달의 다음 달 25일까지) 과세유흥장소의 관할 세무서장에게 신고·납부하여야 합니다.

02 사업자등록 안내

Ⅰ 모든 사업자는 사업을 시작할 때 반드시 사업자등록을 하여야 합니다.

◈ 사업자등록은 사업장마다 하여야 하며(단, 사업자단위과세사업자는 본점 또는 주사무소)

◈ 사업을 시작한 날로부터 20일 이내에 다음의 구비서류를 갖추어 가까운 세무서 민원봉사실에 신청하면 됩니다.
(인터넷 홈택스 www.hometax.go.kr 에서도 하실 수 있습니다.)

구비 서류

- 사업자등록신청서 1부
- 사업허가증 · 등록증 또는 신고필증 사본 1부(허가를 받거나 등록 또는 신고를 하여야 하는 사업의 경우)
- 사업개시 전에 등록을 하고자 하는 경우에는 사업허가 신청서 사본이나 사업 계획서
- 임대차계약서 사본 1부(확정일자 신청할 경우 임대차계약서 원본)
- 전대차계약서 사본 및 전차동의서(사업장을 전차한 경우), 다만, 임대인의 동의가 필요없다는 특약이 있는 경우 해당 임대차계약서 사본
- 2인 이상이 공동으로 사업을 하는 경우에는 공동사업 사실을 증명할 수 있는 서류
- 도면 1부(상가건물임대차보호법이 적용되는 건물의 일부를 임차한 경우)
  ※ 법인의 경우 주주 또는 출자자명세서를 구비하여야 하며 필요한 경우 정관, 법인 등기부등본을 제출하여야 합니다.
- 자금출처명세서(금지금 도 · 소매업, 액체 · 기체연료 도 · 소매업, 재생용 재료 수집 및 판매업, 과세유흥장소 경영자)
- 신탁 계약서 1부(부가가치세법 제8조에 따른 신탁 재산 사업자등록의 경우)
- 임대주택 명세서 1부(소득세법 시행규칙 별지 제106호 서식, 주택임대사업을 하려는 경우)
- 미성년자가 사업자등록을 하고자 하는 경우 법정대리인 동의서 1부(부가가치세법 시행규칙 별지 제5호의2 서식)

◈ 사업자등록증은 신청일로부터 2일 이내에 발급하여 드립니다. 다만, 사전 확인이 필요한 사업자의 경우 현장 확인 등의 절차를 거친 후 발급될 수 있습니다.

사업을 시작하기 전에 등록할 수도 있습니다.

◈ 사업을 시작하기 전에 사업을 개시할 것이 객관적으로 확인되는 경우 사업자등록증 발급이 가능합니다. 또한, 공급 시기가 속하는 과세기간이 지난 후 20일 이내에 등록 신청한 경우 그 공급 시기가 속하는 과세기간 내에 상품이나 시설자재 등을 구입하고 구입자의 주민등록번호를 적은 세금계산서를 발급받은 경우 예외적으로 매입세액을 공제받을 수 있습니다.

간이과세자가 되려면 간이과세 적용신고도 함께 하여야 합니다.

◈ 간이과세 적용신고는 사업자등록신청서의 해당란에 표시하면 됩니다.

간이과세 적용기준

◈ 대상사업자: 연간 공급대가(부가가치세 포함가격)가 1억 400만 원(부동산임대업 및 과세유흥장소는 4,800만 원)에 미달할 것으로 예상되는 사업자

◈ 1억 400만 원(부동산임대업 및 과세유흥장소는 4,800만 원) 미만자라도 아래 사업은 간이과세를 적용받을 수 없습니다.

- 간이과세 배제사업
  - ① 광업
  - ② 제조업(다만, 주로 최종소비자에게 직접 재화를 공급하는 사업으로서 기획재정부령으로 정하는 것*은 제외)
    - * (간이 허용) 과자점업, 도정업, 제분업 및 떡류 제조업 중 떡방앗간, 양복점업, 양장점업, 양화점, 기타 국세청장이 인정하여 고시하는 사업('간이과세를 적용받을 수 있는 제조업 고시' 참조)
  - ③ 도매업(소매업을 겸영하는 경우 포함하되, 재생용 재료수집 및 판매업은 제외) 및 상품중개업
  - ④ 부동산매매업
  - ⑤ 「개별소비세법」 제1조제4항에 해당하는 과세유흥장소(이하 "과세유흥장소"라 한다)를 경영하는 사업으로서 기획재정부령으로 정하는 것
  - ⑥ 부동산임대업으로서 기획재정부령으로 정하는 것

⑦ 변호사, 변리사, 법무사, 세무사 등 전문직 사업자
⑧ 일반과세자로부터 사업을 양수한 사업자
⑨ 사업장의 소재 지역과 사업의 종류·규모 등을 고려하여 국세청장이 정하는 기준에 해당하는 것
⑩ 전전년도 기준 복식부기의무자가 경영하는 사업
⑪ 전기·가스·증기 및 수도 사업
⑫ 건설업(다만, 주로 최종소비자에게 직접 재화를 공급하는 사업으로서 기획재정부령으로 정하는 것*은 제외)
  * (간이 허용) 도배, 실내 장식 및 내장 목공사업, 배관 및 냉·난방 공사업, 기타 국세청장이 인정하여 고시하는 사업('간이과세를 적용받을 수 있는 제조업 고시' 참조)
⑬ 전문·과학·기술서비스업, 사업시설 관리·사업지원 및 임대 서비스업(다만, 주로 최종소비자에게 직접 재화를 공급하는 사업으로서 기획재정부령으로 정하는 것*은 제외)
  * (간이 허용) 개인 및 가정용품 임대업, 인물사진 및 행사용 영상 촬영업, 복사업, 기타 국세청장이 인정하여 고시하는 사업('간이과세를 적용받을 수 있는 제조업 고시' 참조)

- 일반과세 적용을 받는 다른 사업장이 있는 경우
  (다만, 개인택시·용달차운송업, 이·미용업 등의 간이과세는 당해 사업 연간 공급 대가 1억 400만 원 미만인 경우 계속 적용)
- 일반과세자로부터 포괄양수 받은 사업
- 복식부기의무자가 경영하는 사업
- 둘 이상의 사업장이 있는 경우 매출액 합계가 연간 공급대가 1억 400만 원(부동산 임대업 및 과세유흥장소는 4,800만 원) 이상인 경우

ㅣ 사업자등록을 하지 않으면 다음과 같은 불이익을 받게 됩니다.

◈ 무거운 가산세를 물게 됩니다.

- 개인: 공급가액의 1%(간이과세자는 매출액의 0.5%와 5만 원 중 큰 금액)
- 법인: 공급가액의 1%

◈ 매입세액을 공제받을 수 없습니다.

- 사업자등록을 하지 않으면 세금계산서를 발급받을 수 없어 상품 구입 시 부담한 부가가치세를 공제받지 못하게 됩니다.

03 사업자등록 신청하기 전에

사업자등록을 신청하기 전에 다음 사항을 먼저 확인하시면 등록 절차가 쉬워집니다.

과세업종인지 면세업종인지를 확인하여야 합니다.

◈ 부가가치세가 과세되는 사업은 과세사업자등록을, 면제되는 사업은 면세사업자등록을 하여야 합니다.

◈ 과세사업과 면세사업을 겸업할 때에는 과세사업자등록만 하면 됩니다.

사업자의 유형을 먼저 결정하여야 합니다.

◈ 사업형태를 개인으로 할 것인가, 법인으로 할 것인가 또는 사업자의 유형을 일반과세자로 할 것인지, 간이과세자로 할 것인지를 결정하여야 합니다.

◈ 개인과 법인은 창업절차 등 세법상 차이점이 있으므로, 이를 참고하여 개개인의 사정에 따라 선택하여야 하나, 선택하기가 어려울 경우 먼저 개인으로 시작을 하고, 나중에 사업규모가 커지면 법인으로 전환하는 방법도 고려해 볼 수 있습니다.

◈ 개인사업자는 다시 매출액의 규모에 따라 일반과세자와 간이과세자로 구분되지만 간이과세자에 해당되더라도 세금계산서를 수수하여야 할 필요가 있는 사업자는 반드시 일반과세자로 신청하여야 하기 때문에 업종에 맞는 유형을 선택하여야 합니다.

관련법규의 허가 · 등록 · 신고대상 업종인지 확인하여야 합니다.

◈ 허가 · 등록 · 신고 업종인 경우 사업자등록 신청 시 허가증 · 등록증 · 신고필증 사본 등을 제출하여야 합니다.

◈ 따라서, 약국 · 음식점 · 학원 등 허가, 신고 또는 등록을 하여야 하는 업종인 경우 관련 인허가기관으로부터 먼저 허가 등을 받아야 합니다.

| 공동사업의 경우 관련 증빙서류를 제출하여야 합니다.

◈ 2인 이상의 사업자가 공동으로 사업을 하는 경우 이 중 1인을 대표자로 선정하여야 합니다.

◈ 또한 공동으로 하는 사업임을 증명할 수 있는 동업계약서 등의 서류를 제출하여야 합니다.

| 사업자등록 신청 시 필요한 서류를 챙깁니다.

◈ 사업자등록 신청 시 업종에 맞는 구비서류를 잘 챙기셔야 사업자등록증을 발급받을 수 있습니다.

◈ 구비서류: 국세청 누리집(국세정책/제도 → 사업자등록 안내) 참조 또는 '126 국세상담센터'에 문의

04 사업자 유형

사업형태에 따른 구분

사업자 유형은 사업형태에 따라 개인사업자와 법인사업자가 있습니다.

◈ 개인사업자

개인사업자란 회사를 설립하는데 상법상 별도의 절차가 필요하지 않아 그 설립 절차가 간편하고 휴 · 폐업이 비교적 간단하며 부가가치세와 소득세 납세의무가 있는 사업자를 말합니다.

◈ 법인사업자

법인사업자란 법인 설립등기를 함으로써 법인격을 취득한 법인뿐만 아니라 국세기본법의 규정에 따라 법인으로 보는 법인격 없는 단체 등도 포함되며 부가가치세와 법인세 등 납세의무가 있는 사업자를 말합니다.

과세유형에 따른 구분

개인사업자는 부가가치세의 과세여부에 따라 과세사업자와 면세사업자로 구분됩니다. 다만, 과세와 면세 겸업사업자인 경우에는 사업자등록증이 과세사업자로 발급됩니다.

◈ 과세사업자

과세사업자는 부가가치세 과세대상 재화 또는 용역을 공급하는 사업자로서 부가가치세 납세의무가 있는 사업자를 말합니다.

◈ 면세사업자

면세사업자는 부가가치세가 면제되는 재화 또는 용역을 공급하는 사업자로서 부가가치세 납세의무가 없는 사업자를 말합니다.

※ 부가가치세 면세사업자라도 소득세 납세의무까지 면제되는 것은 아닙니다.

❙ 사업규모에 따른 구분

개인 과세사업자는 사업의 규모에 따라 일반과세자와 간이과세자로 구분합니다.

◈ 일반과세자

연간 매출액(둘 이상의 사업장이 있는 사업자는 그 둘 이상의 사업장의 매출 합계액, 부가가치세 포함)이 1억 400만 원(부동산임대업 및 과세유흥장소는 4,800만 원) 이상으로 예상되거나 간이과세가 배제되는 업종 또는 지역에서 사업을 하고자 하는 경우 일반과세자로 등록하여야 합니다. 일반과세자는 10%의 세율이 적용되는 반면, 사업과 관련된 물건 등을 구입하면서 받은 매입세금계산서상의 부가가치세액을 전액 공제받을 수 있고, 세금계산서를 발행할 수 있습니다.

◈ 간이과세자

주로 소비자를 상대하는 업종으로서 연간매출액이 1억 400만 원(부동산임대업 및 과세유흥장소는 4,800만 원)에 미달할 것으로 예상되는 소규모 사업자의 경우에는 간이과세자로 등록할 수 있습니다. 간이과세자는 업종별로 1.5%~4%의 낮은 세율이 적용지만, 매입액(공급대가)의 0.5%만을 공제받을 수 있으며, 직전연도 공급대가가 4,800만 원 미만인 간이과세자는 세금계산서를 발급할 수 없으나, 직전연도 공급대가가 4,800만 원 이상인 간이과세자는 세금계산서를 발급할 수 있습니다.

◈ 개인과 법인의 세제상 주요 차이

구분	개인기업	법인기업
납부세금	소득세	법인세
세율구조	6% ~ 45%(8단계)	9% ~ 24%(4단계)
납세지	사업자 주소지	본점 · 주사무소 소재지
기장의무	복식부기(원칙) / 간편장부	복식부기
외부감사제도	없음	직전 자산총액 120억 원 이상 법인 등

05 확정일자 신청안내

상가건물이 경매 또는 공매되는 경우 임차인이 상가건물임대차보호법의 보호를 받기 위해서는 반드시 사업자등록과 확정일자를 받아 두어야 합니다.

확정일자란?

◈ 건물소재지 관할세무서장이 그 날짜에 임대차계약서의 존재 사실을 인정하여 임대차계약서에 기입한 날짜를 말합니다.

확정일자를 받아 놓으면

◈ 건물을 임차하고 사업자등록을 한 사업자가 확정일자를 받아 놓으면 임차한 건물이 경매나 공매로 넘어갈 경우 확정일자를 기준으로 후순위 권리자에 우선하여 보증금을 변제 받을 수 있습니다.

◈ 따라서, 확정일자는 사업자등록과 동시에 신청하는 것이 가장 좋습니다.

확정일자 신청대상(상가건물임대차보호법 적용 대상)

◈ 환산보증금(보증금+월세의 보증금 환산액)이 지역별로 다음 금액 이하인 경우에만 보호를 받을 수 있습니다.

지역	환산보증금
서울특별시	9억 원
수도권정비계획법에 의한 수도권 중 과밀억제권역(서울특별시 제외), 부산광역시	6억 9천만 원
광역시(수도권 과밀억제권역과 군지역 제외, 부산광역시 제외), 안산시, 용인시, 김포시, 광주시, 세종특별자치시, 파주시, 화성시	5억 4천만 원
기타지역	3억 7천만 원

※ 월세의 보증금 환산 : 월세 × 100

확정일자를 신청하려면

◈ 아래의 서류를 구비하여 건물소재지 관할세무서 민원봉사실에 신청하시면 됩니다.

신규 사업자

- 사업자등록신청서
- 임대차계약서 원본
- 사업허가 · 등록 · 신고필증(법령에 의하여 허가 · 등록 · 신고 대상인 경우)
- 사업장 도면(건물 공부상 구분등기 표시된 부분의 일부만 임차한 경우)
- 본인 신분증(대리인이 신청 시 위임장과 위임자의 신분증(사본) 또는 인감증명서(사본) 등과 대리인 신분증)

※ 사업자등록 신청 시 임대차계약서의 사업장소재지를 등기부등본 등 공부상 소재지와 다르게 기재한 경우 보호를 받지 못할 수 있으니 철저히 확인하시기 바랍니다.

기존 사업자

- 사업자등록 정정신고서(임대차 계약이 변경된 경우)
- 임대차계약서 원본
- 사업장 도면(건물 공부상 구분등기 표시된 부분의 일부만 임차한 경우)
- 본인 신분증(대리인이 신청 시 위임장과 위임자의 신분증(사본) 또는 인감증명서(사본) 등과 대리인 신분증)

06 민원서류 신청 시 구비서류

개인사업자등록 신청

1. 사업자등록신청서
2. 사업허가증 · 등록증 또는 신고필증 사본(허가를 받거나 등록 또는 신고를 하여야 하는 사업의 경우), 허가 전인 경우 허가신청서 사본 또는 사업계획서
3. 임대차계약서 사본(확정일자 신청할 경우 임대차계약서 원본)
4. 도면(상가건물임대차보호법이 적용되는 건물의 일부를 임차한 경우)
5. 자금출처명세서(금지금 도 · 소매업, 액체 · 기체연료 도 · 소매업, 재생용 재료 수집 및 판매업, 과세유흥장소 경영자)
6. 동업계약서(공동사업인 경우)
   ※ 신청인 신분증(대리인 신청 시 대리인 신분증, 위임장 등 위임인의 의사를 확인할 수 있는 서류)
7. 법정대리인 동의서*(신청인이 미성년자인 경우)
   * 부가가치세법 시행규칙 별지 제5호의2 서식

화물운송 · 건설기계대여업 사업자등록 신청

1. 사업자등록신청서
2. 건설기계대여업 신고증(건설기계대여업), 자동차등록원부(화물운송업) 사본
3. 기타 참고 서류
   - 위·수탁 관리 계약서, 지입회사 사업자등록증 사본, 납세관리인 설정신고서(납세자 인감증명서 1부, 외국인 제외)

   ※ 대리인 신청 시 대리인 신분증, 위임장 등 위임인의 의사를 확인할 수 있는 서류

개인사업자등록 정정신고

1. 사업자등록 정정 신고서
2. 사업자등록증 원본
3. 임대차계약서 사본(확정일자 신청할 경우 임대차계약서 원본)
4. 도면(상가건물임대차보호법이 적용되는 건물의 일부를 임차한 경우)
5. 사업허가증 · 등록증 또는 신고필증 사본(허가를 받거나 등록 또는 신고를 하여야 하는 사업의 경우), 허가 전인 경우 허가신청서 사본 또는 사업계획서
   ※ 신청인 신분증(대리인 신청 시 대리인 신분증, 위임장 등 위임인의 의사를 확인할 수 있는 서류)

교회 등 고유번호 신청

1. 법인이 아닌 단체의 고유번호 신청서
2. 법인설립허가증(소속단체는 소속증명서 또는 사찰등록증)
   (대표자가 소속확인서 내용과 상이한 경우 대표자 선임근거서류 추가)
3. 정관, 협약 등 조직과 운영 등에 관한 규정 또는 단체의 성격을 알 수 있는 서류
4. 대표자 선임을 확인할 수 있는 서류: 임명장, 대표자확인서(선임서), 재직증명서 등
5. 임대차계약서 사본(확정일자 신청할 경우 임대차계약서 원본)
6. 단체직인(신청서 · 위임장에 날인된 경우 생략 가능)

※ 신청인 신분증(대리인 신청 시 대리인 신분증, 위임장 등 위임인의 의사를 확인할 수 있는 서류)

(휴)폐업신고

1. (휴)폐업신고서
2. 사업자등록증 원본

※ 신청인 신분증(대리인 신청 시 대리인 신분증, 위임장 등 위임인의 의사를 확인할 수 있는 서류)

※ 사업자등록신청 및 휴폐업신고는 인터넷 홈택스에서도 가능합니다.

민원증명 신청

1. 민원신청서
2. 신청인(본인 또는 대리인) 신분증
3. 위임하는 경우, 위임의사를 확인할 수 있는 서류

- 법인인 경우 대표자의 신분증(사본) 또는 법인인감증명서(사본), 기타의 경우 위임자 본인의 신분증(사본) 또는 인감증명서(사본)

※ 민원증명은 세무서를 방문하지 않고 인터넷 · 모바일 홈택스, 무인민원발급기, 정부24, 주민센터 등에서 편리하게 발급받을 수 있습니다.

※ 구비서류 관련 문의: 국세청 누리집(www.nts.go.kr) 또는 126 국세상담센터

국세청 www.nts.go.kr

07 사업자등록 명의를 빌려주면 큰 피해를 입습니다.

| 사업과 관련된 각종 세금이 명의를 빌려준 사람에게 나옵니다.

◈ 명의를 빌려간 사람이 세금을 신고하지 않거나 납부하지 않으면 사업자등록상 대표인 명의를 빌려준 사람에게 세금이 고지됩니다.

◈ 더구나 명의를 빌려준 사람이 근로소득이나 다른 소득이 있으면 합산되어 세금부담이 크게 늘어납니다.

◈ 실제로는 소득이 없는데도 소득이 있는 것으로 자료가 발생되므로 국민연금 및 건강보험료 부담이 늘어날 수 있습니다.

| 명의를 빌려간 사람이 세금을 못 낼 경우 명의를 빌려준 사람의 재산이 압류되어 공매되는 등 재산상 큰 피해를 볼 수 있습니다.

◈ 명의를 빌려간 사람의 재산이 있더라도 명의를 빌려준 사람의 소유재산이 압류되며, 그래도 세금을 내지 않으면 압류한 재산을 공매처분하여 밀린 세금에 충당합니다.

◈ 체납사실이 금융회사 등에 통보되어 은행대출금의 변제요구 및 신용카드 사용이 정지되는 등 금융거래상의 불이익을 받을 수도 있습니다.

◈ 이외에도 출국금지 조치를 당하는 등 생활에 불편을 겪을 수 있습니다.

| 실질사업자가 밝혀지더라도 명의를 빌려준 책임은 피할 수 없습니다.

◈ 명의를 빌려간 사람과 함께 조세범처벌법에 의하여 처벌(1년 이하의 징역 또는 1천만 원 이하의 벌금)을 받을 수 있습니다.

◈ 명의대여 사실이 국세청 전산망에 기록 · 관리되므로 본인이 실제 사업을 하고자 할 때 불이익을 받을 수 있습니다.

| 명의대여로 인한 피해 사례

사례 1

- 가정주부인 김○○는 절친한 이웃 박△△(女)가 김○○명의로 사업자 등록만 한 후 곧 폐업하겠다고 하여 50만 원을 받고 박△△에게 사업자등록 명의를 빌려줌.
- 박△△는 김○○명의로 사업자등록 후 사업을 하면서 세금을 신고·납부하지 않음.
- 김○○는 이후 2년여 동안 명의대여 사실을 잊고 생활함.
- 박△△가 신고 · 납부하지 않은 세금 4천만 원이 사업자등록 명의자인 김○○에게 부과됨.
- 세금의 체납으로 김○○의 소유주택 및 예금이 압류됨(예금 1천2백만 원은 세무서에서 체납 세금에 충당함)
- 금융회사 등에 체납사실이 통보되어 신용카드 사용이 정지됨.

사례 2

- 한○○ 씨는 생활정보지에 실린 구직광고를 보고 취직을 하였는데 사장인 최△△가 주민등록증·인감증명서·신분증을 달라고 해서 무심코 건네줌.
- 최△△는 한○○명의로 사업자등록을 한 후 은행 예금계좌 개설·신용카드 가맹을 하고 6개월간 유흥주점 사업을 함.
- 최△△가 신고·납부하지 아니한 세금 2천5백만 원이 사업자등록 명의자인 한○○에게 부과됨.
- 최△△는 행방불명이며 세금체납으로 한○○의 예금이 압류되고 신용카드 사용도 정지됨(예금 8백만 원은 세무서에서 찾아 체납 세금에 충당함)
- 한○○ 씨는 은행으로부터 대출금의 변제 독촉도 받고 있음.

※ 타인에게 사업자 명의를 빌려주어 사업이 개시된 이후에는 명의자 본인이 실제 사업자가 아니라는 것을 입증하기가 매우 어려우므로 절대 명의를 빌려 주어서는 안됩니다.

◆ 사업자등록상태 조회 안내

국세청에서는 홈택스를 통해 거래 상대방의 사업자등록상태를 조회할 수 있는 서비스를 제공하고 있습니다.

구분	홈택스 누리집 (www.hometax.go.kr)
제공내용	◇ 사업자등록번호로 조회 시 • 사업자등록상태(계속사업자, 휴·폐업 여부) • 과세유형(과세유형전환 이력이 있는 사업자의 경우 가장 최근 유형전환된 날짜, 간이과세자 간 변경 이력이 있는 사업자의 경우 간이과세자 세금계산서 발급가능 또는 발급 불가능하게 된 날짜) ◇ 주민등록번호로 조회 시 • 사업자등록 유무
서비스 명칭	• 사업자등록상태 조회 (증명·등록·신청 → 사업자등록 신청·정정·휴폐업 → 사업자등록상태조회)
공동인증서	• 사업자등록번호로 조회 – 공동인증서(로그인) 불필요 • 주민등록번호로 조회 – 공동인증서 필요

◆ 사업자등록증 진위 여부 확인

전용 애플리케이션(마크애니)을 통해
사업자등록증 상·하단의 바코드를 인식할 경우,
화면에 표출되는 문구 및 음성과 사업자등록증을 대조하여
진위 여부를 확인할 수 있습니다.

| 애플리케이션을 이용한 사업자등록증 진위 여부 확인 방법

◈ iPhone(iOS) 사용자

※ 앱스토어 접속 후 '마크애니' 검색

1) 'MaSmartDetector' 받기

2) 'MaSmartDetector' 실행

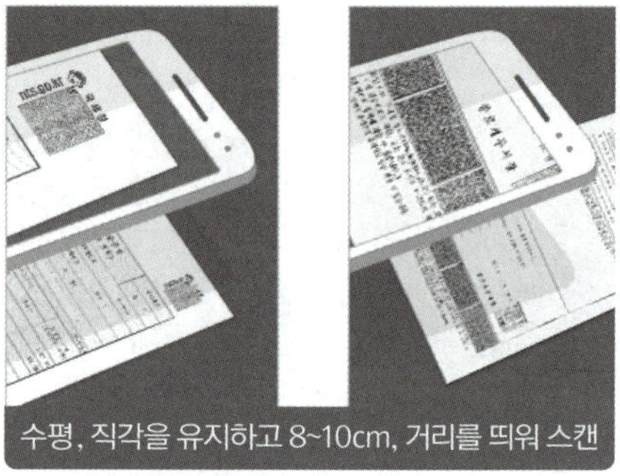

3) 음성변환바코드 인식 3단바코드 인식

◈ Android(Android OS) 사용자

※ 플레이스토어 접속 후 '마크애니' 검색

1) 'MaSmartDetector' 동의 후 설치

2) 'MaSmartDetector' 실행

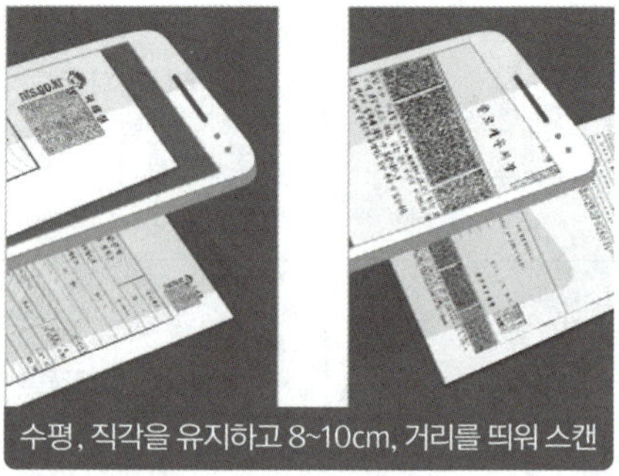

3) 음성변환바코드 인식 3단바코드 인식

사례로 보는 세금 절약 Guide – 신규사업자 관련

1. 개인으로 할까, 법인을 설립할까?

국세청 www.nts.go.kr

정보통신 관련 기업에 다니고 있는 정보통 씨는 더 나이가 들기 전에 자신의 회사를 차리려고 준비 중이다. 그런데 막상 사업을 시작하려고 하니 고민거리가 한두 가지가 아니다. 그중 가장 기본적인 문제가 사업형태를 개인으로 할 것인가 법인으로 할 것인가이다.

개인기업으로 하자니 대외 신인도가 떨어지는 데다 법인보다 세율도 높다고 하고, 법인으로 하자니 설립비용도 많이 들고 절차도 까다로운 것 같고…….

고민 끝에 보다 확실하게 알고 결정을 하기 위해 세무서를 찾아가 양자의 차이점에 대해 알아보았다.

◈ 창업절차와 설립비용

'개인기업'으로 사업을 할 경우에는 설립절차가 비교적 쉽고 비용이 적게 들어 사업규모나 자본이 적은 사업을 하기에 적합한 반면,

'법인기업'은 법원에 설립등기를 해야 하는 등 절차가 다소 까다롭고 자본금과 등록면허세 · 채권매입비용 등의 설립비용이 필요하다.

◈ 자금의 조달과 이익의 분배

'개인기업'은 창업자 한 사람의 자본과 노동력으로 만들어진 기업이므로 자본조달에 한계가 있어 대규모 자금이 소요되는 사업에는 무리가 있다.

그러나 사업자금이나 사업에서 발생한 이익을 사용하는 데는 제약을 받지 않는다. 예를 들어 사업자금을 사업주 개인의 부동산 투자에 사용하든 자신의 사업에 재투자하든, 혹은 영업에서 발생한 이익을 생활비로 쓰든 전혀 간섭을 받지 않는다.

'법인기업'은 주주를 통해서 자금을 조달하므로 대자본 형성이 가능하나, 법인은 주주와 별개로 독자적인 경제주체이므로 일단 자본금으로 들어간 돈과 기업경영에서 발생한 이익은 적법한 절차를 통해서만 인출할 수 있다.

즉, 주주총회에서 배당결의를 한 후 배당이라는 절차를 통해서만 인출이 가능하고, 주주가 법인의 돈을 가져다 쓰려면 적정한 이자를 낸 후 빌려 가야 한다.

◈ 사업의 책임과 신인도

'개인기업'은 경영상 발생하는 모든 문제와 부채, 그리고 손실에 대한 위험을 전적으로 사업주 혼자서 책임을 져야 한다. 따라서, 만약 사업에 실패해서 은행부채와 세금 등을 다 해결하지 못하고 다른 기업체에 취직해서 월급을 받는 경우, 그 월급에 대해서도 압류를 당할 수 있다.

'법인기업'의 경우 주주는 출자한 지분의 한도 내에서만 책임을 지므로 기업이 도산할 경우 피해를 최소화할 수 있다.

대외신인도 면에서, 개인기업의 신인도는 사업자 개인의 신용과 재력에 따라 평가받으므로 법인기업보다는 현실적으로 낮다고 보아야 한다.

◈ 세법상 차이

◆ 세율

'개인기업'의 종합소득세 세율은 6%에서 45%까지 8단계의 초과 누진세율 구조로 되어 있으며, '법인기업'의 각 사업연도소득에 대한 법인세율은 9%에서 24%의 4단계 초과누진세율 구조로 되어 있다.

그러므로 세율 측면만 본다면, 과세표준이 2,100만 원 이하인 경우는 개인기업이 유리하고 2,100만 원을 초과하는 경우에는 법인기업이 유리하다.

◆ 과세체계

'개인기업'의 소득에 대하여는 종합소득세가 과세된다. 사업주 본인에 대한 급여는 비용으로 인정되지 않으며, 사업용 유형자산 및 무형자산이나 유가증권 처분이익에 대하여는 과세를 하지 않는다.
단, 복식부기의무자가 사업용 유형자산(토지, 건물 등 양도소득세 과세대상 제외) 처분이익에 대해서는 과세한다.

'법인기업'의 소득에 대하여는 법인세가 과세된다. 법인의 대표이사는 법인과는 별개의 고용인이므로 대표이사에 대한 급여는 법인의 비용으로 처리할 수 있다. 그러나 유형자산 및 무형자산이나 유가증권 처분이익에 대해서도 법인세가 과세된다.

2. 늦어도 사업개시일로부터 20일 이내에는 사업자등록을 신청하자.

처음으로 사업을 시작하는 차지연 씨는, 3월 1일 가게를 임차하여 실내공사를 마치고 3월 20일부터 영업을 시작하였으나, 여러가지 바쁜 일 때문에 7월 23일에 가서야 사업자등록을 신청하러 세무서를 방문하였다.

그런데 담당직원은 사업자등록신청서를 검토해 보더니 "사업자 등록 신청을 제때 하지 않았기 때문에 가산세를 물어야 하고, 매입세액도 공제받을 수 없다"고 하지 않는가?

차지연 씨가 깜짝 놀라 "그게 무슨 얘기냐"고 묻자 담당직원은 다음과 같이 설명해 주었다.

새로 사업을 시작하는 자는 사업을 개시한 날부터 20일 이내에 사업자 등록을 하여야 하며, 이 기간 내에 사업자등록을 신청하지 않으면 다음과 같은 불이익을 받게 된다.

◈ 가산세 부담

사업자가 사업을 개시한 날부터 20일 이내에 사업자등록을 신청하지 아니한 경우에는, 사업을 개시한 날부터 등록을 신청한 날의 직전일까지의 매출액에 대하여 1%(단, 간이과세자는 매출액의 0.5%와 5만 원 중 큰 금액)를 가산세로 부담하여야 한다.

◈ 매입세액 불공제

사업을 개시하기 전이라도 실내장식을 하거나 비품 등을 구입할 수 있는데,

내부공사가 완료되거나 비품 등을 구입한 날이 속하는 과세기간이 끝난 후 20일이 지나서 사업자 등록을 신청하는 경우에는 그 매입세액을 공제받을 수 없다.

차지연 씨의 경우 공급 시기가 속하는 과세기간이 끝난 후 20일이 지나서(7. 23.) 사업자등록을 신청했으므로 실내공사대금과 개업을 위하여 구입한 비품 및 물품구입 대금과 관련한 매입세액은, 세금계산서를 받았더라도 공제를 받을 수 없다.

만약 차지연 씨가 공급 시기가 속하는 과세기간이 끝난 후 20일 이내에 등록 신청한 경우 등록 신청일로부터 공급 시기가 속하는 그 과세기간 기산일까지 역산한 기간 내의 매입세액은 공제가 가능하다.

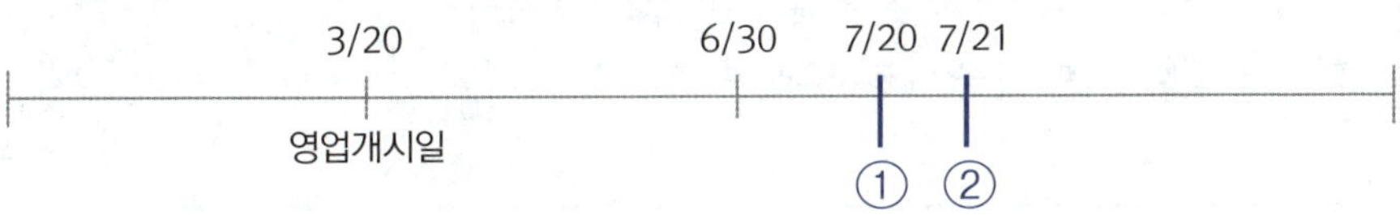

① 차지연 씨가 7월 20일까지 사업자등록 신청한 경우:
1월 1일 ~ 6월 30일까지의 매입세액 전부 세액공제 가능

② 차지연 씨가 7월 21일 이후 사업자등록 신청한 경우:
1월 1일 ~ 6월 30일까지의 매입세액 불공제

▶ 관련 법규: 「부가가치세법」 제8조제1항, 제39조제1항제8호, 제60조제1항, 제69조제2항

사례로 보는 세금 절약 Guide – 신규사업자 관련

3. 간이과세자로 등록해야 하나, 일반과세자로 등록해야 하나?

나일해 씨는 얼마 전 명예퇴직을 하였고, 지난 20년간 대기업에서만 근무한 전형적인 샐러리맨이었다. 그는 몇 달간 쉬면서 앞으로 어떻게 살아야 할지를 심각하게 고민하다가 음식점을 한번 해 보기로 하였다.

사업을 하려면 사업자등록을 해야 한다고 하여 세무서에 등록을 하러 갔더니, 담당직원이 일반과세자와 간이과세자 중 어느 유형으로 등록할 것인가를 물어 보는 게 아닌가?

나일해 씨는 처음 들어보는 말이라 일반과세자와 간이과세자가 어떻게 다른지를 물으니 담당공무원은 다음과 같이 차이점을 알려 주었다.

부가가치세가 과세되는 사업을 할 때는 일반과세자와 간이과세자 중 어느 하나로 사업자등록을 하여야 하는데, 일반과세자와 간이과세자는 세금의 계산방법 및 세금계산서 발급 가능 여부 등에 차이를 두고 있으므로, 자기의 사업에는 어느 유형이 적합한지를 살펴본 후 사업자등록을 하는 것이 좋다.

◈ 일반과세자

일반과세자는 10%의 세율이 적용되는 반면, 물건 등을 구입하면서 받은 매입세금계산서상의 부가가치세액을 전액 공제받을 수 있고, 세금계산서를 발급할 수 있다.

연간 매출액이 1억 400만 원(부동산임대업 및 과세유흥장소는 4,800만 원) 이상으로 예상되거나, 간이과세가 배제되는 업종 또는 지역에서 사업을 하고자 하는 경우에는 일반과세자로 등록하여야 한다.

◈ 간이과세자

간이과세자는 1.5%~4%의 낮은 세율이 적용되지만, 매입액(공급대가)의 0.5%만 공제받을 수 있으며, 신규 사업자나 직전연도 공급대가가 4,800만 원 미만인 간이과세자는 세금계산서를 발급할 수 없으나, 직전연도 공급대가가 4,800만 원 이상인 간이과세자는 세금계산서를 발급할 수 있다.

주로 소비자를 상대하는 업종으로서 연간 매출액이 1억 400만 원(부동산임대업 및 과세유흥장소는 4,800만 원)에 미달할 것으로 예상되는 소규모 사업자의 경우에는 간이과세자로 등록하는 것이 유리하다.

◈ 과세유형 전환

일반과세자 또는 간이과세자로 등록했다고 하여 그 유형이 변하지 않고 계속 적용되는 것은 아니며, 사업자등록을 한 해의 부가가치세 신고실적을 1년으로 환산한 금액을 기준으로 과세유형을 다시 판정한다.

즉, 간이과세자로 등록했다 하더라도 1년으로 환산한 공급대가(매출액, 둘 이상의 사업장이 있는 사업자는 그 둘 이상의 사업장의 공급 대가 합계액)가 1억 400만 원(부동산임대업 및 과세유흥장소는 4,800만 원) 이상이면 그 이상이 되는 해의 다음 해 7월 1일부터 일반과세자로 전환되고, 4,800만 원 이상 ~ 1억 400만 원 미만이면 세금계산서 발급가능한 간이과세자로 전환되며, 4,800만 원 미만이면 영수증만 발급 가능한 간이과세자로 남게 된다.

처음에 일반과세자로 등록한 경우에도 1년으로 환산한 직전연도 공급대가가 1억 400만 원에 미달하고, 간이과세 배제요건에 해당하지 않는 경우 간이과세자로 전환되는데, 이때 '간이과세포기신고'를 하면 계속하여 일반과세자로 남아 있을 수 있다.

특히 초기 개업비용이 많이 들어 일반과세자로 등록하고 부가가치세를 환급받은 경우에는 간이과세자로 전환되면 환급 받은 세액 중 일부를 추가로 납부하여야 하므로, 이를 감안하여 간이과세포기 신고를 하고 일반과세자로 남아 있을 것인지 아니면 세금을 추가로 납부하더라도 간이과세

적용을 받을 것인지를 판단하여야 한다.

그러나, 간이과세자가 직전연도 공급대가가 1억 400만 원 이상이 되어 일반과세자로 변경된 경우에는 계속하여 간이과세자로 남아 있을 수가 없다.

◈ 간이과세 포기

당초에 간이과세자로 등록하였으나 거래상대방이 세금계산서를 요구하거나 기타 사정에 의하여 일반과세자에 관한 규정을 적용받으려는 경우에는 적용받으려는 달의 전달 말일까지 「간이과세포기신고서」를 제출하면 된다. 참고로 간이과세를 포기하면 3년간은 다시 간이과세를 적용받을 수 없다. 다만, 부가가치세법 제70조제4항에 해당하는 경우에는 3년이 경과하지 않더라도 간이과세 재적용이 가능하다.

▶ 관련 법규: 「부가가치세법」 제62조, 제63조, 제70조
「부가가치세법 시행령」 제109조, 제110조, 제111조, 제116조

4. 간이과세자로 등록할 수 없는 업종도 있다.

담당직원으로부터 간이과세자와 일반과세자의 차이점에 대하여 설명을 들은 나일해 씨는 간이과세자가 유리할 것 같아 간이과세자로 등록하기로 하였다.

담당직원은 나일해 씨의 경우 다행히 「간이과세 배제기준」에 해당되지 않기 때문에 간이과세자로 등록할 수 있으나, 다음과 같은 업종은 간이과세자로 등록할 수 없고 일반과세자로만 등록해야 한다고 하면서, 간이과세자로 등록할 수 없는 경우 등에 대하여 자세히 설명해 주었다.

실제로는 연간 공급대가가 1억 400만 원(부동산임대업, 과세유흥장소는 4,800만 원)에 미달하더라도, 다음의 사업을 영위하는 사업자는 간이과세자로 등록할 수 없고 일반과세자로 등록하여야 한다.

- 일반과세가 적용되는 다른 사업장을 보유하고 있는 사업자
  - 다만, 개인택시 운송업, 용달 및 개별화물자동차 운송업, 그 밖의 도로 화물 운송업, 이·미용업 등은 제외
- 일반과세자로부터 사업포괄양수 받은 사업자
- 간이과세 배제업종을 영위하는 사업자
  - ‘간이과세 배제업종’ 참조
- 사업의 종류·규모, 사업장소재지 등을 감안하여 국세청장이 정하는 기준에 해당되는 사업자
  - ‘국세청장이 정한 기준(간이과세 배제기준)’ 참조

◈ 간이과세 배제업종

① 광업

② 제조업(다만, 주로 최종소비자에게 직접 재화를 공급하는 사업으로서 기획재정부령으로 정하는 것*은 제외)

* (간이 허용) 과자점업, 도정업, 제분업 및 떡류 제조업 중 떡방앗간, 양복점업, 양장점업, 양화점, 기타 국세청장이 인정하여 고시하는 사업('간이과세를 적용받을 수 있는 제조업 고시' 참조)

③ 도매업(소매업을 겸영하는 경우 포함하되, 재생용 재료수집 및 판매업은 제외) 및 상품중개업

④ 부동산매매업

⑤「개별소비세법」 제1조제4항에 해당하는 과세유흥장소(이하 "과세유흥장소"라 한다)를 경영하는 사업으로서 기획재정부령으로 정하는 것

⑥ 부동산임대업으로서 기획재정부령으로 정하는 것

⑦ 변호사, 변리사, 법무사, 세무사 등 전문직 사업자

⑧ 일반과세자로부터 사업을 양수한 사업자

⑨ 사업장의 소재 지역과 사업의 종류 · 규모 등을 고려하여 국세청장이 정하는 기준에 해당하는 것

⑩ 전전년도 기준 복식부기의무자가 경영하는 사업

⑪ 전기 · 가스 · 증기 및 수도 사업

⑫ 건설업(다만, 주로 최종소비자에게 직접 재화를 공급하는 사업으로서 기획재정부령으로 정하는 것*은 제외)

* (간이 허용) 도배, 실내 장식 및 내장 목공사업, 배관 및 냉 · 난방 공사업, 기타 국세청장이 인정하여 고시하는 사업('간이과세를 적용받을 수 있는 제조업 고시' 참조)

⑬ 전문 · 과학 · 기술서비스업, 사업시설 관리 · 사업지원 및 임대 서비스업(다만, 주로 최종소비자에게 직접 재화를 공급하는 사업으로서 기획재정부령으로 정하는 것*은 제외)

* (간이 허용) 개인 및 가정용품 임대업, 인물사진 및 행사용 영상 촬영업, 복사업, 기타 국세청장이 인정하여 고시하는 사업('간이과세를 적용받을 수 있는 제조업 고시' 참조)

◈ 국세청장이 정한 기준

◆ 종목기준

서울특별시와 광역시 및 수도권 외 시 지역(읍 · 면 지역 제외)에서 다음 종목의 사업을 영위하는 경우에는 간이과세를 적용받을 수 없다.

① 초기 투자비용이 큰 업종: 골프연습장, 주유소, 예식장, 백화점, 볼링장 등

② 주로 사업자와 거래하는 업종: 자료처리업, 산업폐기물 수집 처리업 등

③ 고가품, 전문품 취급업종: 골프장비 소매업, 의료용품 소매업, 귀금속점 등

④ 1회 거래가액이 큰 품목 취급업종: 피아노, 컴퓨터, 정수기, 대리점 가구, 가전제품 등

⑤ 기타 신종 호황업종: 음식출장 조달업 등

※ 수도권 외 시 지역: 수원시, 성남시, 의정부시, 안양시, 부천시, 광명시, 안산시, 시흥시, 고양시, 과천시, 군포시, 의왕시, 하남시, 구리시, 남양주시, 용인시, 평택시

◆ 지역기준

간이과세 배제지역*으로 지정된 건물이나 장소에서 사업을 영위하는 경우에는 간이과세를 적용받을 수 없다.

- 외판원, 개인용달·택시, 가로가판점, 무인자동판매기업자 등 예외

* 전국 세무서별로 지역(건물), 적용범위 지정

◆ 부동산임대업기준

특별시, 광역시 및 시(읍 · 면지역 제외) 지역에 소재한 임대용 건물 중 건물연면적이 일정규모 이상인 경우에는 간이과세를 적용받을 수 없다.

◆ 과세유흥장소기준

서울특별시, 광역시 및 시 지역에 소재한 모든 과세유흥장소와 기타 지역 중 국세청장이 간이과세 적용 배제지역으로 지정한 지역에서 과세유흥장소를 영위하는 경우에는 간이과세 적용을 배제한다.

※ 과세유흥장소: 룸살롱, 스탠드바, 극장식식당, 카바레, 나이트클럽, 디스코클럽, 고고클럽, 관광음식점, 요정 등

자세한 「간이과세 배제기준」은 국세청 누리집 (www.nts.go.kr)
「알림 · 소식 - 고시 · 공고 · 행정예고 - 고시」 참조

▶ 관련 법규: 「부가가치세법」 제61조제1항 및 같은 법 시행령 제109조
국세청고시 제2024-35호 [간이과세 배제기준]

5. 다른 사람이 사업하는데 명의를 빌려주면 큰 손해를 볼 수 있다.

농사를 천직으로 알고 농사 이외에는 한 눈을 판 적이 없는 정농부 씨는, 며칠 전 세무서로부터 「과세자료 해명 안내문」을 받았다.

내용을 보니, 작년도에 중기사업을 하면서 5천만 원의 수입이 발생하였으나, 이에 대한 부가가치세와 소득세를 신고하지 않았으니 10일 내로 해명자료를 제출하라는 것이었다.

정농부 씨는 사업이라고는 해 본 적이 없기 때문에 자료가 잘못 나왔겠거니 하고 세무서를 방문하여 내용을 알아보았다. 그런데 자료에는 분명히 정농부씨 명의로 사업자등록과 중기등록이 되어 있었고, 세금계산서도 정농부 씨가 발급한 것으로 되어 있는 게 아닌가?

그제서야 정농부 씨는 2년 전 중기사업을 하는 사촌형이 주민등록등본을 몇 통 떼어달라고 해서 떼어 준 것이 이렇게 된 것임을 알았다.

다행히 정농부 씨는 담당직원의 도움을 받아 실질사업자가 사촌형이라는 사실을 입증하여 세금문제는 해결하였지만, 이번 일로 큰 교훈을 얻었다.

과세자료를 처리하다 보면 정농부 씨의 경우와 같이 자료상의 명의자가 사업사실 자체를 부인하는 경우를 접하게 된다. 이런 경우 사실을 확인해 보면, 본인도 모르는 사이에 친척이나 친지 등이 본인의 명의를 이용하여 사업자등록을 한 경우가 대부분이다.

다른 사람이 사업을 하는데 명의를 빌려주면 다음과 같은 불이익을 받게 되므로, 주민등록증을 빌려주거나 주민등록등본을 떼어 주는 행위는 절대로 하지 않는 것이 좋다.

1) 명의대여사업자의 처벌 형량을 강화

조세의 회피 또는 강제집행의 면탈을 목적으로 자신의 성명을 사용하여 타인에게 사업자등록을 할 것을 허락하거나 자신 명의의 사업자등록을 타인이 이용하여 사업을 영위하도록 허락한 자는 1년 이하의 징역 또는 1천만 원 이하의 벌금에 처한다.

※ 조세의 회피 또는 강제집행의 면탈을 목적으로 타인의 성명을 사용하여 사업자등록을 하거나 타인 명의의 사업자등록을 이용하여 사업을 영위한 자는 2년 이하의 징역 또는 2천만 원 이하의 벌금에 처한다.

2) 명의를 빌려간 사람이 내야 할 세금을 대신 내야 한다.

명의를 빌려주면 명의대여자 명의로 사업자등록이 되고 모든 거래가 이루어진다. 그러므로 명의를 빌려간 사람이 세금을 신고하지 않거나 납부를 하지 않으면 명의대여자 앞으로 세금이 고지된다.

물론, 실질사업자가 밝혀지면 그 사람에게 과세를 한다. 그러나 실질사업자가 따로 있다는 사실은 명의대여자가 밝혀야 하는데, 이를 밝히기가 쉽지 않다. 특히 명의대여자 앞으로 예금통장을 개설하고 이를 통하여 신용카드매출대금 등을 받았다면 금융실명제 하에서는 본인이 거래한 것으로 인정되므로, 실사업자를 밝히기가 더욱 어렵다.

3) 소유 재산을 압류당할 수도 있다.

명의를 빌려간 사람이 내지 않은 세금을 명의대여자가 내지 않고 실질사업자도 밝히지 못한다면, 세무서에서는 체납된 세금을 징수하기 위해 명의대여자의 소유재산을 압류하며, 그래도 세금을 내지 않으면 압류한 재산을 공매처분하여 세금에 충당한다.

4) 건강보험료 부담이 늘어난다.

지역가입자의 경우 소득과 재산을 기준으로 보험료를 부과한다. 그런데 명의를 빌려주면 실지로는 소득이 없는데도 소득이 있는 것으로 자료가 발생하므로 건강보험료 부담이 대폭 늘어나게 된다.

▶ 관련 법규: 「조세범 처벌법」 제11조

6. 사업장을 임차한 경우에는 확정일자를 받아 놓도록 하자.

그동안 건물을 빌려서 사업을 할 때 임대료 인상, 임대기간 연장, 보증금 반환 등 건물임대인과 임차인 사이에 분쟁이 있는 경우에는 대부분 상대적으로 약자의 지위에 있는 임차인들이 불이익을 감수하여 왔다.

이에 정부에서는 상가건물 임대차의 공정한 거래질서를 확립하고, 영세 임차 상인들이 안정적으로 생업에 종사할 수 있도록 하기 위하여 「상가건물임대차보호법」을 제정, 2002년 11월 1일부터 시행하고 있는데, 그 주요 내용을 살펴보면 다음과 같다.

상가건물을 빌린 모든 임차인에 대하여 적용하는 것이 아니라 환산보증금(보증금+월세의 보증금 환산액)이 지역별로 다음 금액 이하인 경우에만 적용한다.

지역	환산 보증금
서울특별시	9억 원
수도권정비계획법에 의한 수도권 중 과밀억제권역(서울특별시 제외), 부산광역시	6억 9천만 원
광역시(수도권 중 과밀억제권역에 포함된 지역과 군지역, 부산광역시 제외), 안산시, 용인시, 김포시, 광주시, 세종특별자치시, 파주시, 화성시	5억 4천만 원
기타지역	3억 7천만 원

※ 월세의 보증금 환산 : 월세 × 100

임차인이 상가임대차보호법의 적용을 받기 위해서는 건물의 인도와 사업자등록이 반드시 되어 있어야 하며, 확정일자를 받아야 하는 경우가 있다.

◈ 임차인이 보호받는 사항

◆ 대항력이 생긴다.

건물의 소유권이 제3자에게 이전되는 경우에도 건물을 인도받아 사업자등록을 마친 임차인은 새로운 소유자에게 임차권을 주장할 수 있다.
(확정일자가 없어도 됨)

◆보증금을 우선변제받을 권리가 있다.

건물을 인도받아 사업자등록을 마치고 확정일자를 받은 임차인은 경매 또는 공매 시 임차건물의 환가대금에서 후순위권리자나 그 밖의 채권자보다 우선하여 보증금을 변제받을 수 있다(확정일자를 받아야 함).

◆ 소액임차인은 최우선변제권이 있다.

환산보증금이 일정액 이하인 소액임차인이 사업자등록을 마친 경우(즉, 대항력 요건을 갖춘 경우)에는 건물이 경매로 넘어가는 경우에도 경매가액의 1/2범위 내에서 다른 권리자보다 최우선하여 보증금의 일정액을 변제받을 수 있다.

최우선변제를 받을 수 있는 소액임차인 및 보증금의 한도는 다음과 같다.

지역	우선 변제받을 보증금의 범위 (환산 보증금)	보증금 중 최우선 변제를 받을 금액 (보증금)
서울특별시	6,500만 원 이하	2,200만 원까지
수도권정비계획법에 의한 수도권 중 과밀억제권역 (서울특별시 제외)	5,500만 원 이하	1,900만 원까지
광역시(수도권 과밀억제권역과 군지역 제외), 안산시, 용인시, 김포시, 광주시(경기)	3,800만 원 이하	1,300만 원까지
기타지역	3,000만 원 이하	1,000만 원까지

※ 월세의 보증금 환산: 월세 × 100

◆ 10년 범위 내에서 계약갱신요구권이 생긴다.

임차인이 임대차기간 만료 전 6월부터 1월까지 사이에 계약갱신을 요구하면 정당한 사유 없이 임대인은 이를 거절하지 못하므로 전체 임대차기간이 10년을 넘지 않은 범위에서 이전 임대차 기간과 동일하게 임대차기간을 갱신할 수 있다.

◆ 지나친 임대료 인상이 억제된다.

임대료인상 한도가 5%로 제한되며, 보증금을 월세로 전환할 때 전환율도 연 12% 이내로 제한된다.

◈ 임대인의 권리

◆ 임대료 인상을 요구할 수 있다.

임대료 조정이 필요한 경우 5% 이내에서 인상을 요구할 수 있으며, 계약기간은 최소 1년 단위로 체결이 가능하다.

◆ 계약갱신 요구를 거절할 수 있다.

임차인이 임대료를 3회 이상 연체하거나 임대인의 동의 없이 임의로 전대하는 등의 특별한 사유가 있으면 임대인은 계약갱신 요구를 거절할 수 있다.

◈ 확정일자

'확정일자'란 건물소재지 관할 세무서장이 임대차계약서의 존재사실을 인정하여 임대차계약서에 기입한 날짜를 말한다.

건물을 임차하고 사업자등록을 한 사업자가 확정일자를 받으면 등기를 한 것과 같은 효력을 가지므로 임차한 건물이 경매나 공매로 넘어갈 때 확정일자를 기준으로 보증금을 우선변제받을 수 있다. 만약, 확정일자를 받아놓지 않으면 임대차계약 체결 후 당해 건물에 근저당권 등이 설정된 경우 우선순위가 밀려 보증금을 받을 수 없는 경우가 생길 수 있다.

따라서, 건물을 임차하여 사업을 하는 경우에는 사업자등록을 신청할 때 임대차계약서에 확정일자를 받아 두는 것이 좋다.

※ 상가임대차보호법 관련 문의 및 해석은 아래 법무부 및 대한법률구조공단에 문의하시기 바랍니다.

- 법무부(법무심의관실): 02-2110-3164 (www.moj.go.kr)
- 대한법률구조공단: 국번 없이 132 (www.klac.or.kr)

▶ 관련 법규: 「상가건물임대차보호법」, 「상가건물임대차보호법 시행령」

7. 개업 전에 비품 등을 구입할 때도 반드시 세금계산서를 받아 두자.

김공제 씨는 대학졸업 후 2년 동안 취업을 위해 백방으로 뛰어다녀 보았으나, 아무리 해도 취직이 안되자 부모의 도움을 받아 카페를 운영해 보기로 하였다.

대학가 인근에 점포를 얻은 다음 개업준비를 하면서 김공제 씨는 2023년도에 실내장식비로 3,000만 원, 비품구입비로 2,000만 원을 지출하였으나, 당시에는 사업자등록을 하지 않았으므로 세금계산서를 받아 두지 않았다.

다행히 사업은 잘 되었는데, 얼마 후 부가가치세를 신고하려고 세금을 계산해 보니 3개월치 부가가치세가 무려 400만 원이나 되었다.

김공제 씨는 세금이 너무 많은 것 같아 세무서 납세자보호담당관을 찾아가 상담을 해 보았더니 납세자보호담당관은 개업준비를 위해 지출한 비용도 매입세액을 공제받을 수 있지만 세금계산서를 받아 두지 아니하여 공제를 받을 수 없다고 한다.

김공제 씨의 경우 매입세액을 공제받을 수 있는 방법은 없나?

사업을 처음 시작하는 신규사업자들은 대부분 사업준비 단계에서는 사업자등록을 하지 않고 있다가 사업을 개시한 후에 등록을 하는 경우가 많다.

사업준비 단계에서 지출한 사업장 인테리어비, 비품구입비 등도 사업을 위하여 지출한 비용이므로 당연히 그 매입세액은 공제를 받을 수 있다.

그러나 비품 등을 구입하는 시점에서는 사업자등록을 하지 않았으므로 사업자등록번호가 기재된 세금계산서를 교부받을 수는 없으며, 이 때에는 사업자등록번호 대신 사업자의 주민등록번호를 기재하여 세금계산서를 교부받으면 매입세액을 공제받을 수 있다.

위 사례의 경우 김공제 씨가 비품 등의 구입시점에서 주민등록번호를 기재하고 세금계산서를 발급받았다면 4,545,455원의 매입 세액을 공제받아 오히려 50만 원 정도를 환급받을 수 있었을 것이며, 간이과세자에 해당된다 하더라도 수취한 매입세금계산서에 대한 250,000원의 세액공제를 받을 수 있었을 것이다.

그러므로 위와 같은 불이익을 당하지 않기 위해서는 사업자등록을 하기 전에 공사대금을 지급하거나 비품 등을 구입하는 경우에도 사업자의 주민등록번호를 기재하여 세금계산서를 받아야 한다.

그러나 이 경우에도 공급 시기가 속하는 과세기간이 끝난 후 20일이 지나서 사업자등록을 신청한 경우에는 매입세액을 공제받지 못하므로 사업장이 확보되는 즉시 사업자등록을 하여야 한다.

▶ 관련 법규: 「부가가치세법」 제8조제1항, 제39조제1항제8호

8. 중소기업을 창업하는 경우에는 조세지원 규정을 잘 활용하면 세금을 줄일 수 있다.

대학을 졸업한 후 15년 동안 직장생활을 해 온 신창업 씨는, 더 늦기 전에 자신의 사업을 하려고 준비 중에 있다.

그동안 나름대로 치밀하게 준비를 해 온 터라 제품생산 및 판매에 대하여는 구체적으로 계획이 세워져 있으나, 아직까지 세금문제에 대하여는 전혀 모르고 있다.

그래서 이번 기회에 중소기업을 창업하면 어떤 세금혜택이 있는지 구체적으로 알아보기로 했다.

중소기업을 창업하는 경우에는 다음과 같은 세금혜택을 받을 수 있다.

◈ 창업 후 5년간 매년 납부세액의 50% ~ 고용 증가 시 최대 100%를 감면받을 수 있다.

창업중소기업 등에 대한 세액감면율

구분	2025.12.31. 이전 창업		2026.1.1. 이후 창업		
	수도권 과밀억제권역 외	수도권 과밀억제권역	수도권 과밀억제권역 외		수도권 과밀억제권역
			수도권 밖[2]	수도권	
창업중소	5년 50%[1]	–	5년 50%	5년 25%	–
청년·생계형[3]	5년 100%	5년 50%	5년 100%	5년 75%	5년 50%
벤처기업 등	5년 50%[1]		5년 50%		

1) 2024. 12. 31.이전 수도권과밀억제권역 외 지역에서 창업한 중소기업(청년·생계형 창업제외), 창업벤처 및 에너지신기술 중소기업이 신성장서비스업(조특령§27의4⑤)을 영위하는 경우 최초 3년간 75%, 그 후 2년간 50% 감면 가능('18.1.1. 이후 창업·확인·지정받은 경우)

2) 수도권 인구감소지역 포함

3) 최초 소득발생 과세연도와 그 다음 4개 과세연도까지의 기간에 속하는 과세연도의 수입금액이 8천만 원 이하인 경우 그 과세연도에 감면 적용(2022. 1. 1. 이전 창업은 4,800만 원 이하인 경우)

1) 창업중소기업이란

- 제조업 등 아래 감면 대상업종으로 창업한 중소기업
  - 광업, 제조업, 수도, 하수 및 폐기물 처리, 원료 재생업, 건설업, 통신판매업, 물류산업, 음식점업, 정보통신업(비디오물 감상실 운영업 등 제외), 금융 및 보험업 중 정보통신을 활용하여 금융서비스를 제공하는 업종, 전문 과학 및 기술 서비스업(변호사업 등 제외), 사업시설 관리 및 조경서비스업, 사업 지원 서비스업, 사회복지 서비스업, 예술, 스포츠 및 여가관련 서비스업(자영예술가 등 제외), 개인 및 소비용품 수리업, 이용 및 미용업, 직업기술 분야를 교습하는 학원을 운영하는 사업 또는 직업능력개발훈련시설을 운영하는 사업, 관광숙박업, 국제회의업, 유원시설업 및 관광객 이용시설업, 노인복지시설을 운영하는 사업, 전시산업

- 창업 후 3년 내에 벤처확인을 받은 기업으로서
  - 위와 같은 업종을 영위하는 벤처투자기업, 기술평가 보증 · 대출기업, 연구개발비가 당해 사업연도의 수입금액의 5% 이상인 중소기업

    ※ 벤처기업확인은 중소벤처기업부(www.mss.go.kr, 국번 없이 1357)

- 창업보육센터사업자로 지정받은 자
  - 창업자에게 작업장 등 시설을 저렴하게 제공하는 창업보육센터(Business Incubator) 사업자로 지정받은 내국인

- 에너지신기술 중소기업
  - 「에너지이용합리화법」 제15조에 따른 에너지소비효율 1등급 제품 및 같은 법 제22조에 따라 고효율에너지 기자재로 인증받은 제품을 제조하는 중소기업으로서 창업일이 속하는 과세연도와 그 다음 3개 과세연도가 지나기 전에 인증을 받은 기업

–「신에너지 및 재생에너지 개발·이용·보급 촉진법」 제13조에 따라 신·재생에너지 설비로 인증받은 제품을 제조하는 중소기업으로서 창업일이 속하는 과세연도와 그 다음 3개 과세연도가 지나기 전에 인증을 받은 기업

2) 청년창업중소기업이란

• 개인사업자로 창업하는 경우

– 창업 당시 15세 이상 34세 이하인 사람. 다만, 병역을 이행한 경우에는 그 기간(6년 한도)을 창업 당시 연령에서 빼고 계산한 연령이 34세 이하인 사람을 포함한다.

• 법인으로 창업하는 경우

– 개인사업자로 창업하는 경우의 요건과 지배주주 등으로서 해당 법인의 최대주주 또는 최대출자자이어야 한다는 요건을 모두 충족해야 한다.

3) 감면기간 및 감면비율

• 창업 후 최초로 소득이 발생한 연도(사업개시 후 5년이 되는 날까지 소득이 발생하지 않는 경우 5년이 되는 날이 속하는 과세연도)와 그 다음 과세연도의 개시일부터 4년 이내에 끝나는 과세연도까지 해당 사업에서 발생한 소득에 대한 소득세 또는 법인세의 50~100%에 상당하는 세액을 감면한다.

• 창업벤처중소기업의 경우 창업 후 3년 내 벤처기업으로 확인받은 날 또는 에너지신기술중소기업에 해당하는 날 이후 최초로 소득이 발생한 과세연도(사업개시 후 5년이 되는 날까지 소득이 발생하지 않는 경우 5년이 되는 날이 속하는 과세연도)와 그 후 4년간 감면을 받게 되며,

• 또한 업종별 최소 고용인원(제조업 · 광업 · 건설업 · 운수업: 10인 이상, 기타 업종: 5인 이상)이 넘는 경우 고용증가율에 따라 최대 50%(청년창업중소기업 등이 75% 감면받는 경우 추가감면율은 25%) 추가감면 받을 수 있어 최대 100% 세액감면이 가능하다.

※ 다만, 고용증가에 따른 추가감면 적용 시 고용을 증대시킨 기업에 대한 세액공제(조세특례제한법 제29조의7) 규정과 중복적용은 배제된다.

Guide **수도권 과밀억제권역**(수도권정비계획법 시행령 제9조 관련[별표 1])

- 서울특별시, 인천광역시(강화군, 옹진군, 서구 대곡동 · 불로동 · 마전동 · 금곡동 · 오류동 · 왕길동 · 당하동 · 원당동, 인천경제자유구역 및 남동 국가산업단지 제외)
- 의정부시, 구리시, 남양주시(호평동 · 평내동 · 금곡동 · 일패동 · 이패동 · 삼패동 · 가운동 · 수석동 · 지금동 및 도농동만 해당), 하남시, 고양시, 수원시, 성남시, 안양시, 부천시, 광명시, 과천시, 의왕시, 군포시, 시흥시 [반월특수 지역(반월특수지역에서 해제된 지역포함)은 제외]

▶ 관련 법규: 「조세특례제한법」 제6조

9. 개인에서 법인으로 전환할 때 고정자산 명의를 이전하는 방법은?

개인으로 중소 제조업을 운영하고 있는 강성실 씨는 사업규모가 커지자 대외신인도와 세율 측면에서 유리한 법인으로 전환할 것을 검토하고 있다.

법인으로 전환하면 개인기업에서 사용하고 있던 부동산과 기계장치 등을 법인 명의로 이전해야 하는데, 이러한 경우에도 양도소득세와 부가가치세 등 세금을 내야 하는 걸까?

◈ 법인전환 방법

법인으로 전환하는 방법에는 개인기업의 사업주가 사업용 유형자산 및 무형자산을 법인에 현물출자 하는 방법과 사업을 양도양수하는 방법이 있다.

◆ 현물출자 방법

개인기업의 사업주가 금전이 아닌 부동산 · 채권 · 유가증권 등으로 출자하는 것을 말한다. 현금으로 출자하는 것이 아니기 때문에 출자하는 자산의 평가문제가 대단히 까다롭다. 현물출자의 경우 법원이 선임한 검사인 또는 공인된 감정평가기관의 조사를 받아야 하므로 절차가 복잡하고 비용도 만만치 않게 든다.

◆ 양도양수 방법

개인기업의 모든 자산과 부채를 법인에 포괄적으로 양도하는 것을 말한다. 쌍방간에 적정한 가격이 형성되기만 하면 용이하게 전환할 수 있으므로 실무적으로도 양도양수 방법을 많이 선호하고 있는 편이다.

◈ 법인전환 시 세금문제

개인기업을 법인으로 전환하게 되면 개인에서 사용하던 부동산이나 기계장치 등을 법인 명의로 이전하여야 한다. 그런데 개인과 법인은 실체가 다르므로 개인에서 법인으로 기계장치 등을 이전하게 되면 이에 대하여도 세금을 내야 한다.

즉, 부동산을 이전하는 경우 양도소득세가, 기계장치를 이전하는 경우 부가가치세가 발생한다. 다만, 아래와 같은 일정요건을 충족한 방법으로 전환하는 경우에는 이전 시점에 세금이 발생하지 않는다.

◆ 양도소득세 이월과세

사업용 유형자산 및 무형자산을 현물출자하거나 사업 양도 · 양수의 방법으로 개인기업을 법인으로 전환하는 경우, 이전 시점에서는 양도소득세를 과세하지 않고 이월과세를 적용받을 수 있다.

※ 소비성 서비스업 제외, 주택 또는 주택을 취득할 수 있는 권리 제외

◆ 부가가치세 과세 제외

사업용 자산을 비롯한 물적 · 인적시설 및 권리, 의무 등을 포괄적으로 승계하는 '사업양도양수 방법'에 의하여 개인기업 자산을 법인으로 이전하는 경우에는 재화의 공급으로 보지 아니한다.

즉, 사업양수도 방법에 의하여 법인으로 전환하는 경우에는 부가가치세를 과세하지 않는다.

Guide **이월과세**

현물출자나 사업양수도 방법에 의하여 개인기업을 법인으로 전환하면서 사업용 유형자산 및 무형자산을 법인 명의로 이전하는 경우, 이전시점에서는 양도소득세를 과세하지 않고, 이를 양수한 법인이 나중에 당해 자산을 처분할 때 개인이 종전사업용 유형자산 및 무형자산 등을 법인에게 양도한 날이 속하는 과세기간에 다른 양도자산이 없다고 보아 계산한 양도소득세 산출세액상당액을 법인세로 납부하는 것을 말한다.

▶ 관련 법규: 「부가가치세법」 제10조제9항제2호
「조세특례제한법」 제32조 및 같은 법 시행령 제29조

01 부가가치세 신고 · 납부

국세청 www.nts.go.kr

부가가치세란 어떤 세금인가?

◈ 상품(재화)의 거래나 서비스(용역)의 제공과정에서 얻어지는 부가가치(이윤)에 대하여 과세하는 세금이며, 사업자가 납부하는 부가가치세는 매출세액에서 매입세액을 차감하여 계산합니다.

부가가치세 = 매출세액 – 매입세액

◈ 부가가치세는 물건값에 포함되어 있기 때문에 실제로는 최종소비자가 부담하는 것입니다. 이렇게 최종소비자가 부담한 부가가치세를 사업자가 세무서에 납부하는 것입니다.

부가가치세 신고 · 납부는?

1) 일반사업자

◈ 부가가치세는 6개월을 과세기간으로 하여 신고 · 납부하게 되며 각 과세기간을 다시 3개월로 나누어 중간에 예정신고기간을 두고 있습니다.

과세기간	과세대상기간		신고납부기간	신고대상자
제1기 1. 1. ~ 6. 30.	예정신고	1. 1. ~ 3. 31.	4. 1. ~ 4. 25.	법인사업자
	확정신고	1. 1. ~ 6. 30.	7. 1. ~ 7. 25.	개인사업자
		4. 1. ~ 6. 30.	7. 1. ~ 7. 25.	법인사업자
제2기 7. 1. ~ 12. 31.	예정신고	7. 1. ~ 9. 30.	10. 1. ~ 10. 25.	법인사업자
	확정신고	7. 1. ~ 12. 31.	다음 해 1. 1. ~ 1. 25.	개인사업자
		10. 1. ~ 12. 31.	다음 해 1. 1. ~ 1. 25.	법인사업자

※ 일반적인 경우 법인사업자는 1년에 4회, 개인사업자는 2회 신고

◈ 개인 일반사업자와 직전 과세기간 공급가액의 합계액이 1억 5천만 원 미만인 법인사업자는 4월 · 10월에 직전 과세기간 납부세액의 50%(징수해야 할 금액이 50만 원 이상일 경우)가 예정고지되고, 고지된 금액은 확정신고 시 납부세액에서 차감됩니다.

2) 간이과세자(1년에 1회 신고)

과세(대상)기간	신고납부기간
1. 1. ~ 12. 31.	다음 해 1. 1. ~ 1. 25.

※ 다만, 7. 1. 기준 과세유형전환 사업자(간이 → 일반)와 예정부과기간(1. 1.~6. 30.)에 세금계산서를 발급한 간이과세자는 1. 1.~6. 30.을 과세기간으로 하여 7. 25.까지 신고·납부하여야 합니다.

일반과세자·간이과세자의 구분

구분	기준금액	세액계산
일반과세자	1년간의 매출액 10,400만 원(부동산임대업 및 과세유흥장소는 4,800만 원) 이상	매출세액(공급가액 × 10%) − 매입세액 = 납부세액
간이과세자	1년간의 매출액 10,400만 원(부동산임대업 및 과세유흥장소는 4,800만 원) 미만	(공급대가 × 업종별 부가가치율×10%) − 공제세액 = 납부세액

※ 매입 시에 세금계산서를 받지 않으면 그 세액을 공제받지 못하므로 세부담이 그만큼 늘어납니다.

간이과세자의 업종별 부가가치율

1) 2021. 7. 1. 전

업종	부가가치율
전기·가스·증기·수도사업	5%
소매업 재생용 재료수집 및 판매업 음식점업	10%
제조업, 농·임·어업 숙박업, 운수 및 통신업	20%
건설업, 부동산임대업 기타 서비스업	30%

2) 2021. 7. 1. 이후

구분	부가가치율
1. 소매업, 재생용 재료수집 및 판매업, 음식점업	15%
2. 제조업, 농업·임업 및 어업, 소화물 전문 운송업	20%
3. 숙박업	25%
4. 건설업, 운수 및 창고업(소화물 전문 운송업은 제외한다), 정보통신업	30%
5. 금융 및 보험 관련 서비스업, 전문·과학 및 기술서비스업(인물사진 및 행사용 영상 촬영업은 제외한다), 사업시설관리·사업지원 및 임대서비스업, 부동산 관련 서비스업, 부동산임대업	40%
6. 그 밖의 서비스업	30%

사례로 보는 세금 절약 Guide - 매출 관련

1. 매출액 신고누락, 되로 받으려다 말로 준다.

나배짱 씨는 20년 넘게 음식점을 운영해 오면서 5층짜리 상가건물도 하나 마련했고 자녀 명의로 아파트를 2채나 취득하는 등 꽤 많은 재산을 모은 알부자다. 그런 그가 얼마 전 국세청으로부터 세무조사를 받고 부가가치세와 소득세로 2억 5천만 원 상당의 세금을 추징당했다.

사실 그동안 나배짱 씨는 매출액의 절반도 채 신고하지 않았으며, 최근에는 신용카드매출액이 크게 증가하여 현금매출액은 일부만 신고를 하고 대부분을 누락했던 게 사실이다. 나배짱 씨는 누락한 사실을 세무서에서 파악하지 못할 것이라고 믿고 있었던 것이다.

하지만 지금까지 습관적으로 적게 신고해 왔던 것들이 이번 조사에서 전부 밝혀졌다. 그래서 그동안 과소 신고한 세금을 일시에 추징당한 것이다.

그렇다면 국세청에서는 어떻게 사업자를 관리하고 있으며, 매출 누락 사실이 적발되면 어떠한 불이익을 받게 되는지 알아보자.

◈ 사업자 관리

요즈음은 세무행정이 전산화되어 있어, 사업자의 모든 신고상황 및 거래내역이 전산처리되어 다양하게 분석되고 있다. 즉, 사업자별로 지금까지의 신고추세는 어떠한지, 신고한 소득에 비하여 부동산 등 재산취득 상황은 어떠한지, 동업자에 비하여 부가가치율 및 신용카드매출비율은 어떠한지, 신고내용과 세금계산서합계표의 내용은 일치하는지 등이 종합적으로 전산분석되고 있는 것이다.

또한, 전국의 모든 세무관서에는 수많은 탈세제보와 현금영수증, 신용카드 관련 신고 서류가 접수되고 있고, 인터넷을 통해서도 많은 제보 및 신고가 들어오고 있다.

위와 같이 수집된 각종 자료는 각 사업자별로 모아져 관리되고 있으며, 이에 의하여 신고성실도를 분석하고 있다.

◈ 매출누락자에 대한 조치

◆ 세무조사 실시

납세자가 매 과세기간마다 제출한 신고서 및 수집된 과세자료 등에 대한 신고성실도 전산분석 결과 불성실하게 신고한 혐의가 있는 사업자는 조사대상자로 선정하여 세무조사를 실시한다.

◆ 탈루세액 과세

현금매출액 등을 신고 누락한 것이 세무조사에서 확인될 경우, 당초 납부하여야 할 부가가치세, 법인세, 종합소득세(상여 포함)에 가산세* (과소신고, 납부지연, 세금계산서, 현금영수증 발급 불성실 등)가 추가로 부과된다. 따라서, 원래 납부하여야 하는 세금에 추가적으로 가산세가 부과되므로 성실하게 세금을 신고하여야 할 것이다.

* 과소신고가산세(초과환급신고가산세): 통상적으로 과소신고납부세액 × 10%
* 납부지연가산세(환급지연가산세): 과소납부(초과환급)세액 × 0.022% × 경과일수

※ 자세한 가산세 내용은 P245~247 참조

◆ 조세범으로 처벌

조사결과, 사기나 그 밖의 부정한 방법으로 탈세한 경우에는 조세범 처벌법에 의하여 조세범으로 처벌된다. 이런 경우에는 세금 부과와 별도로 2년 이하의 징역 또는 포탈세액등의 2배 이하에 상당하는 벌금에 처해진다(포탈세액등이 5억 원 이상인 경우 등은 3년 이하의 징역 또는 포탈세액등의 3배 이하 벌금).

◈ 성실신고의 중요성

이와 같이 사업자에 대한 대부분의 과세정보는 국세청에 수집되어 관리되고 있다. 신용카드 사용 활성화, 현금영수증제도 시행, 「과세자료 수집 및 제출에 관한 법률」의 시행, 주류구매전용카드에 의한 주류 구입, 고액현금 거래 보고제도 시행 등으로 사업자의 사업실적은 세무관서에서 더욱 더 면밀히 파악될 것이다.

또한, 세무조사를 할 때 누적관리하고 있는 사업자에 대한 과세정보를 활용하여 추징한다는 것이 국세청의 기본방침이다.

따라서, 지금 당장 세무조사가 나오지 않는다고 불성실하게 신고하였다가는 나중에 크게 후회하는 일이 생길 수도 있음을 명심하여야 한다.

▶ 관련 법규: 「조세범 처벌법」 제3조

사례로 보는 세금 절약 Guide - 매출 관련

2. 영세율이 적용되는 수출의 경우 환급을 받으려면 반드시 영세율 첨부서류를 제출하여야 한다.

부가가치세 영세율 제도는 수출 촉진 및 조세정책적 목적으로 매출세액이 '0'이 되게 만든 제도이다. 그러므로 부가가치세법에서는 영세율 적용 요건이 충족되었는지 여부를 검증하기 위해 각종 증빙서류를 제출토록 하고 있다.

제출서류는 각 경우마다 다르다. 신고기간에 임박해서 증빙서류를 수집하려면 어려움이 많으므로, 영세율이 적용되면 제출해야 할 서류가 무엇인지를 정확히 알아두고 미리미리 준비하는 것이 좋다.

◈ 영세율 제도

영세율 제도는 수출하는 재화 등에 대하여 매출세액 산출 시 영(0)의 세율을 적용하여 재화 또는 용역을 구입할 때 부담한 매입세액을 전액 환급해주는 완전면세제도를 말한다. 이는 국제적인 이중과세 방지 및 수출을 촉진시키기 위한 목적으로 영세율 적용에 따른 매입세액을 환급받기 위해서는 반드시 영세율과세표준의 신고와 더불어 수출사실 등을 입증할 첨부서류를 반드시 제출하여야 한다.

◈ 수출하는 경우의 영세율 첨부서류

유형	법 규정 첨부서류
직수출 대행수출	- 수출실적 명세서 - 소포수령증

유형	법 규정 첨부서류
중계무역 위탁가공무역 외국인도수출 외국판매수출	- 수출계약서 사본 - 외화입금증명서
내국신용장, 구매확인서에 의한 수출 (로컬수출)	- 내국신용장 사본 - 내국신용장 · 구매확인서 전자발급명세서

◈ 영세율 첨부서류 미제출 시

영세율 과세표준 신고 시 영세율을 입증할 첨부서류를 제출하지 않으면 매입세액을 환급받을 수 없을 뿐만 아니라, 영세율이 신고된 것으로 보지 아니하므로 영세율 과세표준 불성실가산세(과세표준의 0.5%)가 적용된다.

> * 조세특례제한법에 의한 영세율이 적용되는 과세표준을 신고함에 있어 같은 법 시행령 제106조제12항제1호의 서류를 제출하지 아니한 경우에는 영세율 과세표준 불성실가산세를 적용하는 것임(부가-992, 2013. 10. 24.)

▶ 관련 법규: 「부가가치세법」 제56조
「부가가치세법 시행령」 제101조, 「국세기본법」 제47조의 3
국세청 고시 제2024-1호 「영세율 적용사업자가 제출할 영세율 첨부서류 지정」

사례로 보는 세금 절약 Guide – 매출 관련

3. 사업을 포괄적으로 양도하면 부가가치세가 과세되지 않는다.

금융회사에 다니다 정년퇴직을 한 김재산 씨는, 노후생활을 위해 퇴직금과 예금을 합쳐 임대용 건물로 사용되고 있는 상가를 6억 원 (건물가액 10억 원 + 부가가치세 1억 원 + 토지가액 3억 원 - 보증금 8억 원)에 매입하여 부동산임대사업으로 사업자등록 후 임대사업을 하기로 결정하였다.

그런데 약간의 문제가 생겼다. 부가가치세 1억 원은 환급을 받을 것이기 때문에 5억 원만 준비하면 된다고 생각했는데, 막상 계약을 하려니 잔금일까지 6억 원을 모두 지불해야 하며, 부가가치세 1억 원은 나중에 환급 받게 된다고들 한다.

김재산 씨에게는 여유자금이 없는 상태다.
무슨 좋은 해결방법이 없을까?

◈ 사업의 양도

사업의 양도란 사업장별로 그 사업에 관한 모든 권리와 의무를 포괄적으로 승계시키는 것으로 재화의 공급으로 보지 않기 때문에 부가가치세가 과세되지 않는다, 부가가치세를 과세하지 않는 이유는 양수자가 사업을 인수할 때 불필요한 자금부담을 덜어주기 위함이다. 그 사업에 관한 권리와 의무 중 다음 각 호의 것을 포함하지 아니하고 승계시킨 경우에도 사업의 양도로 본다.

① 미수금에 관한 것

② 미지급금에 관한 것

③ 해당 사업과 직접 관련이 없는 토지 · 건물 등에 관한 것

◈ 사업의 양도에 해당하는 경우와 해당하지 않는 경우는 다음과 같다.

◆ 사업의 양도에 해당하는 사례

① 개인사업자가 법인설립을 위하여 사업장별로 그 사업에 관한 모든 권리와 의무를 포괄적으로 현물출자하는 경우

② 과세사업과 면세사업을 겸영하는 사업자가 사업장별로 과세사업에 관한 모든 권리와 의무를 포괄적으로 양도하는 경우

③ 둘 이상의 사업장이 있는 사업자가 그 중 하나의 사업장에 관한 모든 권리와 의무를 포괄적으로 양도하는 경우

◆ 사업의 양도에 해당되지 아니하는 사례

① 사업과 직접 관련이 있는 토지와 건물을 제외하고 양도하는 경우

② 부동산매매업자 또는 건설업자가 일부 부동산 또는 일부 사업장의 부동산을 매각하는 경우

③ 종업원 전부, 기계설비 등을 제외하고 양도하는 경우

④ 부동산임대업자가 임차인에게 부동산임대업에 관한 일체의 권리와 의무를 포괄적으로 승계시키는 경우

◈ 사업을 포괄적으로 양도하면 부가가치세가 과세되지 않는다.

위 사례의 경우 김재산 씨가 건물을 매입한 후에도 부동산임대업을 계속하고 사업 양도 · 양수계약서상에 임차인의 변경 없이 보증금도 그대로 인수함이 확인된다면, 이는 사업의 양도에 해당하여 부가가치세 1억 원은 과세되지 않기 때문에 자금부담을 덜게 된다. 이 경우 양도인은 부가가치세 폐업 확정 신고 시 사업양도신고서 및 사업양도양수계약서를 작성하여 제출하여야 한다.

▶ 관련 법규: 「부가가치세법」 제10조제9항제2호
「부가가치세법 시행령」 제23조

4. 유흥음식업의 경우 종업원이 받은 봉사료를 잘못 처리하면 사업자가 세금을 대신 내는 경우가 발생할 수 있다.

룸살롱을 운영하는 강주량 씨는 손님의 술값과 종업원이 실지받은 봉사료(팁)를 구분하지 않고 두 금액을 합하여 신용카드매출전표를 발행하였고 이에 대한 매출을 신고누락하였다.

관할세무서는 강주량 씨에 대한 세무조사를 실시하여 종업원이 받은 봉사료가 포함된 신용카드 매출액 전액에 대하여 세금 7천 5백만 원을 추징하였다.

종업원이 받은 봉사료의 올바른 처리방법에 대하여 알아보자.

◈ 봉사료

유흥음식점 등을 운영하는 경우 종업원이 봉사료(팁)을 받는 경우가 있는데 손님이 종업원에게 직접 봉사료를 지급하면 사업자는 음식값만 매출로 신고하면 된다.

그런데 음식값과 봉사료를 합한 전체금액을 신용카드로 결제하면 사업자가 종업원이 받은 봉사료에 대해 부가가치세를 내는 경우가 발생할 수 있다. 따라서, 종업원에게 지급한 봉사료에 대해 세무상 처리방법을 정확히 알고 있어야 한다.

◈ 과세표준에서 제외되는 봉사료

사업자가 음식 · 숙박 용역이나 개인서비스 용역을 공급하고 그 대가와 함께 받는 종업원의 봉사료를 세금계산서 · 영수증 또는 신용카드매출전표 등에 그 대가와 구분하여 기재한 경우로서 봉사료를 해당 종업원에게 지급한 사실이 확인되는 경우 그 봉사료는 부가가치세 과세표준에 포함하지 아니한다.

즉, 종업원에게 지급한 봉사료는 사업자가 세금을 내지 않아도 되나 아래 요건을 모두 갖추어야 한다.

【부가가치세 과세표준에서 제외되는 봉사료의 요건】

① 음식업, 숙박업 및 개인 서비스업의 경우 용역의 대가와 함께 받는 종업원의 봉사료를 과세표준에서 제외시킬 수 있다.

② 세금계산서 · 영수증 · 신용카드매출전표 등을 발급할 때는 용역 대가와 봉사료를 구분 기재하여 발급하여야 한다.

③ 구분기재한 봉사료가 해당 종업원에게 지급된 사실이 확인되어야 한다.

④ 구분기재한 봉사료가 공급가액(간이과세자는 공급대가)의 20%를 초과하는 경우에는, 봉사료 지급액에 대하여 5%의 소득세를 원천징수하고 봉사료 지급대장을 작성하여야 한다.

⑤ 봉사료지급대장에는 봉사료를 받는 사람이 직접 받았다는 서명을 하여야 하며, 받는 사람 본인의 서명임을 확인할 수 있도록 봉사료를 받는 사람별로 주민등록증 또는 운전면허증 등 신분증을 복사하여 그 여백에 받는 사람이 자필로 성명, 주민등록번호, 주소 등을 기재하고 서명하여 5년간 보관하여야 한다.

또한 봉사료를 받는 사람이 봉사료지급대장에 서명을 거부하거나 확인서 작성 등을 거부하는 경우에는, 무통장입금영수증 등 지급사실을 직접 확인할 수 있는 다른 증빙을 대신 첨부하여야 한다.

◈ 봉사료 원천징수

신용카드매출전표 등에 음식값과 구분하여 적는 경우 구분 기재한 봉사료 금액이 음식값의 20%를 초과하는 때에는 당해 봉사료 전체 금액에 대하여 사업자가 소득세 5%를 원천징수하여야 한다.

매월 원천징수한 세액은 원천징수이행상황신고서와 사업소득원천징수 영수증을 첨부하여 원천징수한 달의 다음달 10일까지 세무서에 제출하고 납부하여야 한다.

이와 같이 봉사료는 술값이나 음식값과 별도로 구분 기재하여 영수증 등을 발급하여야 하며 귀찮다고 전체금액을 함께 처리한다면 봉사료에 대해서도 부가가치세, 개별소비세, 소득세 등을 내게 되는 결과를 초래할 수 있다.

▶ 관련 법규: 「부가가치세법 시행령」 제61조제4항
「소득세법 시행령」 제184조의 2
국세청고시 제2021-38호 「봉사료를 과세표준에서 제외하고자 하는 사업자가 지켜야 할 사항」

5. 세금계산서를 정확히 발급하자.

일반과세자(2021년 7월 1일 공급분부터 세금계산서 교부의무가 있는 간이과세자 포함)가 과세대상이 되는 재화 또는 용역을 공급하는 때에는 세금계산서를 발급하여야 하는데, 이를 잘못 발급하면 공급자는 안 물어도 될 가산세를 물어야 하고 매입자는 가산세를 물거나 매입세액을 공제받지 못하게 되어 자칫 거래관계가 끊어지는 일이 생길 수도 있다.

세금계산서를 발급할 때는 다음과 같은 사항을 주의하여 정확히 발급해야 불이익을 받지 않는다.

◈ 세금계산서 제도를 시행하는 이유

세금계산서는 재화 또는 용역의 공급 시기에 발급하는 것이 원칙이다. 공급 시기가 도래하기 전에 대가의 전부 또는 일부를 받고 세금계산서를 발급하는 경우에는 그 발급하는 때를 공급 시기로 보므로, 공급 시기가 도래하기 전에 발급하는 것은 무방하다.

그러나 재화 또는 용역의 공급 시기 이후 해당 공급 시기가 속하는 과세기간에 대한 확정신고기한까지 세금계산서를 발급하는 경우 공급자는 공급가액의 1%에 상당하는 '세금계산서 지연발급 가산세'를, 공급받는 자는 공급가액의 0.5%에 상당하는 '세금계산서 지연수취 가산세'를 물게 된다.

또한, 재화 또는 용역의 공급 시기가 속하는 과세기간에 대한 확정신고기한이 지난 후 세금계산서를 발급 받았더라도 그 세금계산서의 발급일이 확정신고기한 다음 날부터 1년 이내이고, 다음 각 목의 어느 하나에 해당하는 경우에도 매입세액공제를 받을 수 있다.

가. 「국세기본법 시행령」 제25조제1항에 따른 과세표준수정신고서와 같은 영 제25조의 3에 따른 경정 청구서를 세금계산서와 함께 제출하는 경우

나. 해당 거래사실이 확인되어 법 제57조에 따라 납세지관할세무서장, 납세지관할지방국세청장 또는 국세청장이 결정 또는 경정하는 경우

다만, 공급자는 공급가액의 2%에 상당하는 세금계산서 미발급 가산세를, 공급받는 자는 공급가액의 0.5%에 상당하는 세금계산서 지연수취 가산세를 물게 된다.

예를 들어 5월 25일 재화를 공급하였으나, 6월 15일에 세금계산서를 발급하였다면, 공급자와 공급받는 자 모두 가산세를 물어야 한다. 또한 과세기간을 달리하여 위 각 목의 요건을 충족하여 다음 해 1월 31일에 세금계산서를 발급하였다면, 공급자와 공급받는 자 모두 가산세를 물고 공급받는 자는 매입세액을 공제받을 수 있다. 그러나 다음 해 7월 27일에 세금계산서를 발급하였다면 공급자는 가산세를 물고 공급받는 자는 매입세액을 공제받을 수 없다.

◈ 필요적 기재사항

세금계산서에 기재하는 내용 중 잘못 기재되었을 경우 가산세 등 불이익을 받게 되는 것을 '필요적 기재사항'이라 하는데, 필요적 기재사항은 다음과 같다.

- 공급하는 사업자의 등록번호와 성명 또는 명칭
- 공급받는 자의 등록번호. 다만, 공급받는 자가 사업자가 아니거나 등록한 사업자가 아닌 경우에는 고유번호 또는 공급받는 자의 주민등록번호
- 공급가액과 부가가치세액
- 작성 연월일

필요적 기재사항의 전부 또는 일부가 기재되지 않았거나 사실과 다르게 기재된 때에는 그 공급가액에 대해 공급자는 1%, 공급받는 자는 0.5%를 가산세로 물어야 한다.

그러므로 세금계산서를 발급할 때는 재화 또는 용역의 공급 시기에 특히 필요적 기재사항을 정확히 기재하여 발급하여야 한다.

◈ 세금계산서 발급특례

다음의 경우에는 재화 또는 용역의 공급일이 속하는 달의 다음달 10일(그 날이 공휴일 또는 토요일인 경우에는 바로 다음 영업일)까지 세금계산서를 발급할 수 있다.

① 거래처별로 1역월의 공급가액을 합하여 해당 달의 말일을 작성 연월일로 하여 세금계산서를 발급하는 경우

② 거래처별로 1역월 이내에서 사업자가 임의로 정한 기간의 공급가액을 합하여 그 기간의 종료일을 작성 연월일로 하여 세금계산서를 발급하는 경우

③ 관계 증명서류 등에 따라 실제거래사실이 확인되는 경우로서 해당 거래일을 작성 연월일로 하여 세금계산서를 발급하는 경우

▶ 관련 법규: 「부가가치세법」 제32조, 제34조제3항, 제60조제2항 · 제7항
「부가가치세법 시행령」 제75조제3호 · 제7호

사례로 보는 세금 절약 Guide – 매입 관련

6. 매입세액이 공제되지 않는 경우를 정확히 알고 대처하자.

부가가치세 납부세액은 사업자가 공급한 재화 또는 용역에 대한 '매출세액'에서 자기의 사업을 위하여 사용되었거나 사용될 재화 또는 용역을 공급받을 때 부담한 '매입세액'을 공제하여 계산한다.

따라서, 재화 또는 용역을 공급받을 때 부가가치세를 부담했다 하더라도 사업과 관련이 없거나 세금계산서에 의하여 입증되지 않는 경우에는 매입세액으로 공제받지 못한다.

매출세액에서 공제받지 못하는 매입세액은 다음과 같다.

◈ 매입처별세금계산서합계표 미제출 또는 부실기재된 경우

- ◆ 예정 또는 확정신고 시 아래의 매입세액은 공제하지 아니한다.
  - – 매입처별세금계산서합계표를 제출하지 아니한 경우의 매입세액
  - – 제출한 매입처별세금계산서합계표의 기재사항 중 거래처별 등록번호 또는 공급가액의 전부 또는 일부가 적히지 아니하였거나 사실과 다르게 적힌 경우 그 기재사항이 적히지 아니한 부분 또는 사실과 다르게 적힌 부분의 매입세액
- ◆ 다만 아래의 경우의 매입세액은 공제가능하다.
  - – 적법하게 발급받은 세금계산서에 대한 매입처별세금계산서합계표 또는 신용카드매출전표 등의 수령명세서를 수정신고, 경정청구, 기한 후 신고 시 제출하는 경우
  - – 매입처별세금계산서합계표의 거래처별 등록번호 또는 공급가액이 착오로 사실과 다르게 적힌 경우로서 발급받은 세금계산서에 의하여 거래사실이 확인되는 경우

- 적법하게 발급받은 세금계산서 또는 신용카드매출전표 등을 경정기관의 확인을 거쳐 정부에 제출하는 경우

◈ 세금계산서 미수취 또는 사실과 다르게 적힌 매입세금계산서

◆ 세금계산서를 발급받지 아니한 경우 또는 발급받은 세금계산서에 필요적 기재사항의 전부 또는 일부가 기재되지 아니하였거나 사실과 다르게 적힌 경우의 매입세액은 공제하지 아니한다.

【세금계산서 필요적 기재사항】

① 공급자의 등록번호와 성명 또는 명칭　② 공급받는 자의 등록번호

③ 공급가액과 부가가치세액　④ 작성연월일

◆ 다만 아래의 경우의 매입세액은 공제가능하다.

- 사업자등록을 신청한 사업자가 사업자등록증 발급일까지의 거래에 대하여 해당 사업자 또는 대표자의 주민등록번호를 적어 발급하는 경우
- 발급받은 세금계산서의 필요적 기재사항 중 일부가 착오로 사실과 다르게 적혔으나 그 세금계산서에 적힌 나머지 필요적 기재사항 또는 임의적 기재사항으로 보아 거래사실이 확인되는 경우
- 재화 또는 용역의 공급 시기 이후에 발급받은 세금계산서로서 해당 공급 시기가 속하는 과세기간에 대한 확정신고기한(1. 25., 7. 25.)까지 발급받은 경우
- 재화 또는 용역의 공급시기가 속하는 과세기간에 대한 확정신고기한이 지난 후 세금계산서를 발급받았더라도 그 세금계산서의 발급일이 확정신고기한 다음 날부터 1년 이내이고 다음 ㉠,㉡중 어느 하나에 해당하는 경우

㉠ 과세표준수정신고서와 경정청구서를 세금계산서와 함께 제출하는 경우

㉡ 해당 거래사실이 확인되어 납세지 관할 세무서장 등이 결정 또는 경정하는 경우

- 발급받은 전자세금계산서로서 국세청장에게 전송되지 아니하였으나 발급한 사실이 확인되는 경우

◈ 사업과 직접 관련 없는 지출에 대한 매입세액

◆ 사업과 직접 관련이 없는 매입세액은 매출세액에서 공제하지 아니하며 그 범위는 아래와 같다.

【사업과 직접 관련 없는 매입세액의 범위】

① 사업자가 그 업무와 관련 없는 자산을 취득·관리함으로써 발생하는 취득비·유지비·수선비와 이와 관련되는 필요경비

② 사업자가 그 사업에 직접 사용하지 아니하고 타인(종업원 제외)이 주로 사용하는 토지·건물 등의 유지비·수선비·사용료와 이와 관련되는 지출금

③ 사업자가 그 업무와 관련 없는 자산을 취득하기 위하여 차입한 금액에 대한 지급이자

④ 사업자가 사업과 관련 없이 지출한 기업업무추진비

◆ 사례

- 법인 회장이 사용하는 아파트의 냉장고, 홈시어터 등 비품 구입비는 매입세액공제를 받지 못한다.

- 주식의 매각은 부가가치세 과세대상인 재화 또는 용역의 공급에 해당하지 아니하므로 주식 매각과 관련하여 지출한 법무수수료, 중개수수료 등에 대한 매입세액은 사업과 관련이 없는 매입세액으로 보나, 주식의 발행·취득 관련 비용의 과세사업 확장이나 자금조달을 위한 비용으로 사업관련성이 있는 경우에는 매입세액이 공제된다.

- 사업자가 골프회원권을 취득한 경우, 그 회원권의 사용실태 등을 고려하여 사업상 종업원의 복리후생을 목적으로 취득한 때에는 매입세액공제가 가능하나, 거래처 등을 접대하기 위하여 취득한 경우에는 사업과 관련이 없는 지출에 대한 매입세액으로 보아 공제되지 아니한다.

◈ 개별소비세 과세대상 자동차의 구입과 임차 및 유지에 관한 매입세액

◆ 개별소비세법에 따른 자동차의 구입과 임차 및 유지에 관한 매입세액은 공제되지 아니한다. 매입세액 공제가 가능한 차량과 불공제 차량은 다음과 같다.

매입세액 불공제 차량 (개별소비세 과세되는 차량)	매입세액 공제 차량 (개별소비세 과세되지 않는 차량)
① 8인승 이하 승용차(SUV 포함) ② 캠핑용 자동차 (캠핑용 트레일러 포함) ③ 125cc 초과 오토바이	① 9인승 이상 승용차 / 승합차 ② 배기량 1,000cc 이하인 경차 ③ 길이 3.6미터 이하, 폭 1.6미터 이하인 전기차 ④ 화물자동차, VAN 차량 ⑤ 125cc 이하 오토바이

◆ 다만, 운수업, 자동차판매업, 자동차임대업, 운전학원업, 경비업(경비업법에 따른 출동차량에 한함) 및 이와 유사한 업종을 영위하는 자가 직접 영업용으로 사용하기 위하여 취득한 차량과 매입세액 공제 가능 차량에 대한 주유비, 수선비 등의 유지비용은 매입세액 공제가 가능하다.

◈ 기업업무추진비 및 이와 유사한 비용의 지출에 관련된 매입세액

◆ 골프회원권 매입 후 접대목적으로 사용된 경우

골프회원권을 임 · 직원의 복리후생목적으로 취득하였다 하더라도 동 골프회원권이 접대목적으로 사용되고 있다면 매입세액이 불공제된다.

◆ 골프연습장 운영하면서 회원들과 골프장 이용한 경우의 매입세액

골프연습장을 운영하면서 특정회원들과 골프장을 이용한 것은 특정인의 이익을 위한 지출행위에 해당하므로 신용카드매출전표에 기재된 부가가치세는 접대와 관련된 매입세액으로 불공제된다.

◆ 대리점에 무상공급한 재화를 접대비로 볼 수 있는지 여부

불특정다수인이 아닌 특정 대리점에 무상공급한 재화는 접대 등의 행위에 해당되는 것으로 매입세액이 불공제된다.

◆ 특정거래처에 사전약정 없이 매출할인한 경우 접대비 해당 여부

공급가액이 확정되어 판매된 특정거래처에 대하여 사전약정 없이 임의적인 판단에 따라 일정률을 매출할인한 것은 접대비에 해당한다.

◈ 면세사업 등에 관련된 매입세액

◆ 국민주택 공급과 관련된 매입세액

부가가치세가 면제되는 국민주택 공급과 관련하여 매입세액을 부담한 경우 해당 매입세액은 매출세액에서 공제되지 아니한다.

◆ 고유목적사업 관련 매입세액

국가로부터 출연금을 받아 운영되는 연구원의 고유목적사업이 과세대상이 아닌 경우 관련 매입세액은 공제되지 아니한다.

◈ 토지에 관련된 매입세액

◆ 토지 관련 매입세액은 토지의 취득가액에 산입되어 자산으로 계상되어야 하는 것으로 매입세액에서 공제하지 아니한다. 토지 관련 매입세액을 공제하지 않는 취지는 토지의 공급에 대해 과세사업 사용 여부에 관계없이 면세되므로 토지 원가를 구성하는 비용 관련 매입세액의 공제를 인정할 경우 현행 부가가치세법의 취지에 맞지 않기 때문이다.

◆ 토지에 관련된 매입세액이란 토지의 조성 등을 위한 자본적 지출에 관련된 매입세액으로 다음 중 어느 하나에 해당하는 경우를 말한다.

- 토지의 취득 및 형질변경, 공장부지 및 택지의 조성 등에 관련된 매입세액
- 건축물이 있는 토지를 취득하여 그 건축물을 철거하고 토지만을 사용하는 경우에는 철거한 건축물의 취득 및 철거비용과 관련된 매입세액
- 토지의 가치를 현실적으로 증가시켜 토지의 취득원가를 구성하는 비용에 관련된 매입세액

◈ 사업자등록 전 매입세액

◆ 사업자등록을 신청하기 전의 매입세액은 매출세액에서 공제하지 아니한다. 다만 공급 시기가 속하는 과세기간이 끝난 후 20일 이내에 등록을 신청한 경우 등록신청일로부터 공급 시기가 속하는 과세기간 기산일(1월 1일 또는 7월 1일)까지 역산한 기간 이내의 것은 매입세액공제가 가능하다. 이 경우 해당 사업자 또는 대표자의 주민등록번호를 적어 세금계산서를 발급받아야 한다.

【등록 전 주민번호 기재 세금계산서 등 수취 시 매입세액공제 가능 판단】

① 1기(1월 1일 ~ 6월 30일) 중 매입세액은 7월 20일까지 등록 신청 시 매입세액공제 가능

② 2기(7월 1일 ~ 12월 31일) 중 매입세액은 익년 1월 20일까지 등록 신청 시 매입세액공제 가능

▶ 관련 법규: 「부가가치세법」 제39조
「부가가치세법 시행령」 제74조~제75조, 제77조~제80조

7. 거래상대방과 첫 거래 하면서 세금계산서를 받을 때는 사업자등록 및 휴 · 폐업 여부 확인하자.

왕성실 씨는 모든 일을 규정대로 처리하는 사람으로, 물건을 구입할 때마다 세금계산서를 철저히 받고 있다.

그런 그가 며칠 전 세무서로부터 1년 전 부가가치세를 신고할 때 공제받은 매입세액 중 1백만 원은 폐업자로부터 받은 세금계산서이기 때문에 공제받을 수 없으니 이를 해명하라는 「과세자료 해명 안내문」을 받았다.

왕성실 씨는 그럴 리가 없다고 생각하여 내용을 확인해 보니, 지난해 평소 거래관계가 없던 사람으로부터 시가보다 싼 가격에 물건을 한 번 구입했던 것이 문제가 된 것이다. 그러나, 이제 와서 달리 해명할 방법이 없으므로 꼼짝없이 세금을 낼 수밖에 없게 되었다.

이와 같이 거래상대방이 정상사업자인지 여부가 의심스러울 땐 어떻게 해야 하나?

◈ 세금계산서 수취 시 유의사항

사업을 하다 보면 평소 거래를 하지 않던 사람으로부터 시세보다 싸게 물품을 대줄 테니 사겠냐는 제의를 받아 이를 구입하는 경우가 있다.

이런 경우에는 거래상대방이 정상사업자인지, 세금계산서는 정당한 세금계산서인지 여부를 우선 확인해 보아야 한다. 왜냐하면 거래 상대방이 폐업자이거나, 세금계산서가 다른 사업자 명의로 발급된 때에는 실제거래를 하였더라도 매입세액을 공제받을 수 없기 때문이다.

그러므로 거래상대방이 의심스러우면 세금계산서를 받을 때 다음 사항을 반드시 확인해 보는 것이 좋다.

◆ 사업자등록 진위 여부 확인

물건을 판 사업자가 발급하는 사업자등록증이 정상인지 확인하여야 한다.

Guide **사업자등록 진위 여부 확인 방법**

최근에는 물건을 판매하는 사람이 자신의 매출을 숨기기 위해 다른 사람 명의로 세금계산서를 발급하는 경우가 많은데, 이런 세금계산서를 '거짓세금계산서'라 한다. 거짓세금계산서를 받은 경우에는 매입세액을 공제받을 수 없다. 따라서, 사업자등록증의 진위 여부를 확인해야 한다. 먼저 거래상대방으로부터 사업자등록증과 신분증을 제출받아 사업자등록증상의 대표자가 일치하는지를 확인하고 아래 방법으로 사업자등록의 위조 여부를 확인하여야 한다.

> 앱스토어 · 플레이스토어 접속 → '마크애니' 검색 · 설치 → 사업자등록증 상단 또는 하단 바코드 인식 → 표출문구와 음성을 통해 사업자등록증 확인 · 대조

◆ 휴·폐업 여부 확인

휴업이나 폐업자가 아닌 세금계산서 발급이 가능한 정상사업자인지 확인하여야 한다.

Guide **휴 · 폐업 여부 조회방법**

휴업자나 폐업자는 세금계산서를 발급할 수 없기 때문에 이들이 발급한 세금계산서는 세금계산서로서의 효력이 없어 매입세액을 공제받을 수 없다.

특히, 폐업자가 폐업신고를 하고 난 후 재고품을 처리하는 과정에서 종전의 사업자등록번호로 세금계산서를 발급하는 경우가 종종 있으므로, 거래상대방이 의심스러울 때는 반드시 확인해 보는 것이 좋다.

거래상대방이 일반과세자인지 여부와 폐업자인지 여부는 홈택스 누리집을 통하여 확인해 볼 수 있다.

> 홈택스(www.hometax.go.kr)에서
> 증명 · 등록 · 신청 → 사업자등록 신청 · 정정 · 휴폐업 → 사업자등록상태조회

사례로 보는 세금 절약 Guide - 매입 관련

8. 세금계산서를 철저히 받아 두는 것이 절세의 지름길이다.

종로에서 음식점을 하고 있는 이사돌 씨는 2024년 7월 1일부터 일반과세자로 전환되었다.

그동안 간이과세자로 있을 때는 부가가치세에 대하여 그다지 신경쓰지 않았는데, 신용카드 사용이 급격히 증가하여 매출액이 대부분 노출되고 있는 데다 일반과세자로 전환까지 되었으므로 이제부터는 세금에 신경을 쓰지 않을 수 없게 되었다.

이사돌 씨가 취할 수 있는 가장 좋은 세금절약 방법은 무엇일까?

부가가치세는 매출세액에서 물건을 구입할 때 부담한 매입세액을 공제하여 계산한다.

부가가치세 = 매출세액 - 매입세액

따라서, 부가가치세 부담을 줄이기 위해서는 매출세액을 줄이거나 매입세액을 늘려야 하는데, 매출세액은 매출액이 이미 정해져 있으므로 임의로 줄이거나 늘릴 수 없다. 매출액을 고의로 누락시킨다면 이는 탈세 행위로서 법에 어긋나는 일일뿐만 아니라, 나중에 누락사실이 발견되면 훨씬 무거운 세금을 부담하여야 하는 위험이 있다.

그러므로 세금을 합법적으로 줄이기 위해서는 매입세액을 늘릴 수 밖에 없다. 하지만 매입세액 또한 임의로 줄이거나 늘릴 수 없으므로 방법은 한가지! 물건을 구입하면서 매입세액을 공제받을 수 있는 세금계산서를 빠짐없이 받는 방법 뿐이다.

많은 사업자들이 매입금액이 적은 경우에는 세금계산서를 받지 않거나, 주변에 있는 간이과세자로부터 물건을 구입하고 영수증을 받는 경우가 있는데, 이렇게 매입하는 것은 매입세액을 공제받을 수 없다.

물건을 구입하고 세금계산서를 받으면 일반과세자는 매입세액 전액을, 간이과세자는 세금계산서 등을 발급받은 재화와 용역의 공급대가에 0.5%를 곱한 금액을 공제받는다.

예를 들어 음식점을 하는 일반과세자 이사돌 씨의 2024년 2기 과세기간(6개월)의 총매입액이 3,300만 원이라고 가정할 경우 세금계산서 수취비율에 따른 매입세액 공제액을 보면 다음과 같다.

세금계산서 수취비율	매입세액 공제액
100 %	3,000,000
50 %	1,500,000
0 %	0

따라서, 비록 적은 금액이라도 물건을 구입할 때는 일반과세자로부터 구입을 하고, 물건을 구입하면 세금계산서를 빠짐없이 받아 두는 것이 부가가치세를 절약하는 지름길이다.

▶ 관련 법규: 「부가가치세법」 제37조제2항, 제63조제3항

9. 세금계산서를 제때 받지 아니하면 매입세액을 공제받지 못할 수도 있다.

방문일 씨는 건축업자와 공사비 11억 원에 상가건물을 신축하기로 계약한 다음 건축을 완료하여 2024년 4월에 준공검사까지 마쳤으나, 자금사정이 여의치 않아 2025년 2월에야 공사비를 지급하고 이 때를 작성일자로 하여 세금계산서도 발급받았다.

그 후 방문일 씨는 부가가치세를 환급 받기 위해 1억 원의 환급신고를 하였으나, 세무서에서는 사실과 다른 세금계산서라고 하여 환급을 거절하고, 오히려 가산세 1천 5백만 원까지 부과하였다.

방문일 씨가 부가가치세를 환급 받지 못한 이유는 무엇일까?

세금계산서는 사업자가 재화나 용역을 공급하고 거래상대방으로부터 부가가치세를 징수하였음을 증명하는 증빙자료로서, 송장 및 영수증의 기능을 하고 있는 중요한 서류이다.

그렇기 때문에 부가가치세법에서는 재화 또는 용역의 공급 시기에 세금계산서를 주고 받도록 규정하고 있으며, 이를 어길 때에는 다음과 같은 불이익을 주고 있다.

◈ 공급 시기가 속한 과세기간의 확정신고기한 내에 발급받는 경우

예를 들어 2024년 4월에 물품을 구매하고 세금계산서는 2024년 6월에 받는 경우, 판매자에게는 공급가액의 1%, 매입자에게는 0.5%의 가산세가 부과된다.

◈ 공급 시기가 속한 과세기간의 확정신고기한이 지나서 발급받는 경우

예를 들어 2024년 4월에 물품을 구매하고 세금계산서는 과세기간의 확정신고기한이 지난 후인 다음 해인 2025년 2월에 발급받는 경우, 원칙적으로 판매자에게는 공급가액의 2%의 가산세를 물리고, 매입자에게는 매입세액을 공제해 주지 않는다.

다만, 공급 시기가 속하는 확정신고기한의 다음 날부터 1년 이내에 세금계산서를 발급받으면 수정신고·경정청구 또는 과세관청의 결정·경정으로 매입세액 공제가 가능하다.

만약 매입자가 매입세액을 공제받을 수 없는 데도 매입세액을 공제하여 신고하면, 매입세액의 10%에 해당하는 신고불성실 가산세 및 공급가액의 0.5%에 상당하는 매입처별 세금계산서합계표 불성실 가산세와 함께 과소납부금액에 대한 납부지연가산세가 부과된다.

위 사례의 경우, 건물을 신축하는 경우에는 준공검사를 마치면 용역의 제공이 완료된 것으로 보므로, 방문일 씨는 준공검사를 마친 2024년 4월에 세금계산서를 발급받았어야 했다.

그런데, 방문일 씨는 과세기간이 다른 2025년 2월에 세금계산서를 발급받았기 때문에 매입세액 공제를 받지 못한 것이다.

또한, 매입세액을 공제받을 수 없는 데도 이를 공제하여 환급신청을 하였으므로 신고불성실가산세 1천만 원과 매입처별 세금계산서합계표 불성실가산세 5백만 원까지 부과된 것이다.

위에서 보는 바와 같이 세금계산서는 반드시 재화 또는 용역의 공급 시기에 주고 받아야 불이익을 받지 않는다.

설령 재화 또는 용역의 공급 시기에 대금을 지급하지 못하더라도 세금계산서는 제때에 주고받아야 한다.

Guide 재화 및 용역의 공급 시기

1. 재화의 공급 시기
   ① 현금판매, 외상판매, 할부판매: 재화가 인도되거나 이용가능하게 되는 때
   ② 1년 이상 장기할부판매: 대가의 각 부분을 받기로 한 때
   ③ 반환조건부판매, 동의조건부판매, 기타 조건부 및 기한부판매: 조건이 성취되거나 기한이 경과되어 판매가 확정되는 때
   ④ 완성도기준지급 또는 중간지급조건부로 재화를 공급하거나 전력 기타 공급단위를 구획할 수 없는 재화를 계속적으로 공급하는 경우: 대가의 각 부분을 받기로 한 때

2. 용역의 공급 시기
   ① 통상적인 경우: 역무가 제공되거나 재화 · 시설물 또는 권리가 사용되는 때
   ② 완성도기준지급, 중간지급, 1년 이상 장기할부, 기타 조건부로 용역을 공급하거나 그 공급단위를 구획할 수 없는 용역을 계속적으로 공급하는 경우: 대가의 각 부분을 받기로 한 때

3. 위의 공급 시기 도래 전에 세금계산서를 발급하고 그 세금계산서 발급일로부터 7일 이내에 대가를 지급받는 경우에는 세금계산서를 발급하는 때를 공급 시기로 본다.

▶ 관련 법규: 「부가가치세법」 제15조, 제16조, 제17조, 제32조, 제60조
「부가가치세법 시행령」 제28조, 제29조, 제30조, 제75조, 제108조

10. 공급자가 세금계산서를 발급하여 주지 않는 경우에는 매입자발행 세금계산서 제도를 활용할 수 있다.

의류 소매업을 하고 있는 최성실 씨는 다른 업자보다 좀 더 싼 가격으로 판매한다는 의류 도매업자 강배짱 씨로부터 330만 원(공급대가)의 의류를 구입하고 세금계산서 발급을 요구하였지만 거절 당하였다.

최성실 씨는 세금계산서를 발급받지 못하여 매입세액을 공제받지 못하게 되었다.

이 경우 매입세액 공제를 받을 수 있는 방법은 없는 것일까?

2007년 7월 1일부터 시행된 매입자발행세금계산서 제도에 의하여 최성실 씨는 매입세액 공제를 받을 수 있다.

◈ 매입자발행세금계산서 제도

세금계산서 발급의무가 있는 사업자가 재화 또는 용역을 공급하고 그에 대한 세금계산서를 발급하지 않는 경우, 재화 또는 용역을 공급받은 사업자(매입자)가 관할세무서장의 확인을 받아 세금계산서를 발급할 수 있는 제도다.

◈ 입법취지

경제적으로 우월한 지위에 있는 재화 또는 용역의 공급자가 과세표준이 노출되지 않도록 하기 위하여 세금계산서를 발급하지 않는 사례를 방지하기 위한 것이다.

◈ 매입자발행세금계산서를 발급할 수 있는 사업자

일반과세자(2021년 7월 1일 공급분부터 세금계산서 교부의무가 있는 간이과세자 포함)로부터 재화나 용역을 공급받는 자는 매입자발행세금계산서를 발행할 수 있다.

◈ 매입자발행세금계산서 발급절차

1) 세금계산서 발급의무가 있는 사업자가 세금계산서를 발급하지 않는 경우(사업자의 부도 · 폐업, 공급계약의 해제 · 변경 등으로 사업자가 수정세금계산서 또는 수정전자세금계산서를 발급하지 아니한 경우 포함) 매입자(신청인)는 그 재화 또는 용역의 공급 시기가 속하는 과세기간의 종료일로부터 1년 이내에* 거래사실확인신청서에 대금결제 등 거래사실 입증자료를 첨부하여 신청인의 관할 세무서장에게 거래사실의 확인을 신청하여야 한다.
   - 거래사실 입증책임은 매입자에게 있으므로 대금 결제 등 증빙자료(영수증, 거래명세표, 거래사실 확인서 등)를 확보하여야 한다.

   * 2024년 2월 29일 이후 거래 사실의 확인을 신청하는 경우부터 적용(2024년 2월 28일 이전: 6개월 이내 신청)

2) 신청인 관할세무서장은 신청인이 제출한 자료를 공급자 관할세무서장에게 송부한다.
3) 공급자 관할세무서장은 신청일의 다음 달 말일까지 공급자의 거래사실여부를 확인하고 그 결과를 공급자와 신청인 관할세무서장에게 통보한다.
4) 공급자 관할세무서장으로부터 거래사실확인 통지를 받은 신청인 관할세무서장은 즉시 신청인에게 그 결과를 통지하고, 그 통지를 받은 신청인은 매입자발행세금계산서를 발행하여 공급자에게 교부하여야 한다. 다만, 신청인 및 공급자가 관할세무서장으로부터 거래사실 확인 통지를 받은 경우에는 매입자발행세금계산서를 교부한 것으로 본다.
5) 신청인이 부가가치세 신고 또는 경정청구 시 매입자발행세금계산서 합계표를 제출한 경우, 매입자발행세금계산서에 기재된 매입세액을 공제받을 수 있다.

◈ 거래사실확인신청에 대한 금액 제한 유무

매입자가 세금계산서를 발급하기 위하여 세무서장에게 거래사실 확인 신청하는 경우에는 다음과 같은 제한이 있다.

- 거래건당 공급대가(부가가치세 포함)가 5만 원 이상이어야 한다.

▶ 관련 법규: 「부가가치세법」 제34조의 2,
「부가가치세법 시행령」 제71조의 2

11. 신용카드매출전표나 현금영수증을 받은 경우에도 매입세액을 공제받을 수 있다.

일반과세자 김국세 씨는 사업과 관련한 물품을 구입하면서 신용카드로 대금을 결제하고 세금계산서 대신 부가가치세가 별도로 기재된 신용카드매출전표를 받았다.

이 경우 신용카드매출전표의 매입세액을 공제받을 수 있는지?

◈ 신용카드 매출전표 등에 의한 매입세액 공제

사업자가 사업과 관련하여 재화 또는 용역을 공급받고 부가가치세액이 별도로 구분되는 신용카드매출전표, 현금영수증 등을 사업자 명의로 발급 받은 경우 그 부가가치세액은 공제할 수 있는 매입세액에 해당한다.

【다음 중 하나에 해당하는 사업자로부터 받은 신용카드매출전표 등은 매입세액 공제되지 않는다】

① 직전연도 공급대가 합계액이 4,800만 원 미만인 간이과세자

② 간이 신규자

③ 면세사업자

④ 일반과세자 중 ㉠ 미용, 욕탕 및 유사서비스업 ㉡ 여객운송업(전세버스 제외) ㉢ 입장권 발행 경영사업자 ㉣ 미용 목적 성형수술 ㉤ 수의사가 제공하는 동물 진료용역 ㉥ 무도학원, 자동차운전학원

◈ 사업용 신용카드 등록제도를 활용해라

◆ 개인사업자는 사업 관련 경비 지출용으로 쓰는 사업자 본인 명의의 신용카드를 홈택스에 등록할 수 있다(법인의 경우 법인명의의 신용카드는 별도의 등록절차 없음).

◆ 이 경우 개인사업자는 부가가치세 신고 시 "신용카드매출전표 등 수령명세서"에 거래처별 합계 자료가 아닌 등록한 신용카드로 매입한 합계 금액만 기재하면 매입세액공제를 받을 수 있어 편리하다.

◆ 법인사업자의 경우 법인명의의 신용카드는 그 자체가 사업용 신용카드에 해당하므로 홈택스에 별도로 등록할 필요가 없다.

◈ 사업자 본인 카드 이외 매출전표 수취 시 공제 가능 여부

◆ 신용카드매출전표 등에 의하여 매입세액을 공제받으려면 사업자 본인 명의로 발급받아야 하고, 타인 명의의 신용카드매출전표는 매입세액을 공제받을 수 없다.

◆ 다만, 종업원 및 가족 명의의 신용카드매출전표를 수취하는 경우에도 당해 사업자의 사업을 위하여 사용되었거나 사용될 재화 또는 용역의 공급에 대한 세액임이 객관적으로 확인되는 경우에는 매입세액을 공제받을 수 있다.

◆ 또한, 법인 소속 임직원 명의의 개인카드로 사업용 물품을 구입하는 경우에는 신용카드매출전표 등 수령명세서에 거래처별 합계자료를 제출하여야 매입세액을 공제받을 수 있다.

▶ 관련 법규: 「부가가치세법」 제46조
「부가가치세법 시행령」 제88조

12. 음식점을 경영하면 농 · 수산물 매입분에 대해서도 세액을 공제받을 수 있다.

음식점을 운영하고 있는 유신용 씨는, 세련미 넘치는 인테리어와 뛰어난 음식 맛 등으로 매출이 크게 증가하여 부가가치세 부담이 늘어나자 세무사에게 기장을 의뢰하였다.

세무사는 유신용 씨의 지금까지 신고상황을 살펴본 후, 음식업을 운영하는 사업자는 농산물 등을 구입하는 금액에 대해서도 매입세액을 공제받을 수 있으니, 앞으로는 계산서를 철저히 챙겨 받으라고 당부하면서 다음과 같이 의제매입세액에 대하여 알려 주었다.

◈ 의제매입세액 공제제도

부가가치세 납부세액은 매출세액에서 사업자가 물품 등을 구입할 때 부담한 부가가치세, 즉 매입세액을 공제하여 계산하는 것이 원칙이다.

그러나 예외적으로 부가가치세가 면제되는 농산물 · 축산물 · 수산물 · 임산물 등의 원재료를 구입, 이를 제조 · 가공하여 부가가치세가 과세되는 재화 또는 용역을 공급하는 사업자에 대하여는 원재료를 구입할 때 직접 부담한 부가가치세는 없지만, 한도액 내에서 그 구입가액의 일정율에 해당하는 금액을 매입세액으로 의제하여 매출세액에서 공제받을 수 있도록 하고 있는데, 이를 '의제매입세액 공제제도'라 한다.

◈ 공제한도액

법인사업자의 경우 해당 과세기간에 공급하는 면세 농산물 등과 관련된 사업에 대한 과세표준의 30퍼센트(2025년 12월 31일까지 50%)에 해당하는 금액에 공제율을 곱한 금액으로 하고, 개인사업자 중 음식업자의 경우에 2025년 12월 31일까지 과세표준이 1억 원 이하인 경우 75%, 1억 원 초과 2억 원 이하인 경우 70%, 2억 원 초과인 경우 60%에 해당하는 금액에 공제율을 곱한 금액으로 한다.
(개인사업자 중 기타업종은 과세표준 2억 원 이하 65%, 2억 원 초과 55%)

◈ 공제요건

일반과세자가 부가가치세 면제를 받고 구입한 농산물 · 축산물 · 수산물 또는 임산물을 원재료로 사용하여, 제조 · 가공한 재화 또는 용역의 공급이 부가가치세가 과세되는 경우에 적용한다.

※ 음식점업 및 제조업을 영위하는 간이과세자는 2021년 6월 30일 이전 공급받거나 수입신고하는 분까지 적용

◆ 면세농산물 등을 구입하여 사용할 경우 의제매입세액의 공제요건

- 사업자 등록된 부가가치세 과세사업자이어야 함
- 부가가치세 면세로 공급받은 농산물, 축산물, 수산물, 임산물이어야 함
- 농산물 등을 원재료로 하여 재화를 제조 · 가공 또는 용역을 창출하여야 함
- 제조 · 가공한 재화 또는 창출한 용역의 공급이 부가가치세가 과세되어야 함

◆ 면세농산물 등 의제매입세액의 공제대상이 되는 원재료

- 재화를 형성하는 원료와 재료이어야 함
- 재화를 형성하지는 아니하나 해당 재화의 제조 · 가공에 직접적으로 사용되는 것으로서 화학반응을 하는 물품이어야 함
- 재화의 제조· 가공과정에서 해당 물품이 직접적으로 사용되는 단용 원자재이어야 함
- 용역을 창출하는데 직접적으로 사용되는 원료와 재료이어야 함

◈ 공제액

면세로 구입한 농산물 등의 가액에 2/102를 곱하여 계산한 금액을 공제한다. 다만, 음식점업자가 공급받는 농산물 등에 대하여는 법인은 6/106, 개인은 8/108을 적용한다.

(단, 제조업자 중 과자점업, 도정업, 제분업, 떡류 제조업 중 떡방앗간을 경영하는 개인사업자는 6/106, 그 외 제조업을 영위하는 중소기업 및 개인 4/104, 개인음식점업자 중 과세표준 2억 원 이하인 경우는 2026년 12월 31일까지 9/109)

의제매입세액을 공제받기 위해서는 공급받은 사실을 증명하는 서류를 제출하여야 하므로 면세사업자로부터 원재료를 구입하여야 하고, 계산서나 신용카드영수증(또는 직불카드영수증)을 받아야 한다. 제조업의 경우에는 농어민으로부터 직접 구입하는 경우에도 의제매입세액을 공제받을 수 있으나, 의제매입세액공제신고서를 제출해야 한다.

따라서, 의제매입세액공제 대상이 되는 사업을 영위하는 사업자라면 의제매입세액공제제도를 적극 활용하는 것도 절세의 한 방법이다.

> 예를 들어 음식점을 운영하는 개인사업자인 유신용 씨가 6개월간 채소류 · 생선 · 육류 등을 3천만 원어치 구입했다고 하면 2,222,222원을 공제받을 수 있으므로 그 만큼의 세금을 줄일 수 있다.

> ▶ 관련 법규: 「부가가치세법」 제42조
> 「부가가치세법 시행령」 제84조

13. 거래처가 부도나서 물품대금을 받지 못한 경우에도 그 부가가치세액을 공제받을 수 있다.

수입 가전제품 판매업을 하고 있는 장보고 씨는, 2023년 12월 거래처 A에 어음을 받고 5천 5백만 원 상당의 상품을 외상으로 판매하였으며, 2024년 1월 부가가치세 확정신고를 할 때 위 거래분에 대한 부가가치세 5백만 원도 함께 신고 · 납부하였다.

그런데 2024년 8월 거래처 A가 부도나는 바람에 상품대금을 회수할 수 없게 되었고, 결국 부가가치세 5백만 원은 받지도 못한 채 세금만 납부한 결과가 되었다.

◈ 대손세액 공제

사업자가 공급한 재화 또는 용역에 대한 외상매출금 및 기타 매출채권(부가가치세가 포함된 것)의 전부 또는 일부가 거래상대방의 부도 · 파산 등으로 대손되어 부가가치세를 회수할 수 없게 된 경우에는, 그 징수하지 못한 부가가치세액을 대손이 확정된 날이 속하는 과세기간의 매출세액에서 공제하여 주는데, 이를 '대손세액 공제'라 한다.

대손세액 공제제도는 거래상대방으로부터 부가가치세를 회수하지 못한 경우에 기업의 세부담을 완화시켜 주기 위한 제도이므로, 부가가치세를 신고 · 납부하지 아니한 부분에 대하여는 대손세액 공제를 받을 수 없다.

◈ 대손세액공제의 범위

사업자가 부가가치세가 과세되는 재화 또는 용역을 공급한 후 그 공급일로부터 10년이 지난 날이 속하는 과세기간에 대한 확정신고기한까지 확정되는 대손세액에 한하여 공제받을 수 있다.

◈ 대손세액공제 사유

대손세액공제를 받기 위해서는 다음 각 호의 사유에 해당하여야 한다.

① 「채무자 회생 및 파산에 관한 법률」에 따른 회생계획인가의 결정 또는 법원의 면책결정에 따라 회수불능으로 확정된 채권
② 법원의 회생계획인가 결정에 따라 채무를 출자전환하는 경우
③ 상법 · 어음법 · 수표법 · 민법에 따른 소멸시효가 완성된 채권
④ 채무자의 파산, 강제집행, 형의집행, 사업의 폐지, 사망, 실종 또는 행방불명으로 회수할 수 없는 채권
⑤ 부도발생일로부터 6개월 이상 지난 수표 또는 어음상의 채권 및 외상매출금
⑥ 중소기업의 외상매출금 및 미수금으로서 회수기일이 2년 이상 지난 외상매출금 등
⑦ 회수기일이 6개월 이상 지난 채권 중 채권가액이 30만 원 이하(채무자별 채권가액의 합계액을 기준)인 채권

◈ 대손세액공제 신고

대손세액공제를 받으려는 사업자는 위의 대손사유가 발생한 과세기간의 부가가치세 확정신고서에 대손세액공제신고서와 대손사실을 증명하는 서류를 첨부하여 관할세무서장에게 제출하여야 한다.

【대손세액공제 신청 시 구비서류】
① 파산: 매출세금계산서, 채권배분명세서
② 강제집행: 매출세금계산서, 채권배분명세서, 배당표
③ 사망, 실종: 매출세금계산서, 가정법원 판결문, 채권배분계산서
④ 회생계획인가의 결정: 매출세금계산서, 법원이 인가한 회생계획인가 결정문
⑤ 부도발생일로부터 6개월이 경과한 어음: 매출세금계산서, 부도어음
⑥ 상법상의 소멸시효: 매출세금계산서, 인적사항 · 거래품목 · 거래금액 · 거래대금의 청구내역 등 거래사실을 확인할 수 있는 서류

위 사례에서 장보고 씨의 경우는, 2025년 2월에 대손이 확정되므로 2025년 제1기 과세기간의 매출세액에서 5백만 원을 공제받을 수 있다.

▶ 관련 법규: 「부가가치세법」 제45조
「부가가치세법 시행령」 제87조

14. 폐지 · 고철 등을 수집하는 사업자는 매입액의 3/103을, 중고자동차를 수집하는 사업자는 10/110을 세액공제받을 수 있다.

고물수집상을 운영하고 있는 김팔봉 씨는 모든 일을 긍정적으로 생각하고 묵묵히 자기 일에 최선을 다하는 사람이지만, 부가가치세를 신고할 때면 좀 억울하다는 생각을 가끔 한다.

고물을 팔 때는 제지회사나 제철소 등에 팔기 때문에 부가가치세를 꼬박꼬박 내야 하지만, 살 때는 소규모 수집상이나 개인들로부터 매입하기 때문에, 세금계산서를 받지 못해 매입세액을 거의 공제받지 못하기 때문이다.

김팔봉 씨가 매입세액을 공제받을 수 있는 방법은 없을까?

◈ 재활용폐자원 등에 대한 매입세액공제

정부에서는 폐자원의 수집을 원활하게 하여 환경보전을 도모할 목적으로 재활용폐자원 및 중고자동차를 수집하는 사업자가 면세사업자, 간이과세자(2021년 7월 1일 이후부터는 영수증을 발급하여야 하는 간이과세자), 개인 등 세금계산서를 발급할 수 없는 자로부터 폐자원 및 중고자동차를 매입하여 제조 가공하거나 이를 공급하는 경우,

재활용폐자원은 매입가액의 3/103(다만, 2014년 1월 1일부터 2015년 12월 31일까지 취득하는 경우에는 5/105, 중고자동차는 10/110)을 매출세액에서 공제할 수 있도록 하고 있는데, 이를 '재활용폐자원 등에 대한 매입세액공제'라 한다.

재활용폐자원 등의 매입세액공제를 받을 수 있는 사업자와 범위는 다음과 같다.

◈ 공제대상 사업자

- 「폐기물관리법」에 의하여 폐기물중간처리업 허가를 받은 자 또는 폐기물 재활용 신고를 한 자
- 「자동차관리법」에 따라 자동차매매업 등록을 한 자
- 「한국환경공단법」에 따른 한국환경공단
- 조세특례제한법 시행령 제110조제4항제2호의 중고자동차를 수출하는 자
- 기타 재활용폐자원을 수집하는 사업자로서 재생재료 수집 및 판매를 주된 사업으로 하는 자

◈ 재활용폐자원의 범위

고철, 폐지, 폐유리, 폐합성수지, 폐합성고무, 폐금속캔, 폐건전지, 폐비철금속류, 폐타이어, 폐섬유, 폐유, 중고자동차

◈ 공제신고 시 제출서류

① 재활용폐자원 등의 매입세액공제 신고서
② 매입처별계산서합계표 또는 영수증

◈ 재활용폐자원 등의 매입세액 공제율은 다음과 같다.

◆ 재활용폐자원: 취득가액 × 3/103

☞ 취득가액 공제한도액: 해당 과세기간 재활용폐자원과 관련한 과세표준 × 80% - 세금계산서를 교부받고 매입한 재활용폐자원 매입가액

【재활용폐자원 공제한도액 계산 사례】

- 당기 과세표준: 2억 원 - 세금계산서 수취 폐자원 매입금액: 5천만 원
- 면세사업자로부터 매입한 재활용폐자원 금액: 1억 4천만 원

☞ 공제한도액 계산: 2억 원 × 80% - 5천만 원 = 1억 1천만 원
재활용폐자원 매입세액: 1억 1천만 원 × 3/103 = 3,203,883원(재활용폐자원 매입금액은 1억 4천만 원이나 한도 1억 1천만 원을 초과하므로 한도 초과분 3천만 원은 매입세액을 공제받을 수 없음)

◆ 중고자동차: 취득가액 × 10/110

◈ 재활용폐자원의 부당공제 유형

- 일반규모 미등록자로부터 매입하여 공제받는 경우
- 사망자, 노숙자, 해외이주자 등으로부터 매입하여 부당공제받는 경우
- 일반과세자로부터 매입하여 공제받는 경우
- 재활용폐자원 매입세액 공제한도를 초과한 경우
- 공제 신고서상 공급자의 주민등록번호가 사실과 다른 경우

▶ 관련 법규: 「조세특례제한법」 제108조
「조세특례제한법 시행령」 제110조

15. 간이과세자에서 일반과세자로 변경되는 경우에는 재고품을 신고하여 매입세액을 공제받도록 하자.

그동안 간이과세자로 화장품 소매업을 경영하여 오던 정소매 씨는 일반 과세자로 전환된다는 통지서를 받았다.

통지서를 보니, 일반과세자로 전환되는 경우에는 전환 당시에 보유하고 있는 재고품 및 감가상각자산에 대하여 재고매입세액을 공제받을 수 있으니 신고하라고 한다.

재고매입세액이란 무엇이며, 재고품을 신고하면 어떠한 혜택이 있는 것일까?

◈ 재고매입세액 공제

재고매입세액은 재고납부세액의 반대의 경우로 간이과세자에서 일반과세자로 변경되는 경우 신고한 재고품, 건설중인 자산 및 감가상각자산의 재고매입세액신고 후, 관할세무서장의 승인을 얻은 날이 속하는 예정신고기간 또는 확정신고기간의 매출세액에서 공제하여 주는 제도이다.

즉, 간이과세자이었을 때 공급대가의 0.5%(2021년 6월 30일 이전 수취분은 매입세액의 부가율)만큼만 공제받았으므로 이를 일반과세자이었을 경우로 간주하여 공제받지 못한 부분을 추가 공제해 주는 것이다.

◈ 재고매입세액 공제대상

① 상품, 제품(반제품 및 재공품 포함)

② 재료, 부재료

③ 건설중인 자산

④ 감가상각자산(건물 · 구축물은 10년 이내의 것, 기타 감가상각자산은 2년 이내의 것)

◈ 재고매입세액의 계산

【2021년 6월 30일 이전 수취분 재고매입세액 계산 산식】

① 재고품: 재고금액 × 10/110 × (1 – 당해 업종 부가율)

② 건설중인 자산: 해당 건설중인 자산과 관련된 공제대상 매입세액 × (1 – 당해 업종 부가율)

③ 감가상각자산(취득)

㉠ 건물 또는 구축물: 취득가액(VAT 포함) × [1 – 10/100 × 경과된 과세기간수] × 10/110 × (1 – 당해 업종 부가율)

㉡ 그 밖의 감가상각자산: 취득가액(VAT 포함) × [1 – 50/100 × 경과된 과세기간수] × 10/110 × (1 – 당해 업종 부가율)

④ 감가상각자산(자체 제작)

㉠ 건물 또는 구축물: 공제대상 매입세액 × [1 – 10/100 × 경과된 과세기간수] × (1 – 당해 업종 부가율)

㉡ 그 밖의 감가상각자산: 공제대상 매입세액 × [1 – 50/100 × 경과된 과세기간수] × (1 – 당해 업종 부가율)

【2021년 6월 30일 이전 업종별 부가가치율】

– 전기 · 가스 · 수도 5%, 소매업 · 재생용 재료수집 및 판매업 · 음식점업 10%

– 제조업 · 농업 · 어업 · 임업 · 숙박업 · 운수 및 통신업 20%, 건설업 · 부동산 임대업 · 기타 서비스업 30%

【2021년 7월 1일 이후 수취분 재고매입세액 계산 산식】

① 재고품: 재고금액 × 10/110 × (1 - 0.5% × 110/10)

② 건설중인 자산: 해당 건설중인 자산과 관련된 공제대상 매입세액 × (1 - 0.5% × 110/10)

③ 감가상각자산(취득)

㉠ 건물 또는 구축물: 취득가액(VAT 포함) × [1 - 10/100 × 경과된 과세기간수] × 10/110 × (1 - 0.5% × 110/10)

㉡ 그 밖의 감가상각자산: 취득가액(VAT 포함) × [1 - 50/100 × 경과된 과세기간수] × 10/110 × (1 - 0.5% × 110/10)

④ 감가상각자산(자체 제작)

㉠ 건물 또는 구축물: 공제대상 매입세액 × [1 - 10/100 × 경과된 과세기간수] × (1 - 0.5% × 110/10)

㉡ 그 밖의 감가상각자산: 공제대상 매입세액 × [1 - 50/100 × 경과된 과세기간수] × (1 - 0.5% × 110/10)

◈ 재고매입세액의 신고

간이과세자가 일반과세자로 변경되는 경우에는 그 변경되는 날 현재에 있는 재고품(상품, 제품, 재료), 건설중인 자산 및 감가상각자산에 대하여 일반과세 전환 시의 재고품등 신고서를 작성하여 그 변경되는 날의 직전 과세기간에 대한 신고와 함께 각 납세지 관할세무서장에게 신고하여야 한다.

▶ 관련 법규: 「부가가치세법」 제44조
「부가가치세법 시행령」 제86조, 제111조

16. 면세사업자가 수출을 하는 경우 면세포기를 하면 매입세액을 환급 받을 수 있다.

농산물 도매업을 하는 오종자 씨는 10개월 전부터 대만으로 사과를 수출하고 있다. 그동안 수출을 하면서 운송료, 창고사용료, 포장비 등으로 1억 1천만 원을 지출하였으나, 면세사업자이기 때문에 이에 대한 매입세액 1천만 원을 공제받거나 환급을 받지 못했다.

면세사업자도 매입세액을 환급받을 수 있다고 하는데 어떤 경우인가?

부가가치세가 면제되는 재화나 용역을 공급하는 사업자를 '면세사업자'라 하는데, 면세사업자는 부가가치세를 내지 않는 반면에, 물건 등을 구입할 때 부담한 매입세액도 공제받지 못한다.

따라서, 매입세액이 원가에 산입되기 때문에 가격경쟁력 면에서 그만큼 불리하게 된다.

이러한 불이익을 제거하기 위하여 부가가치세법에서는 특정한 재화 또는 용역을 공급하는 경우 면세를 포기하고 과세사업자로 적용받을 수 있도록 하고 있다.

◈ 면세포기

부가가치세가 면제되는 재화나 용역을 공급하는 사업자를 면세사업자라 하는데 면세사업자는 운송료, 포장비 등 매입할 때 부담한 부가가치세를 공제받지 못하기 때문에 부가가치세를 원가에 산입하여 가격경쟁력이 불리하게 된다. 이러한 불이익을 제거하기 위하여 부가가치세법에서는 수출하는 경우와 같이 영세율이 적용되는 경우에 한하여 면세를 포기하고 과세사업자로 적용받을 수 있도록 하고 있다.

◈ 면세포기의 신고

◆ 면세포기를 원하는 사업자는 다음 각 호의 사항을 적은 면세포기신고서를 관할세무서장에게 제출하여야 하며, 이 경우 관할세무서장은 지체 없이 사업자등록을 하여야 한다.

① 사업자의 인적사항 ② 면세를 포기하려는 재화 또는 용역 ③ 그 밖의 참고사항

◆ 면세포기의 효력은 사업자등록을 한 이후 거래분부터 적용되며 사업자등록 신청과 함께 면세포기를 신청한 경우에는 사업개시일부터 적용된다.

◆ 면세포기를 하면 3년간은 부가가치세 면제를 받지 못하므로 일시적으로 수출을 하는 경우에는 면세포기를 하는 것이 유리한지 아니면 면세적용을 받는 것이 유리한지를 따져보고 판단하여야 한다.

◈ 면세 재적용 신고의 절차

면세포기를 신고한 사업자는 신고한 날로부터 3년간 부가가치세를 면제받지 못하며 3년이 지난 뒤 부가가치세를 면제받으려면 면세적용신고서를 제출하여야 하며 면세적용신고서를 제출하지 아니하면 계속하여 면세를 포기한 것으로 본다.

▶ 관련 법규: 「부가가치세법」 제28조
「부가가치세법 시행령」 제57조

Q1 **쇼핑몰을 운영하는 사업자입니다. 별도로 사무실을 구하지 않고 집에서 운영하고 있어 사업장을 집 주소로 등록하였습니다. 동일한 주소로 사업자등록을 추가로 신청할 수 있나요?**

A1 사업자의 주소를 사업장으로 하는 경우 하나의 사업자등록만 할 수 있습니다.

사업장이란 사업을 하기 위하여 거래의 전부 또는 일부를 하는 행하는 고정된 장소를 말하는 것이므로, 사업자가 사업장을 별도로 설치하지 않아 주소지에서 사업을 영위하는 경우 사업자의 주소를 사업장으로 할 수 있는 것입니다.

다만, 동일한 주소에서 다른 업종을 추가로 운영하고자 하는 경우 사업자등록 정정을 통해서 해당 업종을 추가할 수 있습니다.

길라잡이

- 기획재정부 부가가치세제과-589, 2023.08.31.

[제목] 주소 또는 거소가 부가가치세법 제6조제2항에 따른 사업장 해당여부 및 다수 사업자등록 가능여부

[회신] 사업자의 주소 또는 거소는 부가가치세법 제6조제2항에 따른 사업을 위한 고정된 장소를 두지 않는 경우에 같은법 제6조제3항에 따라 사업장으로 등록 가능한 것이며, 주소 또는 거소를 사업장으로 하는 경우에는 하나의 사업장등록만 하는 것입니다.

▶ 관련 법규

- 사업장 등(부가가치세법 제6조, 8조, 시행령 제8조)
- 부가가치세법 제6조【납세지】

① 사업자의 부가가치세 납세지는 각 사업장의 소재지로 한다.

② 제1항에 따른 사업장은 사업자가 사업을 하기 위하여 거래의 전부 또는 일부를 하는 고정된 장소로 하며, 사업장의 범위에 관하여 필요한 사항은 대통령령으로 정한다.

③ 사업자가 제2항에 따른 사업장을 두지 아니하면 사업자의 주소·또는 거소(居所)를 사업장으로 한다.

Q2 창업을 준비 중입니다. 사업 준비 단계에서 발생한 비용에 대해서 매입세액공제를 받을 수 있나요?

A2 사업자등록을 신청하기 전에 발생한 매입세액은 매출세액에서 공제하지 않습니다.

다만, 공급시기가 속하는 과세기간이 끝난 후 20일 이내에 사업자등록을 신청한 경우 등록신청일부터 공급시기가 속하는 과세기간 기산일(1.1. 또는 7.1.)까지 역산한 기간 이내의 매입세액을 공제할 수 있습니다.

※ 과세기간: 1기(1월 1일~6월 30일), 2기(7월 1일~12월 31일)

이 경우 사업자등록증 발급일까지의 거래에 대하여는 해당 사업자 또는 대표자의 주민등록번호를 기재하여 세금계산서(신용카드매출전표 등 포함)를 발급받아야 합니다.

※ 주민등록번호로 발급받은 전자세금계산서의 사업자번호 전환
홈택스(www.hometax.go.kr) 〉 계산서·영수증·카드 〉 전자(세금)계산서 조회 〉 주민등록번호 수취분 전환 및 조회

길라잡이

● 등록 전 매입세액 공제 사례

- 1기(1.1.~6.30.)에 매입이 발생한 경우: 7.20.까지 사업자등록 신청시 매입세액 공제 가능
- 2기(7.1.~12.31.)에 매입이 발생한 경우: 익년 1.20.까지 사업자등록 신청시 매입세액 공제 가능

● 등록 전 매입세액 공제 적용시기

- 세금계산서를 수취한 날이 속하는 과세기간에 매출세액에서 공제하거나 환급세액에 가산합니다.

(예시) 사업개시일이 7.1.이고 6.30.을 작성일자로 하여 세금계산서를 발급받은 경우
☞ 1기(1.1.~6.30.) 신고 시 반영

▶ 관련 법규

● 공제하지 아니하는 매입세액(부가가치세법 제39조제1항제8호, 동법 시행령 제75조제1호)

Q3 부동산임대업을 운영하던 상가를 매매하려고 합니다. 포괄양도로 계약하려고 하나 양도자와 양수자가 포괄양도 여부에 대한 이견이 있습니다. 이런 경우에 부가가치세를 징수해야 하나요?

A3 사업의 포괄양도*는 재화의 공급으로 보지 않아 양도자는 양수자와 거래 시 부가가치세를 징수하지 않습니다.

* 사업장별로 그 사업에 관한 모든 권리와 의무를 포괄적으로 승계시키는 것

다만, 사업의 포괄양도가 불분명한 경우 부가가치세 대리납부 제도를 이용할 수 있습니다.

재화의 공급으로 보지 않는 사업의 포괄양도 또는 이에 해당하는지 여부가 분명하지 않은 경우, 그 사업을 양수받는 자가 대가를 지급하는 날이 속하는 달의 다음달 25일까지 부가가치세를 대리납부하는 경우 재화의 공급으로 볼 수 있습니다.

사업의 포괄양도임에도 재화의 공급으로 보아 양도자가 세금계산서를 발급하고 부가가치세를 신고·납부하는 경우, 양수자는 매입세액불공제, 과소신고(초과환급)가산세 및 납부(환급)지연가산세가 적용됩니다.

길라잡이

- **대리납부 방법**

· 양도자 – 공급시기에 양수자에게 세금계산서 교부

· 양수자 – 대가를 지급하는 날이 속하는 달의 다음달 25일까지 대리납부신고서와 함께 사업장 관할 세무서장에게 납부

- **대리납부제도 이용시 부가가치세 신고방법**

· 양도자 – 교부한 세금계산서로 매출 정상 신고, 부가가치세 신고 시 신고서상 "사업 양수자의 대리납부 기납부세액"란에 기재하여 공제

· 양수자 – 교부받은 매입세금계산서로 부가가치세 신고 시 매입세액 공제

▶ 관련 법규
- 재화 공급의 특례(부가가치세법 제10조 제9항)
- 대리납부(부가가치세법 제52조 제4항)
- 사업양도 시 수수한 세금계산서에 대한 가산세(부가가치세 집행기준 60-0-17)

Q4 간이과세자는 연매출액이 4,800만 원 미만이면 부가가치세 납부 의무가 없다는데, 부가가치세 신고를 꼭 해야 하나요?

A4 간이과세자는 납부의무가 면제되더라도 부가가치세 신고를 하여야 합니다. 다만, 과세유형전환에 따른 재고품등 재고납부세액과 사업자 미등록가산세는 납부의무 면제 규정이 적용되지 아니하여 해당 세액 및 가산세는 납부하여야 하는 것입니다.

※ 간이과세자가 예정부과기간(1월~6월)에 대한 예정신고 시 공급대가 4,800만 원 미만이면 납부의무가 면제됩니다.

길라잡이

- 간이과세자 납부의무 면제

해당 과세기간 공급대가 합계액이 4,800만 원 미만이면 납부의무를 면제하여 신규 사업자, 휴업자, 폐업자 및 과세유형전환 간이과세자의 경우 공급가액 합계액을 12개월로 환산하여 판단합니다.

(예시) [환산공급대가] 해당 간이과세기간 공급대가가 2,000만 원인 경우

구분	환산공급대가(공급대가×12개월/사업개월수)	납부의무 면제
9월 1일 사업개시	6,000만 원(2,000만 원×12개월/5개월)	×
4월 1일 ~ 9월 30일 휴업	4,000만 원(2,000만 원×12개월/6개월)	○
5월 31일 폐업	4,800만 원(2,000만 원×12개월/4개월)	×
과세유형전환 (간이→일반) (7월 1일 전환)	4,000만 원(2,000만 원×12개월/6개월)	○

▶ 관련 법규
- 간이과세자 신고납부(부가가치세법 제67조)
- 간이과세자 납부의무면제(부가가치세법 제69조제1항)

Q5 개인용달을 운영하는 간이과세자입니다. 도매업 사업자를 신규로 발급받고자 하는데, 도매업은 간이과세가 불가하여 일반과세로 사업자등록 시 기존 개인용달 간이과세자도 일반과세자로 전환되는 것인지요?

A5 일반적으로 간이과세가 적용되지 아니하는 다른 사업장(일반)을 보유하고 있는 사업자는 일반과세자로 전환되어야 하는 것이나,

용달 및 개별화물자동차운송업의 경우에는 일반과세자의 신설에도 불구하고 직전연도 공급대가 합계액이 1억 4백만 원에 미달하는 경우에는 간이과세자로 과세유형이 유지되는 것입니다.

※ 2023. 12. 31. 개정 전 간이과세 적용 공급대가 기준금액: 8천만 원

길라잡이

- 일반과세 다른 사업장 보유 등에 따른 일반과세 전환 예외 업종 (직전연도 공급대가 합계액 1억 4백만 원 미달 전제)

개인택시운송업, 용달 및 개별화물자동차운송업, 그 밖의 도로화물 운송업, 이용업 및 미용업

▶ 관련 법규
- 간이과세의 적용 범위(부가가치세법 제61조제1항, 같은 법 시행령 제109조1항 및 조세특례제한법 제106조제5항)

Q6 신규 간이과세 사업자입니다. 거래처 법인이 세금계산서를 요구하고 있습니다. 신규로 사업자등록한 간이과세자가 세금계산서를 발급할 수 있는지요?

A6 신규로 사업을 개시한 간이과세자는 세금계산서를 발급할 수 없습니다. 다만, 간이과세 포기신고를 하면 다음달 1일부터 일반과세자로 변경되는 것으로서, 변경 이후 거래분에 대하여는 세금계산서를 발급할 수 있는 것입니다.

참고로, 직전연도 공급대가의 합계액이 4,800만 원 이상인 간이과세자(영수증 발급 업종 사업자 제외)는 세금계산서를 발급하여야 하며, 이때 공급대가를 공급가액과 세액(공급가액의 10%)으로 구분하여 발급합니다.

길라잡이

- 세금계산서 발급의무 간이과세자

2021. 7. 1. 이후 재화 또는 용역을 공급하는 분부터 직전연도 공급대가(연 매출액) 합계액이 4,800만 원 이상 간이과세는 세금계산서를 발급하여야 하는 것입니다. 다만, 영수증 발급 업종 중 소매업 등 일부 업종*의 경우에는 공급받는자가 사업자등록증을 제시하고 세금계산서의 발급의 요구하는 경우에 세금계산서를 발급하여야 합니다.

* 소매업, 음식점업, 숙박업, 전세버스운송업, 운수업, 주차장운영업 등

▶ 관련 법규
- 간이과세자 영수증 발급 등(부가가치세법 제36조제1항제2호)

Q7 도매업을 영위하는 개인사업자입니다. 작년에 전자세금계산서 발급의무자로 전환되었는데 올해에도 종이세금계산서가 아닌 전자세금계산서를 계속 발급해야 하나요?

A7 개인사업자가 전자세금계산서 의무발급대상자로 전환된 이후로는 계속해서 전자세금계산서를 발행하여야 합니다

개인사업자는 사업장별 재화 및 용역의 공급가액(면세분 포함)의 합계액이 8천만 원 이상인 해의 다음해 제2기 과세기간이 시작하는 날부터 전자세금계산서 발급의무가 있습니다.(법인사업자는 공급가액 상관없이 의무 발급)

종전에는 전자발급 의무기간을 다음해 제2기 과세기간부터 그 다음해 제1기 과세기간으로 정하였으나, 2023. 7. 1. 이후 의무발급대상에 해당하는 경우 2023. 7. 1.부터 계속하여 전자발급의무로 발급의무가 강화되었습니다.

예) 2022년 공급가액 1억 원 이상인 경우 ☞ 〈2023. 7. 1.부터~계속〉 전자발급 의무
예) 2023년 공급가액 8천만 원 이상인 경우 ☞ 〈2024. 7. 1.부터~계속〉 전자발급 의무

길라잡이

- 의무발급 개인사업자

· 직전연도의 사업장별 재화 및 용역의 공급가액(면세공급가액 포함)의 합계액이 8천만 원 이상인 개인사업자(그 이후 그 이후 직전 연도의 사업장별 재화 및 용역의 공급가액이 8천만 원 미만이 된 개인사업자를 포함)

연도별 기준금액	발급의무 개시일
2021년 공급가액 2억 원 이상인 경우	2022. 7. 1.부터 의무발급 대상
2022년 공급가액 1억 원 이상인 경우	2023. 7. 1.부터 의무발급 대상
2023년 공급가액 8천만 원 이상인 경우	2024. 7. 1.부터 의무발급 대상
2024년 공급가액 8천만 원 이상인 경우	2025. 7. 1.부터 의무발급 대상

- 전자세금계산서 가산세 : (미발급) 공급가액 2%, (종이발급) 공급가액 1%

▶ 관련 법규
- 세금계산서 등(부가가치세법 제32조 제2항, 동법 시행령 제68조 제1항)
- 전자세금계산서 관련 가산세(부가가치세법 제60조 제2항)

Q8 당사에서 제조한 두부와 김치를 상품 종류 및 규격별로 고유상표를 부착하여 용기에 포장하고 있습니다. 이 경우 두부와 김치의 판매는 면세인지요?

A8 독립된 거래단위로 관입, 병입 또는 이와 유사한 형태로 포장되어 판매하는 경우에는 부가가치세 과세대상이었으나,

민생안정 지원 대책의 일환으로 부가가치세법 시행규칙 별표1 개정(2024. 7. 1. 시행)됨에 따라 제조시설을 갖추고 단순가공식료품(데친 채소류 · 김치 · 단무지 · 장아찌 · 젓갈류 · 게장 · 두부 · 메주 · 간장 · 된장 · 고추장)을 독립된 거래단위로 관입, 병입 또는 이와 유사한 형태로 포장되어 판매하는 경우 2025. 12. 31.까지 공급분에 대하여는 부가가치세가 면제되는 것입니다.

길라잡이

● 일면세하는 미가공식료품 등의 범위

부가가치세법 시행규칙 [별표 1]

면세하는 미가공식료품 분류표(제24조제1항 관련)

구 분	관세율표 번호	품 명
12. 그 밖에 식용으로 제공되는 농산물, 축산물, 수산물 또는 임산물과 단순 가공 식료품		⑤ 데친 채소류 · 김치 · 단무지 · 장아찌 · 젓갈류 · 게장 · 두부 · 메주 · 간장 · 된장 · 고추장(제조시설을 갖추고 판매목적으로 독립된 거래단위로 관입 · 병입 또는 이와 유사한 형태로 포장하여 2026년 1월 1일부터 공급하는 것은 제외하되, 단순하게 운반편의를 위하여 일시적으로 관입 · 병입 등의 포장을 하는 경우를 포함한다)

▶ 관련 법규

● 면세하는 미가공식료품 등의 범위(부가가치세법 시행령 제34조, 같은 법 시행규칙 제24조 및 같은 법 시행규칙 별표 1)

Q9 동물병원에서 반려묘의 관절염이 의심되는 소견을 받았습니다. 이에 따라 MRI 촬영을 하려는데요, 동물병원에서 MRI 촬영이 부가가치세 면세라고 하는데 맞는 것인지요?

A9 당초, 반려동물의 영상진단의학적 검사(X-ray, 초음파, CT, MRI 등)용역을 공급받는 경우 기존에는 부가가치세가 과세되었던 것이나, 반려동물 양육가구의 동물 진료비 부담을 완화하고자, 2023. 10. 1. 이후 영상진단의학적 검사(X-ray, 초음파, CT, MRI 등)용역을 공급받는 경우 부가가치세가 면제되는 것입니다.

상기 영상진단의학적 검사 외 진찰, 입원 등 다수의 항목이 당초 과세에서 면세로 변경된 점 참고하시기 바랍니다.

길라잡이

● 반려동물 진료비 부가가치세 면제 확대

진료용역의 분류	당초 (질병 예방 목적의 진료용역)	2023.10.1. 이후 면세 확대 (질병 예방 목적외 치료 목적 추가)
진찰 및 입원	–	· 진찰, 입원관리
접종 및 투약	· 예방접종: – DHPPL(종합백신) – 광견병 – 신종플루 – 전염성기관지염 – 코로나장염 – FVRC(고양이종합백신) – 전염성복막염 – 고양이백혈병바이러스 – 고양이ringworm백신 · 약: – 심장사상충, 회충약 등 예방약 투약 – 옴, 진드기, 벼룩, 사상균증 등 피부 질환 및 외부기생충 예방제 도포	· 예방접종, 조제/투약 ※ 예방접종, 조제/투약은 항목 신설로 산정 (기존 제한적 범위를 삭제) ※ 완제품 형태의 제제를 동물병원 내 단순 구입하는 경우는 과세

진료용역의 분류	당초 (질병 예방 목적의 진료용역)	2023.10.1. 이후 면세 확대 (질병 예방 목적외 치료 목적 추가)
검사	· 검사: 병리학적 검사	· (기존)병리학적 검사(혈액, 조직, 세포, 뇨, 분변, 항생제감수성, 전염병키트검사 등)
		· 영상진단의학적 검사(X-ray, 초음파, CT, MRI 등)
		· 계통별 기능검사(순환기계, 신경계, 안과계, 근골격계 등)
		· 내시경검사(내시경, 검이경 등)
증상에 따른 처치	–	· 구토, 설사, 기침, 소양증, 발작, 황달, 파행, 호흡곤란, 혈변, 혈뇨, 마비 증상에 따른 처치
질병의 예방 및 치료	· 수술: 중성화 수술	· 내과/피부과: 외이염, 아토피성 피부염, 위장염, 식이 알러지, 기관지염, 방광염, 췌장염, 피부 사상균증, 점액성 이첨판막변성, 만성신부전, 비심인성 폐수종, 부신피질기능항진증, 고혈압, 당뇨병, 단두종증후군, 간질, 폐렴, 급성신부전, 심장사상충증
		· 안과: 결막염, 유루증, 고양이 허피스 각막염, 각막궤양, 백내장, 건성각결막염, 안검염, 각막염(비궤양성), 포도막염, 녹내장, 각막이상증, 제3안검 탈출증, 고양이 호산구성 각결막염, 첩모중생, 초자체변성, 상공막염, 안검종양, 첩모난생, 안검내번·외번
		· 외과: (기존)중성화 수술, 무릎뼈 탈구, 고양이 회음 요도루 창냄술, 유선 종양, 추간판 질환, 위내 이물, 제대 탈장, 자궁축농증, 전방십자인대 파열, 항문낭염, 고관절 이형성증, 장내 이물, 담낭점액낭종, 비장종양, 골절, 방광결석, 식도 이물, 담석증, 드레싱
		· 응급중환자의학과: 위장관 출혈(혈토, 혈변), 심인성 폐수종, 빈혈, 백혈구 이상, 고양이 비대성 심근병증, 고혈당, 복막염, 흉수, 혈소판 감소증, 중독, 저혈당, 위장관 폐색, 핍뇨, 부정맥, 급성호흡곤란증후군, 응고장애, 혈전질환, 심폐소생술, 쇼크처치, 산소공급
		· 치과: 구내염, 치은염, 고양이치아흡수성병변, 치근단농양, 발치, 스케일링

▶ 관련 법규

- 면세하는 동물진료용역 범위(부가가치세법 시행령 제35조)
- 농림축산식품부 고시 부가가치세 면제대상인 동물의 진료용역 및 별표

납세자가 자주 묻는 상담사례 Top10 - 부가가치세

Q10 사업상 계약해지에 따른 위약금을 받기로 하였습니다. 거래처에서 대금증빙으로 세금계산서를 요청하는데 발급대상인가요?

A10 계약 해지로 인한 위약금 또는 손해배상금은 세금계산서 발급대상이 아닙니다.

부가가치세는 사업자가 행하는 재화 또는 용역의 공급 및 재화의 수입에 대하여 과세하는 것으로, 계약상 또는 법률상의 원인에 따라 재화와 용역을 공급하는 경우에 과세대상 여부를 판단하게 됩니다.

따라서, 손해배상금이나 지체상금, 위약금, 변상금 등은 재화나 용역의 공급에 대한 대가로 볼 수 없어 부가가치세가 과세대상이 아니므로 세금계산서를 발급할 수 없습니다.

길라잡이

- **부가가치세가 과세되지 않는 손해배상금 등의 범위**
  - 소유재화의 파손, 훼손, 도난 등으로 인하여 가해자로부터 받는 손해배상금
  - 도급공사 및 납품계약서상 그 기일의 지연으로 인하여 발주자가 받는 지체상금
  - 공급받을 자의 해약으로 인하여 공급할 자가 재화 또는 용역의 공급없이 받는 위약금 또는 이와 유사한 손해배상금
  - 대여한 재화의 망실에 대하여 받는 변상금
  - 부동산을 타인이 적법한 권한 없이 처음부터 계약상 또는 법률상의 원인 없이 불법으로 점유하여 법원의 판결에 따라 지급받는 부당이득금 및 지연손해금
  - 재화 또는 용역의 공급과 직접 관계없이 지급받는 손실보상금 및 이주보상비

▶ 관련 법규
- 재화의 공급 등 (부가가치세법 제4조, 제9조, 14조)
- 부가가치세법 기본통칙 4-0-1

02 종합소득세 확정신고 · 납부

종합소득세 확정신고 개요

2025년 5월은 지난 해(2024년 귀속)의 종합소득에 대한 소득세를 신고 · 납부하는 달입니다. 법에서 정한 종합소득(이자 · 배당 · 사업 · 근로 · 연금 · 기타소득)이 있는 사람은 5월 1일부터 6월 2일*까지 신고서를 작성하여 주소지 관할세무서장에게 신고 · 납부하여야 합니다.

- 성실신고확인대상자로서 성실신고확인서를 제출하는 경우는 5월 1일부터 6월 30일까지 신고 · 납부

* 2024년 귀속 종합소득세 신고기한(2025. 5. 31)이 토요일이므로 기한의 특례(국세기본법 제5조)에 따라 기한 연장

◈ 신고대상자

- 거주자: 국내·외에서 발생한 소득 중 종합소득금액이 있는 사람 및 법인으로 보는 단체 외의 법인 아닌 단체
- 비거주자: 국내에서 발생한 원천소득 중 종합소득금액이 있는 사람 및 법인으로 보는 단체 외의 법인 아닌 단체

◈ 신고대상 소득

- 종합소득금액: 이자·배당·사업·근로·연금·기타소득금액을 합계하여 종합소득세 확정신고(별지 제40호 서식)*를 합니다.
- 퇴직·양도소득: 종합소득과 구분하여 별개로 확정신고(별지 제40호의2 및 제84호 서식)**를 하여야 합니다.

* 서식은 p156 자료 참고 ** 서식은 p157, p159 자료 참고

◈ 신고기간(2025년 신고분)

구분	과세기간	신고기간
일반적인 경우	2024. 1. 1. ~ 12. 31.	2024. 5. 1. ~ 6. 2.
성실신고확인 대상자*로서 성실신고 확인서를 제출하는 경우	2024. 1. 1. ~ 12. 31.	2025. 5. 1. ~ 6. 30.
과세기간 중 사망(출국) 시	2024. 1. 1. ~ 사망(출국)일	상속개시일이 속하는 달의 말일부터 6개월이 되는 날 (또는 출국일 전날)까지
2025. 1. 1. ~ 5. 31. 중 사망(출국**) 시	2024. 1. 1. ~ 12. 31. 2025. 1. 1. ~ 사망(출국)일	

* p1550 참고

** (출국자 구분신고) 사업소득이 있는 거주자가 사업장을 폐업하지 아니하고 이민 등으로

출국하는 경우에 출국일이 속하는 과세기간의 과세표준은 출국일 전날까지 신고해야 하며, 출국하는 다음날부터 국내사업장을 폐업하는 날까지는 비거주자로서 국내원천소득을 종합하여 신고하여야 합니다.

◈ 확정신고를 하지 않아도 되는 경우

- 근로소득, 퇴직소득, 공적연금소득만 있는 자에 대하여 원천징수의무자가 법에 따라 소득세를 원천징수한 경우(단, 근로소득 및 공적연금소득 연말정산 시 공제 등을 적용받지 못한 경우 증빙서류를 첨부하여 소득세 확정신고를 통하여 추가로 공제받을 수 있음)
- 보험모집인·방문판매원·음료품배달원의 사업소득으로서 연말정산을 완료한 경우 (단, 간편장부대상자로서 해당 과세기간에 다른 소득이 없을 경우에 한함)
- 원천징수되는 기타소득으로서 종교인소득만 있는 자(2018년 1월 1일부터)
- 원천징수된 이자·배당소득만 있는 사람으로 금융소득종합과세 기준금액 미달 소득자
- 일용근로소득만 있는 자

◈ 확정신고를 반드시 해야 하는 경우

- 일용근로자 외의 자로서 2인 이상으로부터 받는 근로소득·공적연금소득·종교인소득 (2018년 1월 1일부터) 또는 연말정산대상 사업소득이 있는 자로서 연말정산 시에 합산신고하지 아니한 자 및 2인 이상으로부터 받는 퇴직소득을 합산신고하지 아니한 자
- 보험모집인·방문판매원·음료품배달원 사업소득이 있는 사람이 연말정산 방법으로 신고하지 않았거나, 2인 이상의 사업자로부터 소득을 받았으나 합산하여 연말정산하지 않은 경우
- 근로소득(일용근로소득 제외), 연금소득, 퇴직소득·종교인소득 또는 연말정산대상 사업소득이 있는 자에 대하여 원천징수의무자가 연말정산에 의하여 소득세를 납부하지 아니한 경우

◈ 개인지방소득세 신고

2020년 1월 1일부터 개인지방소득세는 지방자치단체의 장에게 별도로 신고하여야 합니다. 홈택스로 소득세를 신고하시면 홈택스(국세) · 위택스(지방세) 실시간 연계시스템을 통해 개인지방소득세까지 한번에 편리하게 신고할 수 있습니다.

| 종합소득세 납부 및 환급

◈ 납부

자진납부계산서(영수증서)에 납부할 종합소득세액을 기재하여 5월 1일 ~ 6월 2일*(성실신고확인대상자로서 성실신고확인서를 제출한 경우에는 5월 1일 ~ 6월 30일)에 은행 또는 우체국에 납부하여야 하며, 홈택스 등을

통해 전자납부도 가능합니다.

* 2024년 귀속 종합소득세 신고기한(2025. 5. 31)이 토요일이므로 기한의 특례(국세기본법 제5조)에 따라 기한 연장

◈ 분할납부(자진납부세액이 1천만 원을 초과하는 경우)

납부할 세액	분납할 세액	분납기한
1천만 원 초과 2천만 원 이하	1천만 원 초과금액	납부기한이 지난 후 2개월 이내
2천만 원을 초과	납부할 세액의 50% 이하 금액	

◈ 환급

환급세액이 발생한 경우에는 신고기한 종료일부터 30일 이내에 신고서에 기재한 은행(우체국)의 예금계좌로 환급금을 송금받거나 환급통지서를 통해 환급금을 수령할 수 있습니다.

Guide 성실신고확인 대상자

- 성실신고확인대상사업자의 범위(「소득세법」 제70조의2①, 「소득세법시행령」 제133조①) 해당 과세기간의 수입금액이 아래 기준수입금액(사업용 유형자산 양도금액 제외) 이상인 사업자

업종별	(2024년) 기준수입금액
1. 농업 · 임업 및 어업, 광업, 도매 및 소매업(상품중개업 제외), 부동산매매업, 그 밖에 아래에 해당되지 아니하는 사업	15억 원
2. 제조업, 숙박 및 음식점업, 전기 · 가스 · 증기 및 공기조절공급업, 수도 · 하수 · 폐기물처리 · 원료재생업, 건설업(비주거용 건물 건설업 제외, 주거용 건물 개발 및 공급업 포함), 운수업 및 창고업, 정보통신업, 금융 및 보험업, 상품중개업	7억 5천만 원
3. ㉠ 부동산임대업, 부동산업, 전문 과학 및 기술서비스업, 사업시설관리 · 사업지원 및 임대서비스업, 교육서비스업, 보건업 및 사회복지서비스업, 예술 · 스포츠 및 여가 관련 서비스업, 협회 및 단체, 수리 및 기타 개인서비스업, 가구 내 고용활동 ㉡ 위 제1호 및 제2호에 해당하는 업종을 영위하는 사업자 중 아래에 해당하는 전문직 사업자 – 변호사업, 회계사업, 세무사업, 변리사업, 건축사업, 법무사업, 심판변론인업, 경영지도사업, 기술지도사업, 감정평가사업, 손해사정인업, 통관업, 기술사업, 측량사업, 공인노무사업(별표 3의3의 사업서비스업)	5억 원

관리번호	-

(　　년 귀속) 종합소득세 · 농어촌특별세 과세표준확정신고 및 납부계산서

거주구분	거주자1 /비거주자2
내 · 외국인	내국인1 /외국인9
외국인단일세율적용	여 1 / 부 2
분리과세	여 1 / 부 2
거주지국	거주지국코드

❶ 기본사항

① 성 명		② 주민등록번호	-
③ 주 소			
④ 주소지 전화번호		⑤ 사업장 전화번호	
⑥ 휴 대 전 화		⑦ 전자우편주소	
⑧ 기 장 의 무	1복식부기의무자 2간편장부대상자 3비사업자		
⑨ 신 고 유 형	11자기조정 12외부조정 14성실신고확인 20간편장부 31추계－기준율 32추계－단순율 35분리과세 40비사업자		
⑩ 신 고 구 분	10정기신고 20수정신고 30경정청구 40기한후신고 50추가신고(인정상여)		

❷ 환급금 계좌신고	⑪ 금융기관/체신관서명	⑫ 계좌번호

❸ 세무대리인	⑬성 명	⑭ 사업자등록번호 - -	⑮ 전화번호
	⑯대리구분 1기장 2조정 3신고 4성실확인	⑰ 관리번호 -	⑱ 조정반번호 -

❹ 세액의 계산

구 분			종합소득세		농어촌특별세
종합소득금액		⑲			
소득공제		⑳			
과세표준(⑲－⑳)		㉑		㊶	
세율		㉒		㊷	
산출세액		㉓		㊸	
세액감면		㉔			
세액공제		㉕			
결정세액	종합과세(㉓-㉔-㉕)	㉖		㊹	
	분리과세	㉗		㊺	
	합계(㉖+㉗)	㉘		㊻	
가산세		㉙		㊼	
추가납부세액 (농어촌특별세의 경우에는 환급세액)		㉚		㊽	
합계(㉘+㉙+㉚)		㉛		㊾	
기납부세액		㉜		㊿	
납부(환급)할 총세액(㉛-㉜)		㉝		51	
납부특례세액	차감	㉞		52	
	가산	㉟			
분납할세액	2개월 내	㊱			
신고기한 이내 납부(환급)할 세액(㉝-㉞+㉟-㊱)		㊲		53	
국세환급금충당		54		55	
충당후 납부(환급)할 세액		56		57	

신고인은 「소득세법」 제70조, 「농어촌특별세법」 제7조 및 「국세기본법」 제45조의3에 따라 위의 내용을 신고하며, **위 내용을 충분히 검토하였고 신고인이 알고 있는 사실 그대로를 정확하게 적었음을 확인합니다.** 위 내용 중 과세표준 또는 납부세액을 신고하여야 할 금액보다 적게 신고하거나 환급세액을 신고하여야 할 금액보다 많이 신고한 경우에는 **「국세기본법」 제47조의3에 따른 가산세 부과 등의 대상이 됨을 알고 있습니다.**

년　　월　　일　　　신고인　　　(서명 또는 인)

세무대리인은 조세전문자격자로서 위 신고서를 성실하고 공정하게 작성하였음을 확인합니다. 무기장·부실기장 및 「소득세법」에 따른 성실신고에 관하여 불성실하거나 허위로 확인된 경우에는 **「세무사법」 제17조에 따른 징계처분 등의 대상이 됨을 알고 있습니다.** 세무대리인　　(서명 또는 인) **세무서장** 귀하	접수(영수)일
첨부서류(각 1부)	전산입력필 (인)

관리번호 -

(　　　년 귀속) 퇴직소득세 과세표준확정신고 및 정산계산서

❶ 기본사항				
① 성 명		② 주민등록번호	-	
③ 주 소				
④ 신고구분	[10] 정기신고 [20] 수정신고 [30] 경정청구 [40] 기한후신고			⑤ 전화번호
⑥ 종교관련종사자 여부	여 1 / 부 2			

❷ 환급금 계좌신고	⑦ 은행명		⑧ 계좌번호	

❸ 세무 대리인	⑨ 성명	⑩ 전화번호	⑪ 대리구분	[3] 신고
	⑫ 관리번호 -		⑬ 조정반번호 -	

❹ 퇴직소득명세	⑭ 지급처명 / ⑮ 사업자등록번호	⑯ 입사일 / ⑰ 퇴사일	⑱ 지급일 / ⑲ 근속월수	⑳ 퇴직급여	㉑ 비과세 퇴직급여	㉒ 과세대상 퇴직급여
	합 계					

❺ 근속연수계산	㉓ 제외월수	㉔ 가산월수	㉕ 중복월수	㉖ 정산근속연수	㉗ 2012.12.31. 이전 근속연수	㉘ 2013.1.1.이후 근속연수(㉖-㉗)

❻2020년 이후 퇴직소득세액 계산방법

구분		계 산 내 용		퇴직소득세 금 액
개정 규정에 따른 계산방법	과세표준 계산	퇴직소득(㉒)	㉙	
		근속연수공제	㉚	
		환산급여 [(㉙-㉚)× 12배/정산근속연수]	㉛	
		환산급여별공제	㉜	
		퇴직소득과세표준(㉛-㉜)	㉝	
	세액계산	계 산 내 용		금 액
		환산산출세액(㉝× 세율)	㉞	
		산출세액(㉞× 정산근속연수/12배)	㉟	
		세액공제	㊽	
		가산세	㊾	
		기납부 세액	㊿	
차감		납부(환급)할 총세액(㉟-㊽+㊾-㊿)	51	
		분납할 세액(2월내)	52	
		신고기한 내 납부할 세액(51-52)	53	

❼ 2016~2019년간 퇴직소득세액 계산방법 (※ 개정규정 및 종전 규정에 따른 산출세액에 퇴직연도별 비율을 적용하여 계산합니다)

구분		계 산 내 용		퇴직소득세 금 액		
개정 규정에 따른 계산방법	과세표준 계산	퇴직소득(㉒)	㉙			
		근속연수공제	㉚			
		환산급여 [(㉙-㉚)× 12배/정산근속연수]	㉛			
		환산급여별공제	㉜			
		퇴직소득과세표준(㉛-㉜)	㉝			
	세액계산	계 산 내 용		금 액		
		환산산출세액(㉝× 세율)	㉞			
		산출세액(㉞× 정산근속연수/12배)	㉟			
종전 규정에 따른 계산방법	과세표준 계산	계 산 내 용		금 액		
		퇴직소득(㉒)	㊱			
		퇴직소득정률공제	㊲			
		근속연수공제	㊳			
		퇴직소득과세표준(㊱-㊲-㊳)	㊴			
	세액계산	계 산 내 용		2012.12.31.이전	2013.1.1.이후	합계
		과세표준안분 (㊴× 각근속연수/정산근속연수)	㊵			
		연평균과세표준(㊵/각근속연수)	㊶			
		환산과세표준(㊶× 5배)	㊷			
		환산산출세액(㊷× 세율)	㊸			
		연평균산출세액 (12.12.31.이전: ㊶× 세율, 13.1.1.이후: ㊸/5배)	㊹			
		산출세액(㊹× 각 근속연수)	㊺			

<table>
<tr><td rowspan="5">퇴직소득
세액계산</td><td>퇴직일이 속하는 과세연도</td><td>㊻</td><td></td></tr>
<tr><td>퇴직소득세 산출세액
(㉟× 퇴직연도별 비율) + [㊺× (100%-퇴직연도별 비율)]</td><td>㊼</td><td></td></tr>
<tr><td>세액공제</td><td>㊽</td><td></td></tr>
<tr><td>가산세</td><td>㊾</td><td></td></tr>
<tr><td>기납부 세액</td><td>㊿</td><td></td></tr>
<tr><td rowspan="3">차감</td><td>납부(환급)할 총세액(㊼-㊽+㊾-㊿)</td><td>51</td><td></td></tr>
<tr><td>분납할 세액(2월내)</td><td>52</td><td></td></tr>
<tr><td>신고기한 내 납부할 세액(51-52)</td><td>53</td><td></td></tr>
</table>

<table>
<tr><td rowspan="2">신고인은 「소득세법」 제71조 및 「국세기본법」 제45조의3에 따라 위의 내용을 신고하며, 위 내용을 충분히 검토하였고 신고인이 알고 있는 사실 그대로를 정확하게 적었음을 확인합니다.

년 월 일

신고인 (서명 또는 인)</td><td>접수(영수)
일 자 인</td></tr>
<tr><td></td></tr>
</table>

※ 첨부서류: 연금계좌지급명세서 퇴직소득계산명세 부표(소득이연연금계좌의 퇴직소득확정신고 시)

■ 소득세법 시행규칙 [별지 제84호서식] 〈개정 2023. 3. 20.〉

※ 2010. 1. 1. 이후 양도분부터는 양도소득세 예정신고를 하지 않으면 가산세가 부과됩니다.

관리번호	-

(년 귀속)양도소득(국외전출자)과세표준 신고 및 납부계산서

([ ]예정신고, [ ]확정신고, [ ]수정신고, [ ]기한 후 신고)

① 신고인 (양도인)	성명		주민등록번호		내·외국인	[ ]내국인, [ ]외국인	
	전자우편 주소		전화번호		거주구분	[ ]거주자, [ ]비거주자	
	주소				거주지국		거주지국코드
					국적		국적코드
② 양수인	성명	주민등록번호	양도자산 소재지		지분	양도인과의 관계	

구분		양도소득세 합계	국내분 소계	-	-	-	국외분 소계
③ 세율구분	코드						
④ 양도소득금액							
⑤ 기신고·결정·경정된 양도소득금액 합계							
⑥ 소득감면대상 소득금액							
⑦ 양도소득기본공제							
⑧ 과세표준 (④+⑤-⑥-⑦)							
⑨ 세율							
⑩ 산출세액							
⑪ 감면세액							
⑫ 외국납부세액공제							
⑬ 원천징수세액공제							
⑭ 전자신고세액공제							
⑮ 가산세	무(과소)신고						
	납부지연						
	기장불성실 등						
	계						
⑯ 기신고·결정·경정세액, 조정공제							
⑰ 납부할 세액 (⑩-⑪-⑫-⑬-⑭+⑮-⑯)							
⑱ 분납(물납)할 세액							
⑲ 납부세액							
⑳ 환급세액							

농어촌특별세 납부계산서	
㉑ 소득세 감면세액	
㉒ 세율	
㉓ 산출세액	
㉔ 수정신고가산세등	
㉕ 기신고·결정·경정세액	
㉖ 납부할 세액	
㉗ 분납할 세액	
㉘ 납부세액	
㉙ 환급세액	

신고인은 「소득세법」 제105조(예정신고)·제110조(확정신고), 「국세기본법」 제45조(수정신고)·제45조의3(기한 후 신고), 「농어촌특별세법」 제7조에 따라 신고하며, 위 내용을 충분히 검토하였고 신고인이 알고 있는 사실 그대로를 정확하게 적었음을 확인합니다.

년 월 일

신고인 (서명 또는 인)

환급금 계좌신고 (환급세액 5천만원 미만인 경우)	
㉚ 금융기관명	
㉛ 계좌번호	

세무대리인은 조세전문자격자로서 위 신고서를 성실하고 공정하게 작성하였음을 확인합니다.

세무대리인 (서명 또는 인)

세무서장 귀하

붙임서류	1. 양도소득금액계산명세서(부표 1, 부표 2, 부표 2의2, 부표 2의3 중 해당하는 것) 1부 2. 매매계약서(또는 증여계약서) 1부 3. 필요경비에 관한 증빙서류 1부 4. 감면신청서 및 수용확인서 등 1부 5. 그 밖에 양도소득세 계산에 필요한 서류 1부	접수일 인
담당공무원 확인사항	1. 토지 및 건물등기사항증명서 2. 토지 및 건축물대장 등본	

세무대리인	성명(상호)		사업자등록번호		전화번호	

1. 금융소득이 2천만 원 초과되는 경우 금융소득 종합과세에서 제외되는 비과세 · 분리과세 금융소득을 이용하여 금융소득을 분산하자.

나금융 씨는 은행은 물론 증권회사, 보험회사에서 운영하는 금융상품에 가입하여 예금 · 적금 등의 이자소득과 주식에서 발생하는 배당소득이 연간 2천만 원이 초과되었다.

이자소득과 배당소득을 합친 금융소득이 연간 2천만 원이 초과되어 금융소득금액이 다른 사업소득 등과 합산되어 금융소득 종합과세로 과세되었다.

금융소득 종합과세를 적용받지 않는 방법이 있을까?

◈ 금융소득 종합과세란?

종전에는 금융회사 등에서 이자를 지급할 때 세금을 원천징수하면 그 이자소득에 대하여는 세금문제가 모두 종결되므로, 이자를 받는 사람 입장에서는 세금에 대하여 신경을 쓸 필요가 없었다.

그런데, 2001년부터는 일정금액 이상의 금융소득(이자소득과 배당소득)은 다른 종합소득(사업소득, 근로소득, 연금소득, 기타소득)과 합산하여 소득세를 과세하도록 하였는데, 이를 '금융소득 종합과세'라 한다.

금융소득을 종합과세하는 이유는, 소득계층간 · 소득종류간 과세의 형평성을 제고하여 공평과세를 실현하고 금융소득을 명의자에게 과세함으로써 차명거래의 소지를 축소하여 금융거래의 투명성을 제고하기 위해서이다.

◈ 종합과세를 하면 세금부담이 늘어나는가?

많은 국민들이 금융소득 종합과세로 인하여 세금부담이 늘어난다고 생각하는 경우가 있는데, 금융소득과 다른 소득이 많은 일부 고소득층의 경우는 세금부담이 늘어나지만, 1년간의 이자소득이 2,000만 원 이하인 대부분의 국민들은 오히려 세금부담이 줄어든다. 이는 종합과세를 실시하면서 원천징수 세율을 20%에서 14%로 낮추었기 때문이다.

◈ 종합과세 대상

금융소득이 연간 2,000만 원을 초과하는 경우 전체 금융소득이 종합 과세된다. 다만, 2,000만 원까지는 원천징수세율 14%를 적용하여 산출 세액을 계산하므로 기준금액(2,000만 원) 이하의 금융소득은 실질적으로 분리과세되는 것과 동일하다.

여기서 종합과세대상 기준이 되는 2,000만 원은 예금 원금이 아니라 이자를 말하므로, 금리가 연 2%라고 한다면 10억 원 이상의 예금이 있어야 종합과세대상자가 된다.

> 원천징수세율
> 20% → 15% (2001년부터) → 14% (2005년부터)

◈ 종합과세에서 제외되는 금융소득

다음에 해당하는 금융소득은 종합과세에서 제외한다. 따라서, 종합과세에서 제외되는 금융소득은 금융소득이 2천만 원을 초과하는지 여부를 판단할 때에도 포함하지 않는다.

◈ 비과세 · 면제되는 금융소득

〈소득세법〉

- 공익신탁의 이익

〈조세특례제한법〉

- 65세 이상의 거주자·장애인 등의 비과세종합저축(1명당 저축원금이 5천만 원 이하)의 이자·배당(2025년 12월 31일까지 가입분)

- 조합 등에 대한 예탁금(1명당 예탁금 3천만 원 이하)의 이자(2007년~2025년까지 발생하는 이자소득) 및 출자금(1명당 출자금 2,000만 원 이하)의 배당(2025년 12월 31일까지 수령분)
- 우리사주 조합원이 1년 이상 보유한 우리사주의 배당(소액주주 등 일정요건 충족 필요)
  - 우리사주 액면가액의 개인별 합계액이 1천 8백만 원 이하인 경우
- 영농조합법인의 배당(2026년 12월 31일까지 수령분)
  - 식량작물재배업소득에서 발생한 배당소득 전액과 식량작물재배업 소득 이외의 소득에서 발생한 배당으로 과세연도별 1,200만 원 이하
- 영어조합법인의 배당(2026년 12월 31일까지 수령분)
  - 과세연도별 1,200만 원 이하
- 농업회사법인으로부터 받은 식량작물재배업 소득에서 발생한 배당(2026년 12월 31일까지 수령분)
- 재형저축의 이자·배당(2015년 12월 31일까지 가입분)
- 농어가목돈마련저축(2025년 12월 31일까지 가입분)
- 개인종합자산관리계좌(ISA)에서 발생하는 금융소득(200만 원 또는 400만 원까지의 금액)
- 청년 우대형 주택청약종합저축(2025년 12월 31일까지 가입분으로 이자소득합계액 500만 원 이하), 장병내일준비적금 이자소득(2026년 12월 31일까지 가입분)
- 청년희망적금에 가입(2022년 12월 31일까지)하여 2024년 12월 31일까지 받은 이자소득
- 청년도약계좌에 가입(2025년 12월 31일까지)하여 받은 이자·배당소득
- 그 밖의 조세특례제한법상 비과세 이자·배당소득

◈ 분리과세되는 금융소득

〈소득세법〉

- 개인별 연간 금융소득이 2,000만 원 이하인 경우(14%)
- 10년 이상 장기채권으로 분리과세를 신청한 이자와 할인액(30%)
  - 10년 이내 전환·교환·중도상환 조건이 없는 것
  - 2013년 1월 1일 이후 발행되는 채권의 경우 그 장기채권을 3년 이상 계속하여 보유한 거주자가 장기채권을 매입한 날부터 3년이 지난 후에 발생하는 이자와 할인액
    ※ 2018년 1월 1일 이후 발생하는 소득분부터 해당 규정 폐지(단, 2018년 1월 1일 이전에 발행된 장기채권에 대한 이자와 할인율에 대해서는 종전 규정에 따름)
- 금융회사를 통하지 않은 비실명금융자산의 이자·배당소득(45%)
- 직장공제회 초과반환금(기본세율)
- 부동산 경매를 위해 법원에 납부한 보증금 및 경락대금에서 발생하는 이자(14%)
- 개인으로 보는 법인격 없는 단체의 이자·배당소득(14%)
  - 수익을 구성원에게 배분하지 않는 단체로서 단체명을 표기한 경우

〈조세특례제한법〉

- 발행일부터 최종상환일까지의 기간이 7년 이상인 사회기반시설채권의 이자(14%)
  - 2014년 12월 31일 발행분까지
- 세금우대 종합저축의 이자·배당(9%)
  - 2014년 12월 31일까지 가입하는 경우
- 영농조합법인의 배당(5%)
  - 2026년 12월 31일까지 지급받는 배당소득으로 식량작물 재배업 소득 이외 배당소득으로 과세연도별로 1,200만 원 초과분
- 개인종합자산관리계좌(ISA)에서 발생한 금융소득 중 비과세 한도금액(200만 원 또는 400만 원)을 초과하는 금액(9%)
- 영어조합법인의 배당(5%)
  - 2026년 12월 31일까지 지급받는 배당소득으로 과세연도별로 1,200만 원을 초과하는 배당소득
- 고위험·고수익 채권 투자신탁 등에 대한 과세특례
  - 2024년 12월 31일까지 고위험·고수익 채권 투자신탁에 가입하는 경우로 1인당 투자금액이 3천만 원 이하인 경우 14% 분리과세

〈금융실명거래 및 비밀보장에 관한 법률〉

- 비실명금융자산으로서 금융회사를 통해 지급되는 이자·배당 (90%)

◈ 종합과세에 무조건 적용되는 금융소득

국외원천 이자 · 배당소득과 같이 국내에서 원천징수되지 아니하는 경우에는 지급받는 금액의 크기에 관계없이 종합과세 됩니다.

위 사례의 경우 종합과세에서 제외되는 금융소득(비과세 · 분리과세)를 이용하여 연간 금융소득금액이 2천만 원 이하가 되면 금융소득 종합과세를 적용받지 않는다.

▶ 관련 법규: 「소득세법」 제12조, 제16조, 제17조, 제62조
「조세특례제한법」 제88조의2, 제88조의4 외

2. 장부에 매출과 매입 내역을 기록하여 소득금액을 계산하는 경우 종합소득세를 줄일 수 있다.

편의점을 각각 운영하는 김성실 씨와 이납부 씨는 수입금액과 필요경비가 유사하다. 다만, 김성실 씨는 매출과 매입내역 등을 장부에 기록하고 증빙을 갖추었으나 이납부 씨는 별도의 장부를 작성하지 않았다.

5월에 종합소득세 신고 결과, 두 명의 소득금액과 납부세액이 크게 차이가 났다. 왜 그럴까?
(인적공제 등 공제내용은 동일하다.)

◈ 소득금액 계산방법

소득금액을 계산하는 방법에는 사업자가 비치 · 기장한 장부에 의하여 계산(기장)하는 방법과 정부에서 정한 방법에 의하여 소득금액을 추산하여 계산(추계)하는 방법이 있다.

1) 기장에 의한 소득금액 계산

'기장'이란 영수증 등 증명서류를 근거로 하여 거래내용을 일일이 장부에 기록하는 것을 말한다.

기장을 하면 총수입금액에서 수입금액을 얻기 위해 지급의무가 확정된 비용을 공제하여 소득금액을 계산하므로, 자기의 실질소득에 대해 세금을 내게 된다.

◆ 기장의 종류

구분	대상자	법 조문
복식부기 의무자	간편장부대상자 외 사업자 ※ 의사 · 변호사 등 전문직사업자는 무조건 복식부기의무자임	소득세법 제160조제3항
간편장부 대상자	• 해당 과세기간 신규사업자 • 직전 과세기간 수입금액의 합계액이 업종별 기준 수입금액에 미달하는 사업자	소득세법 제160조제2항, 제3항

◆ 간편장부 대상 업종별 기준수입금액

업종별로 직전 과세기간 수입금액의 합계액이 다음의 금액 미만인 자(단, 욕탕업은 1억 5천만 원 미만인 사업자)를 말한다.

(예: 2025년 귀속종합소득세의 기준 수입금액은 2024년 수입금액)

업종	직전 과세기간 수입금액
가. 농업 · 임업 및 어업, 광업, 도매 및 소매업(상품중개업 제외), 부동산매매업, 그 밖에 아래 '나' 및 '다'에 해당되지 아니하는 사업	3억 원
나. 제조업, 숙박 및 음식점업, 전기 · 가스 · 증기 및 공기조절 공급업, 수도 · 하수 · 폐기물처리 · 원료재생업, 건설업(비주거용 건물 건설업 제외), 부동산 개발 및 공급업(주거용 건물 개발 및 공급업에 한정), 운수업 및 창고업, 정보통신업, 금융 및 보험업, 상품중개업	1억 5,000만 원
다. 부동산임대업, 부동산업(부동산매매업 제외), 전문 · 과학 및 기술서비스업, 사업시설관리 · 사업지원 및 임대서비스업, 교육서비스업, 보건업 및 사회복지서비스업, 예술 · 스포츠 및 여가 관련 서비스업, 협회 및 단체, 수리 및 기타 개인서비스업 , 가구 내 고용활동	7,500만 원

※ 단, 전문직사업자는 수입금액에 상관없이 복식부기 의무가 부여됨

2) 추계에 의한 소득금액 계산

소득금액은 수입금액에서 필요경비를 공제하여 계산하는데, 필요경비는 장부에 의해 확인된 금액을 공제하는 것이 원칙이다. 그러나 장부가 없는 경우에는 필요경비를 계산할 수 없으므로 정부에서 정한 방법(기준경비율, 단순경비율)에 의하여 추계로 소득금액을 계산한다

◆ 추계소득금액 계산방법

구분	추계소득금액 계산
기준경비율 적용 대상자	아래 ①, ②중 적은 금액 ① 수입금액 – 주요경비 – (수입금액 × 기준경비율[1]) ※ 주요경비 = 매입비용 + 임차료 + 인건비 ⇒ 관련 증빙서류에 의해 확인된 금액 ② {수입금액 – (수입금액 × 단순경비율)} × 배율[2]
단순경비율 적용 대상자	수입금액[3] × (1 – 단순경비율)

1) 복식부기의무자인 경우 기준경비율의 1/2을 적용하여 필요경비를 계산함
2) 간편장부대상자는 2.8배, 복식부기의무자 3.4배
3) 고용노동부장관이 지급하는 일자리안정자금은 수입금액에서 제외

◆ 기준경비율 적용대상자

직전연도 수입금액이 다음 금액 이상인 자로서 장부를 기장하지 않은 사업자는 기준경비율 적용대상자가 된다.

업종구분 \ 귀속연도 / 기준수입금액	2024년 귀속
	2023년
가. 농업 · 임업 및 어업, 광업, 도매 및 소매업(상품중개업 제외), 부동산매매업, 그 밖에 아래 '나' 및 '다'에 해당되지 아니하는 사업	6,000만 원
나. 제조업, 숙박 및 음식점업, 전기 · 가스 · 증기 및 공기조절 공급업, 수도 · 하수 · 폐기물처리 · 원료재생업, 건설업(비주거용 건물 건설업 제외, 주거용 건물 개발 및 공급업 포함), 운수업 및 창고업, 정보통신업, 금융 및 보험업, 상품중개업, 인적용역사업자	3,600만 원
다. 부동산임대업, 부동산업(부동산매매업 제외), 전문 · 과학 및 기술서비스업, 사업시설관리 · 사업지원 및 임대서비스업, 교육서비스업, 보건업 및 사회복지 서비스업, 예술 · 스포츠 및 여가 관련 서비스업, 협회 및 단체, 수리 및 기타 개인 서비스업(인적용역사업자 제외), 가구 내 고용활동	2,400만 원

[적용례] 한식점을 운영하는 사업자의 2023년 귀속 수입금액이 5천만 원인 경우 2025년 5월(2024년 귀속) 신고 시 수입금액이 기준금액(3,600만 원) 이상이므로 기준경비율 적용대상임

◆ 단순경비율 적용대상자

해당 과세기간의 수입금액이 복식부기 기준 수입금액 미만인 사업자로서 ① 직전연도 수입금액이 위의 기준경비율 대상 수입금액에 미달하는 사업자와 ② 당해연도 신규사업자로서 장부를 기장하지 않은 사업자는 단순경비율 적용 대상자에 해당된다.

다만 약사, 의사, 변호사, 변리사 등 전문직사업자 및 현금영수증 미가맹 사업자 및 발급거부자 등은 직전년도 수입금액 및 신규 사업자 여부에 상관없이 기준경비율 대상자에 해당된다.

위 사례의 경우 김성실 씨와 이납부 씨의 소득금액과 납부세액이 차이가 발생된 이유는 종합소득세 신고 시 소득금액을 계산하는 유형이 다르기 때문이다.

김성실 씨는 편의점 사업에 관한 모든 거래 사실을 장부에 기재하고 증빙 서류를 갖추었기 때문에 기장에 의한 소득금액을 계산방법을 적용하였으며, 이납부 씨는 장부가 없기 때문에 추계에 의한 소득금액을 계산방법을 적용하였다.

따라서, 기장과 증빙서류를 통해 각종 필요경비를 전부 인정받은 김성실 씨가 법정 경비율만 인정받은 이납부 씨보다 소득금액이 적기 때문에 종합 소득세 납부세액을 줄일 수 있다.

◆ 간편장부 및 기준경비율 추계 비교(사례)

김성실 씨와 이납부 씨의 사업소득금액 현황이 아래와 같을 때 납부세액 비교

① 2024년도 총수입금액 : 100,000,000 원 , 소득공제 : 1,500,000 원

② 업종코드 : 521992(소매 / 편의점)

③ 신고안내유형 : 기준경비율, 간편장부대상자(∵ 전년도 수입금액 70,000,000 원)

④ 2024년 필요경비 내역 :

상품매입 35,000,000 원, 급료 15,000,000 원, 임차료 10,000,000 원, 감가상각비 10,000,000 원, 제세공과금 2,000,000원, 지급이자 2,000,000원, 지급수수료 5,000,000원, 소모품비 3,500,000원, 광고선전비 2,500,000 원, 기타 1,500,000 원

* 상품매입, 임차료는 정규증빙(세금)계산서 수취, 급료는 원천징수신고를 하고 지급명세서 제출

김성실 씨(기장에 의하여 소득금액을 계산하는 경우)

구 분	금 액(원)	간편장부 신고 시 세액계산
종합소득금액	13,500,000	· 총수입금액 100,000,000 – 필요경비(장부기장) 86,500,000원 · 간편장부 소득금액계산서, 수입금액 및 필요경비 명세서 함께 제출
㊀ 소득공제	1,500,000	· 인적공제 1,500,000원
과세표준	12,000,000	
세율	6%	· 과세표준 ~1,400만원 : 6%
산출세액	720,000	
㊀ 세액공제	70,000	· 표준세액공제 70,000
납부할세액	650,000	

이납부 씨(추계에 의하여 소득금액을 계산하는 경우-기준경비율)

구 분	금 액(원)	기준경비율 신고 시 세액계산
종합소득금액	17,640,000	· min(①,②) = 17,640,000원 ① 기준소득금액 : 33,000,000원 100,000,000–주요경비60,000,000*–(100,000,000×7%) = 33,000,000 * 상품 매입 35백만원, 급료 15백만원, 임차료 10백만원 ② 비교소득금액 : 17,640,000원 [100,000,000×(1–93.7%)]×2.8배 = 17,640,000
㊀ 소득공제	1,500,000	· 인적공제 1,500,000원
과세표준	16,140,000	
세율	15%	· 과세표준 1,400만원~5,000만원 : 15%
산출세액	1,161,000	
㊀ 세액공제	70,000	· 표준세액공제 70,000
⊕ 가산세	232,200	· 장부의 기록·보관 불성실가산세(무기장가산세) 1,161,000 x 20% =232,200
납부할세액	1,323,200	

▶ 관련 법규: 「소득세법」 제160조, 「소득세법 시행령」 제143조, 제208조
「소득세법 시행규칙」 제67조, 제67조의2

3. 소규모 사업자는 간편장부를 활용하여 기장하면 소득세 절감과 더불어 다양한 혜택을 받을 수 있다.

조그마한 편의점을 운영하고 있는 노장부 씨는 지금까지 장부를 하지 않았으나, 매출과 매입 등을 체계적으로 관리하기 위해 장부에 기장하기로 마음먹었다.

그런데 가족끼리 가게를 운영하고 있는 노장부 씨로서는 기장을 하기 위해 직원을 새로 채용할 수도 없고 세무사에게 기장을 맡기자니 수수료도 만만치 않을 것 같아 고민이다.

노장부 씨가 걱정을 하고 있자 이웃 가게의 간편해 씨가 소규모 사업자가 손쉽게 작성할 수 있는 간편장부가 있으니 그것을 사용해 보라고 알려주었다.

간편장부는 어떤 것이며 간편장부로 기장하는 경우 혜택에 대해 알아보자.

◈ 간편장부란?

'간편장부'란 소규모 사업자를 위하여 국세청에서 특별히 고안한 장부로, 회계지식이 없는 사람이라도 쉽고 간편하게 작성할 수 있으며, 간편장부는 거래가 발생한 날짜 순서로 기록만 하면 된다.

간편장부는 국세청 누리집(www.nts.go.kr) ⇒ 국세신고 안내 ⇒ 종합소득세 ⇒ 간편장부 안내에 수록된 작성요령과 간편장부를 다운받아 작성하거나, 본인의 필요와 편리에 따라 가까운 문구점에서 구입하거나 시중에 판매되는 전산프로그램을 구입하여 사용할 수 있다.

◆ 간편장부 서식

① 일자	② 계정 과목	③ 거래 내용	④ 거래처	⑤수입(매출)		⑥비용(원가 관련 매입 포함)		⑦사업용 유형자산 및 무형자산 증감 (매매)		⑧ 비고
				금액	부가세	금액	부가세	금액	부가세	

◈ 간편장부대상자 요건

간편장부를 통해 소득금액 계산할 수 있는 간편장부 대상자는

① 당해연도 신규로 사업을 개시하였거나

② 직전 과세기간 수입금액의 합계액이 다음의 금액에 미달하는 사업자인 경우 가능하다.

※ 업종별 기준수입금액

업종	직전 과세기간 수입금액
가. 농업 · 임업 및 어업, 광업, 도매 및 소매업(상품중개업 제외), 부동산매매업, 그 밖에 아래 '나' 및 '다'에 해당되지 아니하는 사업	3억 원
나. 제조업, 숙박 및 음식점업, 전기 · 가스 · 증기 및 공기조절 공급업, 수도 · 하수 · 폐기물처리 · 원료재생업, 건설업(비주거용 건물 건설업 제외), 부동산 개발 및 공급업(주거용 건물 개발 및 공급업에 한정), 운수업 및 창고업, 정보 통신업, 금융 및 보험업, 상품중개업, 욕탕업	1억 5,000만 원
다. 부동산임대업, 부동산업(부동산매매업 제외), 전문 · 과학 및 기술서비스업, 사업시설관리 · 사업지원 및 임대서비스업, 교육서비스업, 보건업 및 사회복지서비스업, 예술 · 스포츠 및 여가 관련 서비스업, 협회 및 단체, 수리 및 기타 개인서비스업 , 가구 내 고용활동	7,500만 원

단, 전문직사업자는 수입금액에 상관없이 복식부기 의무가 부여됨

◈ 간편장부 적용제외 대상자: 전문직 사업자

1) 의사업, 한의사업, 수의사업, 약사업, 한약사업

2) 변호사업, 심판변론인업, 변리사업, 법무사업, 공인회계사업, 세무사업, 경영지도사업, 기술지도사업, 감정평가사업, 손해사정인업, 통관업, 기술사업, 건축사업, 도선사업, 측량사업, 공인노무사업

◈ 간편장부 기장 시 혜택

간편장부대상자가 간편장부를 기장하고 소득금액을 신고하는 경우 다음과 같은 혜택이 있다.

- 장부의 기록 · 보관 불성실 가산세(20%) 적용 배제
- 결손금이 발생한 경우 15년간 이월결손금 공제 가능
  ※ 2008년 이전 발생 결손금은 5년간 공제, 2009~2019년 10년, 2020년 이후 발생 결손금은 15년간 공제
- 조세특례제한법에서 정한 각종 감면 및 세액공제 가능
- 부가가치세 매입 · 매출장 작성의무 면제

◈ 기장을 하지 않을 경우 불이익

사업자가 장부 기장을 하지 않고 추계로 소득금액을 신고하는 경우 다음과 같은 불이익이 있다.

- 장부의 기록 · 보관 불성실 가산세(20%) 적용
  ※ 단, 소규모사업자(직전년도 수입금액 4,800만 원 미만) 및 신규사업자는 적용 제외
- 결손금이 발생한 경우 이월결손금 공제 불가

• 조세특례제한법에서 정한 각종 감면 및 세액공제 불가

• 복식부기의무자는 추계로 신고하는 경우 신고를 하지 않은 것으로 간주하여 다음 중 큰 금액을 가산세로 부과한다.
Max(무신고납부세액의 20%, 수입금액의 0.07%)

※ 단, 무신고가산세와 장부의 기록 · 보관 불성실가산세가 동시에 적용되는 경우 큰 금액에 해당하는 가산세를 적용하고 가산세액이 같은 경우 무신고가산세를 적용

▶ 관련 법규: 「소득세법」 제81조의 5, 제160조
「소득세법 시행령」 제208조
「국세기본법」 제47조의 2
국세청 고시 제2024- 19호[간편장부 고시]

4. 기장을 하였으면 그에 대한 증명서류를 반드시 비치해 두자.

기장을 하고 이에 따라 소득세를 신고하고 있는 정교한 씨는, 최근 관할세무서로부터 세무조사를 받고 거액의 세금을 추징당했다. 추징 사유는 대부분이 증명서류를 제대로 갖춰 놓지 않아 비용을 인정해 줄 수 없다는 것이었다.

지출에 따른 증명서류가 없어 장부에 기록된 내용의 진위여부를 증명하기가 어렵다면 경비를 인정받지 못하나?

◈ 증명서류 필요성

'기장'이란 영수증 등 증명자료에 의하여 거래사실을 장부에 기록하는 것을 말한다. 따라서, 장부의 가장 기초가 되는 것이 증명서류이다.

증명서류가 없어도 기장은 할 수 있으나, 이렇게 하면 장부에 기록된 내용이 사실인지 여부가 확인되지 않으므로 인정을 받을 수 없다. 따라서, 증명서류를 갖춰 놓지 않으면 세법상 비용으로 인정받지 못하여, 더 많은 세금을 낼 수도 있다.

장부는 경리직원이나 세무대리인에게 맡겨도 되지만, 증명서류는 다른 사람이 알아서 챙겨줄 수 없으므로 사업자 자신이 그때 그때마다 챙겨야 한다.

증명서류를 제때 챙겨 놓지 않고 있다가 나중에 지출금액에 맞추기 위하여 허위의 증명서류를 만들어 놓는다거나 금액을 부풀려 놓으면 실제 지출내용과 맞지 않으므로 비용으로 인정 받지 못할 뿐만 아니라 허위 증명서류를 만든 경우 불성실 가산세가 추가될 수도 있다.

따라서, 증명서류는 비용이 발생될 때마다 잘 챙겨놓고 보관도 잘 해야 한다.

◈ 증명서류 보관

사업과 관련해서 사업자로부터 재화 또는 용역을 공급받고 그 대가를 지출하는 경우에는 아래에 해당하는 증명서류를 받아야 한다.

또한 증명서류는 소득세 확정신고기간 종료일로부터 5년간 보관하여야 한다.

◈ 증명서류 종류

사업과 관련해서 다른 사업자로부터 재화 또는 용역을 공급받고 그 대가를 지출하는 경우에는 세금계산서나 계산서 또는 신용카드매출전표 등 정규 증명서류를 받아야 한다. 특히 사업자(소규모 사업자 등 일부 제외)가 정규증명서류를 받지 아니한 경우에는 받지 아니한 금액의 2%에 해당하는 '증명서류수취불성실가산세'를 내야하므로 반드시 정규증명서류를 받아야 한다.

다만, 건당 거래금액(부가가치세 포함)이 3만 원 이하, 농어민으로부터 재화 또는 용역을 직접 공급받은 경우 등 특수한 경우에는 정규증명서류 수취의무가 면제된다.

위 사례의 경우 장부에 기록된 내용에 대한 증명서류가 없거나 이를 인정할 수 있는 근거서류가 없다면 비용을 인정받을 수 없다. 따라서, 꼭 지출에 관련된 증명서류를 수취하고 보관하자.

▶ 관련 법규: 「소득세법」 제70조, 제81조의 6, 제160조의 2
「소득세법 시행령」 제132조, 제208조의 2

5. 기장을 하지 못했으면 증명서류라도 철저히 챙겨 놓자.

소득세를 계산하기 위해서는 우선 소득금액을 산출하여야 한다.

사업자가 장부를 기장하고 있으면 수입금액에서 장부와 증명서류에 의하여 확인되는 필요경비를 공제하여 소득금액을 산출하면 되지만, 장부가 없으면 정부에서 정한 방법으로 소득금액을 추계에 의해 계산할 수 밖에 없다.

다만, 기준경비율 적용 대상자인 경우에는 증명서류가 있다면 주요 경비를 인정받을 수 있어 소득세를 절감할 수 있다.

◈ 기준경비율에 의한 추계소득금액 계산

장부를 기장하지 않아 기준경비율로 추계 계산하는 경우 기장하는 사업자의 경우와 유사하게 수입금액에서 주요경비를 공제하여 소득금액을 계산한다.

다만, 기장하는 사업자는 증명서류에 의해 확인된 모든 필요경비를 인정받게 되지만, 기준경비율로 계산하는 사업자는 기본경비인 매입비용, 임차료, 인건비인 주요경비만 인정받게 된다.

① 소득금액 = 수입금액 – 주요경비(매입비용 + 임차료 + 인건비)
– (수입금액 × 기준경비율*)

② 한도: 소득금액 = {수입금액 – (수입금액 × 단순경비율)} × 배율**

* 복식부기의무자는 기준경비율의 ½을 곱하여 계산

** 2024 귀속배율: 간편장부대상자 2.8배, 복식부기의무자 3.4배

◆ 기준경비율 적용대상자

직전연도 수입금액이 다음 금액 이상인 자로서 장부를 기장하지 않은 사업자는 기준경비율 적용대상자가 된다.

업종구분 ＼ 귀속연도 / 기준수입금액	2024년 귀속 2023년
가. 농업 · 임업 및 어업, 광업, 도매 및 소매업(상품중개업 제외), 부동산매매업, 그 밖에 아래 '나' 및 '다'에 해당되지 아니하는 사업	6,000만 원
나. 제조업, 숙박 및 음식점업, 전기 · 가스 · 증기 및 공기조절 공급업, 수도 · 하수 · 폐기물처리 · 원료재생업, 건설업(비주거용 건물 건설업 제외, 주거용 건물 개발 및 공급업 포함), 운수업 및 창고업, 정보통신업, 금융 및 보험업, 상품중개업, 인적용역사업자	3,600만 원
다. 부동산 임대업, 부동산업(부동산매매업 제외), 전문 · 과학 및 기술서비스업, 사업시설관리 · 사업지원 및 임대서비스업, 교육서비스업, 보건업 및 사회복지 서비스업, 예술 · 스포츠 및 여가 관련 서비스업, 협회 및 단체, 수리 및 기타 개인 서비스업(인적용역사업자 제외), 가구 내 고용활동	2,400만 원

◆ 주요경비의 범위

1) 매입비용: 상품 · 제품 · 재료 · 소모품 · 전기료 등의 매입비용과 외주가공비 및 운송업의 운반비를 말한다. 따라서, 음식 대금, 보험료, 수리비 등의 금액은 제외된다.

2) 임차료: 사업에 직접 사용하는 건축물, 기계장치 등 사업용 유형자산 및 무형자산의 임차료를 말한다.

3) 인건비: 종업원의 급여 · 임금 및 일용근로자의 임금과 실지 지급한 퇴직금을 말한다.

◆ 갖추어야 할 증명서류

매입비용과 임차료는 세금계산서, 계산서, 신용카드매출전표 등 정규 영수증을 받아야 하며, 간이세금계산서나 일반영수증을 받은 경우에는 「주요경비지출명세서」를 제출하여야 한다.

인건비는 원천징수영수증이나 지급명세서 또는 지급관련 증명서류를 비치·보관하여야 한다.

위 사례의 경우 기준경비율 적용대상자는 주요경비에 대한 증명서류를 보관하고 있다면 소득금액 계산 시 주요경비를 인정받아 소득세를 절감할 수 있다.

▶ 관련 법규: 「소득세법」 제160조의 2
「소득세법 시행령」 제143조, 제 208조의 2
「소득세법 시행규칙」 제67조
국세청 고시 제2024-31호[매입비용, 임차료의 범위와 증명서류의 종류 고시]

■ 소득세법 시행규칙 [별지 제20호의5서식] 〈개정 2023. 3. 20.〉

주요경비지출명세서

※ 뒤쪽의 작성요령을 참고하시기 바랍니다.

(앞쪽)

제출자	상 호	사업자등록번호
	성 명	주민등록번호

주요경비지출명세 제출대상 거래내용

일련번호	거래처(공급자)		매수	거래품목	거래금액
	상호(성명)	사업자등록번호 (주민등록번호)			

6. 부동산임대업을 영위하는 사업자도 기장에 의한 소득금액 계산방법이 유리하다.

3층짜리 상가를 신축하여 부동산임대를 시작한 임대업 씨는 세무사 사무실에 기장을 맡길 것인지, 아니면 기장을 하지 않고 추계로 신고할 것인지를 검토하고 있다.

세무사에 기장을 맡기자니 수수료를 주어야하고, 추계로 신고하자니 기장하는 경우보다 세금을 더 많이 내야 한다고 한다.

부동산임대업의 경우 기장을 하는 경우와 추계로 신고하는 방법 중 어느 쪽이 더 유리할까?

◈ 개요

부동산임대업을 영위하는 사업자는 부가가치세와 소득세를 내야 하는데, 일반적으로 부가가치세보다는 소득세 부담이 훨씬 높다.

부동산임대업자의 수입금액은 월세의 합계액에 전세금 또는 임대보증금에 대한 간주임대료를 합하여 계산하는데, 월세는 기장에 의해 계산하든 추계로 계산하든 수입금액 차이가 없으나, 간주임대료는 기장에 의해 계산하는 경우와 추계로 계산하는 경우에 커다란 차이가 있다.

이를 구체적인 사례를 통해 알아보자.

사례 임대업 씨의 임대현황이 아래와 같다고 가정할 때 소득세 차이를 비교해보자

- 임대기간 2024년 1월 1일 ~ 12월 31일
- 월세수입 5,000,000원 • 월 관리비수입 1,000,000원

- 임대보증금 5억 원
- 상가취득가액(건물분) 2억 원
- 건물기준시가 5천만 원
- 1년 만기 정기예금 이자율 1.2%
- 임대보증금의 은행예금 이자 18,500,000원
- 인건비 등 필요경비 합계액 30,000,000원(주요경비 1,500만 원)
- 가족상황 처와 미성년자 자녀 2명
- 기준경비율 19.9%(2024년 귀속)
- 정기예금 이자율

귀속연도	2018년	2019년	2020년	2021년	2022년	2023년	2024년
이자율	1.8%	2.1%	1.8%	1.2%	1.2%	2.9%	3.5%

① 기장에 의하여 소득금액을 계산하는 경우

▷ 수입금액 = 임대료 + 관리비 + 간주임대료

- 임대료수입 = 5,000,000원 × 12월 = 60,000,000원
- 관리비수입 = 1,000,000원 × 12월 = 12,000,000원
- 간주임대료 = (임대보증금 − 건물취득가액) × 정기예금이자율
  − 임대보증금의 은행예금이자
  = (5억 원 − 2억 원) × 3.5% − 18,500,000원 = 0

∴ 총수입금액 = 60,000,000원 + 12,000,000원 + 0원
= 72,000,000원

▷ 소득금액 = 72,000,000원 − 30,000,000원 (필요경비 합계액)
= 42,000,000원

▷ 과세표준 = 42,000,000원 − *6,000,000원 (소득공제)
= 36,000,000원

▷ 소득세액 = 36,000,000원 × 15% − 1,260,000원 (누진공제)
= 4,140,000원

* 소득공제는 가정치임

② 추계에 의하여 소득금액을 계산하는 경우(기준경비율 적용)

▷ 수입금액 = 임대료 + 관리비 + 간주임대료

- 임대료수입 = 5,000,000원 × 12월 = 60,000,000원
- 관리비수입 = 1,000,000원 × 12월 = 12,000,000원
- 간주임대료 = 임대보증금 × 정기예금이자율
  = 5억 원 × 3.5% = 17,500,000원

∴ 총수입금액 = 60,000,000원 + 12,000,000원 + 17,500,000원
= 89,500,000원

▷ 소득금액 = 수입금액 − 주요경비 − (수입금액 × 기준경비율)
= 89,500,000원 − 15,000,000원 − (89,500,000원 × 19.9%) = 56,689,500원

▷ 과세표준 = 56,689,500원 − 6,000,000원 (소득공제)
= 50,689,500원

▷ 소득세액 = (50,689,500원 × 24% − 5,760,000원) × (120%)
= 7,686,576원
(장부의 기록 · 보관 불성실가산세 20% 적용)

위의 사례에서 보는 바와 같이, 기장에 의하여 소득금액을 계산하면 기장을 하지 않은 경우에 비하여 훨씬 세금이 절약된다.

▶ 관련 법규: 「소득세법」 제25조, 제81조의 5
「소득세법 시행령」 제53조, 제143조
「소득세법 시행규칙」 제23조

7. 사업 초기 손실이 발생된 경우 기장을 하면 손실을 공제받을 수 있다.

2023년에 정손실 씨는 도매업을 영위하기 위해 사업자 등록하고 현재까지 운영하고 있다. 사업 시작한 첫 해인 2023년은 사업에 필요한 물품 등을 구매하느라 손실이 발생되었다. 올해 소득세 신고에 2023년 손실분을 반영하여 세금을 적게 낼 거라고 생각했는데 아니었다.

이유를 알아보니 지난해 손실을 인정받으려면 장부를 기장해야 한다면서 다음과 같이 설명을 들었다.

◈ 결손금 및 이월결손금 공제

사업자가 비치 · 기록한 장부에 의하여 해당 과세기간의 사업소득금액을 계산할 때 필요경비가 총수입금액을 초과하는 경우의 그 초과금액을 결손금이라 한다.

결손금을 다른 소득금액에서 공제하고 남은 결손금(이월결손금)은 해당 이월결손금이 발생한 과세기간의 종료일부터 다음 15년간(2019년 12월 31일 이전 발생분은 10년) 발생한 소득에서 공제할 수 있다. 그러나, 부동산임대업(주거용임대업 제외)의 사업소득금액에서 발생한 결손금은 해당 소득에서만 공제할 수 있다.

◆ 결손금 공제

① 결손금 공제란?

결손금을 다음 연도로 이월하기 전에 해당 과세기간의 다른 소득금액에서 먼저 공제하고, 남은 결손금에 대해 15년간 이월공제가 허용된다.

결손금 발생 ⇨ 결손금 통산 ⇨ 결손금 이월

② 결손금 공제순서

발생된 결손금은 아래의 순서대로 공제한다.

구분	공제순서
부동산임대업 외	부동산임대업의 사업소득금액 → 근로소득금액 → 연금소득금액 → 기타소득금액 → 이자소득금액 → 배당소득금액
부동산임대업(주거용 건물임대업 제외)	다른 소득에서 공제하지 않고 다음 과세기간으로 이월

◆ 이월결손금 공제

① 이월결손금 공제란

이월결손금을 해당 결손금이 발생한 과세기간의 종료일로부터 15년* 이내에 끝나는 과세기간의 소득금액을 계산할 때 먼저 발생한 과세기간의 이월결손금부터 순서대로 공제한다.

* 2008년 이전 발생분은 5년, 2009년~2019년 발생분은 10년

② 이월결손금 공제순서

발생된 이월결손금은 아래의 순서대로 공제한다.

구분	공제순서
부동산임대업 외	부동산임대업의 사업소득금액 → 근로소득금액 → 연금소득금액 → 기타소득금액 → 이자소득금액 → 배당소득금액
부동산임대업(주거용 건물임대업 제외)	부동산임대업의 사업소득금액에서만 공제

③ 이월결손금 배제

해당 과세기간의 소득금액에 대해 추계신고하는 경우에는 이월결손금의 공제를 적용받지 못한다. 다만, 천재지변이나 그 밖의 불가항력으로 장부 등이 멸실되어 추계신고하는 경우에는 제외된다.

위 사례에서 이월결손금 공제를 받으려면 사업내용을 비치·기록한 장부에 의해 기장한 사업자만 가능하다.

▶ 관련 법규: 「소득세법」 제45조
「소득세법 시행령」 제101조

8. 주택을 임대하는 경우 소득세 과세대상을 확인해 보자.

서울 소재 주택임대를 하고 있는 박주택 씨는 세종에 있는 주택을 추가 구입하여 임대를 하려고 한다. 그런데 2주택 이상인 경우에는 주택임대소득 과세대상에 포함한다는 안내를 받았다.

임대주택 수에 따라 소득세가 어떻게 달라지는지 알아보자.

◆ 주택임대소득 과세대상

주택임대소득 과세대상은 아래와 같습니다(보유 주택 수는 부부 합산하여 계산)

보유 주택 수	과세대상(○)	과세대상(X)
1주택	• 국외주택 월세 수입 • 국내 기준시가 12억 원 초과 주택 월세 수입	• 국내 기준시가 12억 원 이하 주택 월세 수입 • 모든 보증금 · 전세금
2주택	• 모든 월세 수입	• 모든 보증금 · 전세금
3주택 이상	• 모든 월세 수입 • 비소형주택 3채 이상 보유 & 해당 보증금 · 전세금 합계 3억 원 초과하는 경우 해당 보증금 · 전세금	• 소형주택*의 보증금 · 전세금 • 비소형주택의 보증금 · 전세금 합계 3억 원 이하인 경우

* (소형주택) 주거전용 면적이 40㎡ 이하이면서 기준시가가 2억 원 이하

◆ 주택임대 소득세 계산

① 주택임대 총수입금액이 2천만 원을 초과하는 경우

- 다른 종합과세 대상 소득과 함께 합산하여 종합과세해야 한다.

② 주택임대 총수입금액이 2천만 원 이하인 경우

– 주택임대소득만 분리과세(세율 14%)하는 방법과 종합과세하는 방법 중 선택하여 신고할 수 있다.

주택을 임대하고 임대소득이 발생하면 원칙적으로 과세대상에 포함해야 하지만, 서민들의 주거안정을 위해 소형주택 임대 등 특정 요건에 맞는 경우 과세대상에서 제외된다.

Guide 소형주택의 범위와 간주임대료 계산

전세 시장을 안정화함으로써 서민을 지원하기 위하여 2026년 12월 31일까지 간주 임대료 계산 시 아래의 소형주택에 대한 전세 보증금을 주택 수에 포함하지 아니한다.

간주임대료 계산 시 제외되는 소형주택의 범위

주거의 용도로만 쓰이는 면적이 1호 또는 1세대당 40㎡(2018년 귀속까지 60㎡) 이하인 주택으로서 해당 과세기간의 기준시가가 2억 원(2018년 귀속까지 3억 원) 이하인 주택

총수입금액에 산입할 금액(간주임대료)의 계산

• 과세대상: 비소형주택 3주택 이상 보유자 중 해당 주택 전세보증금 합계 3억 원 초과분

• 주택 수 판정방법

– 다가구주택은 1개의 주택, 구분 등기된 경우에는 각각을 1개의 주택

– 본인과 배우자가 각각 주택을 소유하는 경우 합산. 다만, 동일 주택이 부부 각각의 주택 수에 가산된 경우 아래 순서로 1인의 소유주택으로 계산
① 지분이 더 큰 자
② 지분이 동일한 경우, 합의에 따라 소유주택에 가산하기로 한 자

– 공동소유
① 공동소유 주택은 지분이 가장 큰 자의 소유로 계산. 다만, 임대수입금액이 연간 6백만 원 이상 또는 기준시가 12억 원 초과 주택의 지분을 30% 초과 보유 시 소수 지분자도 소유주택으로 계산 ② 지분이 가장 큰 자가 2인 이상인 경우 각각의 소유로 계산

③ 지분이 가장 큰 자가 2인 이상인 경우 합의하여 1인을 임대수입의 귀속자로 정한 경우 그의 소유로 계산

– 임차 받은 주택을 전대 · 전전세하는 경우 임차인 또는 전세 받은 자의 주택으로 계산

• 과세최저한(3억 원) 적용방법
  – 인별(개인단위) 과세원칙에 따라 부부의 경우도 각각 주택 소유자별로 적용
  – 3억 원 초과분의 60%에 대해 이자상당액만큼 과세
  – 공동사업장의 경우 공동사업장의 임대보증금에서 3억 원 공제

• 간주임대료 계산방법
  – 기장신고: 3억 원 초과 보증금 × 60% × 정기예금이자율 – 임대사업 부분 발생 이자 · 배당
  – 추계신고: 3억 원 초과 보증금 × 60% × 정기예금이자율
  ※ 2024년 소득세 신고 시 적용할 정기예금 이자율: 3.5%

• 간주임대료 계산사례

사례	과세여부
① 3주택(109㎡ 3채), 전세보증금 합계 3억 원 초과	과세
② 3주택(109㎡ 2채, 기준시가 2억 원 이하인 40㎡ 1채), 전세보증금 합계 3억 원 초과	비과세 소형주택(기준시가 2억 원 이하인 40㎡ 주택 1채)이 제외되어 2주택이 됨
③ 4주택(109㎡ 2채, 기준시가 2억 원 이하인 40㎡ 2채), 전세보증금 합계 3억 원 초과	비과세 소형주택(기준시가 2억 원 이하인 40㎡ 주택 2채)이 제외되어 2주택이 됨
④ 4주택(109㎡ 3채, 기준시가 2억 원 이하인 40㎡ 1채), 전세보증금 합계 3억 원 초과	3주택(109㎡ 3채)의 전세보증금 합계가 3억 원 초과 시만 과세(3억 원 이하 시 비과세)

Guide 소규모 주택임대소득 세부담 완화

- 민간임대주택 공급 활성화 및 서민 · 중산층 주거 안정
- 주요내용
  - 수입금액이 2천만 원 이하의 소규모 주택임대사업자의 경우 2014년 ~ 2018년 소득분 비과세, 2019년 이후 소득분부터 분리과세 선택 가능
  - 분리과세 방법
    필요경비율: 50%(주택임대업 등록한 경우 60%)
    기본공제: 2백만 원(주택임대업 등록한 경우 4백만 원) 인정
    종합소득 과세방식과 비교하여 낮은 금액으로 과세(기본공제는 분리과세 소득을 제외한 종합소득금액이 2천만 원 이하인 경우에만 적용)
  - 주택임대소득에서 발생한 결손금과 이월결손금은 근로소득금액 등 다른 종합소득금액에서 공제 가능
- 시행일
  - 비과세: 2014년 1월 1일부터 2018년 12월 31일까지 발생하는 소득분에 적용
  - 분리과세: 2019년 1월 1일 이후 발생하는 소득분부터 적용

▶ 관련 법규: 「소득세법」 제12조, 제25조, 제64조의 2
「소득세법 시행령」 제8조의 2

9. 300만 원 이하의 기타소득은 종합과세와 분리과세 중 유리한 방법을 선택할 수 있다.

대학교수인 조강사 씨는 종종 수업이 없는 시간을 이용하여 기업체나 각종 단체의 요청을 받아 강연을 하고 있다.

지금까지는 강사료를 받을 때 세금을 공제하고 받았기 때문에 세금에 대하여 더 이상 신경을 쓰지 않았는데, 주위의 동료교수로부터 5월달에 소득세를 신고하면 세금을 돌려받을 수도 있다는 말을 듣고는 앞으로 세금에 대해서 신경을 쓰려고 한다.

소득세 확정신고를 하면 조강사 씨도 세금을 돌려 받을 수 있을까?

◈ 기타소득에 대한 과세방법

◆ 무조건 분리과세 기타소득

① 아래의 소득을 지급하는 자가 원천징수 함으로써 납세의무가 종결된다. (단, 가상자산소득은 종합소득세 확정신고 기간에 분리과세 신고 · 납부하여야 한다.)

- 복권 당첨금, 승마투표권·승자투표권 등의 구매자가 받는 환급금
- 슬롯머신 등의 당첨금품
- 가상자산소득(2027년 1월 1일 이후 양도·대여분부터) 및 서화·골동품의 양도로 발생하는 소득

② 원천징수세율

- 일반적인 경우: 20%
- 복권 당첨금, 승마투표권 등 환급금, 슬롯머신 당첨금품 등 3억 초과분: 30%

◆ 무조건 종합과세 기타소득

아래의 기타소득은 반드시 다른 종합소득과 합산하여 종합소득세 신고를 하여야 한다.

- 뇌물, 알선수재 및 배임수재에 의하여 받는 금품

◆ 선택적 분리과세 기타소득

① 무조건 분리과세 기타소득과 무조건 종합과세 기타소득을 제외한 기타소득금액이 연간 300만 원 이하이면서 원천징수된 경우 선택에 따라 종합과세하거나 분리과세한다.

② 원천징수세율

- 일반적인 경우: 20%
- 소기업·소상공인공제부금 해지일시금(2018년 1월 1일 이후 해지): 15%

◈ 종합과세와 분리과세 중 유리한 방법 선택 조건

종합과세와 분리과세를 선택하는 조건은 세율이다. 일반적으로 원천징수 세율은 20%이고 종합소득세율은 6%에서 45%까지 있으므로 다른 소득과 합산하여 적용받는 세율이 6%, 15%인 경우에는 종합과세가 유리하다.

즉, 종합소득과세표준이 5,000만 원* 을 초과하면 24%의 세율이 적용되므로 분리과세를 받는 것이 유리하다.

예를 들어, 기타소득과 근로소득 외에 부동산임대소득이 있는 때에는, 기타소득금액 및 부동산임대소득금액의 합계액과 근로소득원천징수영수증상의 과세표준을 합한 금액이 5,000만 원* 을 초과하는지 여부를 보고 판단하면 된다.

* 2022년 귀속 이전은 4,600만 원

▶ 관련 법규: 「소득세법」 제14조, 제129조

10. 기타소득이 있는 경우에는 필요경비 인정범위를 확인하여 공제받도록 하자.

소득금액은 총수입금액에서 필요경비를 공제하여 계산한다.

사업소득의 경우는 장부와 증빙서류에 의하여 지출 사실이 인정되어야 필요경비로 인정해 주지만, 기타소득은 비용이 지출되지 않거나 비용이 지출되더라도 증빙을 갖추기 어려운 경우가 대부분이다.

그렇다면 기타소득의 필요경비는 어떻게 인정해 줄까?

◈ 기타소득의 필요경비

기타소득의 필요경비도 사업소득에 대한 필요경비와 같이 총수입금액을 얻기 위하여 지출한 비용을 인정해 주는 것이 원칙이다.

그러나 다음의 경우는 각 호에서 규정하는 금액의 60% 또는 80%를 필요경비로 인정해 주고 있다.
(다만, 실제 소요된 필요경비가 60% 또는 80%에 상당하는 금액을 초과하면 그 초과하는 금액도 필요경비로 인정한다.)

【지급금액의 60%를 필요경비로 인정하는 기타소득】

① 광업권 · 어업권 · 산업재산권 · 산업정보, 산업상 비밀, 상표권 · 영업권, 토사석(土砂石)의 채취허가에 따른 권리, 지하수의 개발 · 이용권, 기타 이와 유사한 자산이나 권리를 양도 또는 대여하고 받는 금품

② 「전자상거래 등에서 소비자보호에 관한 법률」에 따라 통신판매중개를 하는 자를 통하여 물품 또는 장소를 대여하고 연간 수입금액 5백만 원 규모 이하의 사용료로서 받는 금품

③ 공익사업과 관련된 지역권 · 지상권을 설정 또는 대여하고 받는 금품

④ 문예 · 학술 · 미술 · 음악 또는 사진에 속하는 창작품에 대한 원작자로서 받는 원고료, 인세 등

⑤ 다음의 인적용역을 일시적으로 제공하고 받는 대가

- 고용관계 없는 자가 다수인에게 강연을 하고 받는 강연료 등
- 라디오, 텔레비전방송 등을 통하여 해설 · 계몽 또는 연기의 심사 등을 하고 받는 보수 등
- 변호사, 공인회계사, 세무사, 건축사, 측량사, 변리사, 그 밖에 전문적 지식 또는 특별한 기능을 가진 자가 그 지식 또는 기능을 활용하여 용역을 제공하고 받는 보수 등
- 그 밖에 고용관계없이 용역을 제공하고 받는 수당 등

【지급금액의 80%를 필요경비로 인정하는 기타소득】

① 공익법인이 주무관청의 승인을 얻어 시상하는 상금과 부상

② 다수가 순위 경쟁하는 대회에서 입상자가 받는 상금과 부상

③ 계약의 위약 또는 해약으로 인하여 받는 위약금과 배상금 중 주택 입주 지체상금

④ 점당 6천만 원 이상인 서화 · 골동품(국내 생존작가의 작품 제외)을 양도하고 받는 금품(1억 원 이하 또는 10년 이상 보유 후 양도하는 경우에는 지급금액의 90%)

⑤ 2천만 원 이하의 종교인 소득

기타소득 유형에 따라 필요경비 인정범위가 다르므로 확인하여 빠짐없이 공제받도록 하자.

▶ 관련 법규: 「소득세법」 제37조
「소득세법 시행령」 제87조

11. 올해 상반기 사업실적이 부진한 경우 중간예납을 추계액으로 신고할 수 있다.

전자제품 도매업을 운영하고 있는 정상용 씨는 소득세 중간예납 고지서를 받아보고는 입이 딱 벌어졌다. 작년말 주거래처가 부도로 파산하는 바람에 올해는 매출액이 절반으로 줄어들었는데도, 전년도 납부세액을 기준으로 고지서가 나온 것이다.

이와 같이 전년도에 비하여 사업실적이 많이 떨어진 경우에도 반드시 전년도 납부세액을 기준으로 중간예납세액을 내야만 하나?

◈ 소득세 중간 예납세액

소득세 중간예납은 금년 상반기(1월 1일 ~ 6월 30일)의 소득세를 11월에 내는 것으로 직전년도 납부세액을 기준으로 중간예납 고지분을 납부하는 경우와 중간예납 추계 신고분을 납부하는 방법이 있다.

◆ 고지 · 납부

소득세 중간예납은 아래 산출식에 따라 전년도의 종합소득에 대한 소득세로서 납부하였거나 납부할 세액('이하 중간예납기준액'이라 한다)의 1/2에 상당하는 금액을 중간예납세액으로 하여 11월 말까지 납부해야 한다.

중간예납세액 = 중간예납기준액* × 1/2 - (중간예납기간 중의 토지 등 매매차익 예정신고납부세액)

* 중간예납기준액 = (전년도 중간예납세액 + 확정신고 자진납부세액 + 결정 · 경정한 추가납부세액 + 기한후(수정)신고 추가자진납부세액) - 환급세액

◆ 추계액 신고 · 납부

전년도에 비해 사업부진 등의 사유로 금년 상반기(1월 1일 ~ 6월 30일)의 종합소득금액에 대한 소득세액(중간예납세액 추계액)이 중간예납기준액의 30%에 미달하는 경우 중간예납세액을 스스로 계산하여 신고납부할 수 있다.

※ 중간예납기준액이 없는 복식부기의무자는 중간예납기간 중에 사업소득이 있는 경우에는 추계액으로 신고납부하여야 한다.

위 사례에서 상반기 사업실적이 부진한 경우에는 중간예납추계액으로 신고를 하여 사업실적에 맞는 세금을 내는 것 또한 절세의 방법이 될 수 있다.

▶ 관련 법규: 「소득세법」 제65조

12. 납부할 세액이 1천만 원을 초과하는 경우 세금을 나누어 낼 수 있다.

종합소득세 신고를 마친 고세금 씨는 큰 걱정거리가 생겼다. 내야 할 세금은 2,500만 원인데, 납부할 수 있는 돈은 1,200만 원 밖에 되지 않기 때문에다. 그렇다고 당장 1,300만 원을 빌리기도 어렵다.

세금을 못 내면 매일 가산세가 발생되는데 점점 소득세 납부기한은 다가오니 가슴이 답답하기만 하다. 이러한 경우 세금을 나누어 내는 방법은 없을까?

◈ 소득세 분할납부

◆ 분할납부 대상금액

확정신고 자진납부세액, 중간예납세액, 토지 등 매매차익예정신고 자진납부세액이 각각 1천만 원을 초과하는 경우 분할납부가 가능하다.

※ 수정신고에 의한 추가신고자진납부세액, 가산세, 조세특례제한법상 감면세액 추징에 따른 이자상당액은 분할납부 대상이 아님

◆ 분할납부 신청방법

종합소득세 신고서 「분납할 세액」란에 분납금액을 표기하면 되며, 별도의 절차나 신청서는 필요 없다.

◆ 분할납부금액 계산

납부할 세액	분납할 세액	분납기한
1천만 원 초과 2천만 원 이하	1천만 원 초과 금액	납부기한이 지난 후 2개월 이내
2천만 원을 초과하는 경우	납부할 세액의 50% 이하 금액	

예시

2024년 귀속 종합소득세 확정신고 납부세액이 1,500만 원인 경우에는 2025년 6월 2일까지 1,000만 원을 납부하고, 나머지 금액은 2025년 8월 4일까지 납부하면 되며,

납부할 세액이 3,000만 원인 경우에는 2025년 6월 2일까지 1,500만 원을 납부하고 나머지 금액은 2025년 8월 4일까지 납부하면 된다.

소득세 납부여건이 좋지 않은 경우에는 분할납부를 활용하여 가산세를 부과 받지 않도록 하자.

▶ 관련 법규: 「소득세법」 제77조
「소득세법 시행령」 제140조

납세자가 자주 묻는 상담사례 Top10 - 종합소득세

Q1 복식부기의무자가 조세특례제한법상의 세액공제 혹은 세액감면 등을 받으면 외부조정 대상 사업자에 해당하나요?

A1 복식부기의무자가 「조세특례제한법」에 따라 소득세 과세표준과 세액에 대한 세액공제, 세액감면 또는 소득공제를 받는 사업자(「조세특례제한법」 제7조 중소기업특별세액감면, 제86조의3 소기업 · 소상공인 공제부금 소득공제 등, 제104조의8 전자신고에 대한 세액공제의 어느 하나의 규정만을 적용받는 사업자는 제외)에 해당하면 외부조정대상자에 해당하게 됩니다.

길라잡이

- 자기조정과 외부조정 구분

구 분	내 용	대 상 자
① 자기조정	납세자 자신이 스스로 세무조정을 하여 신고	② 이외의 사업자
② 외부조정	반드시 세무사(세무사인 공인회계사 포함)가 작성한 세무조정계산서를 첨부하여 신고	영131의2에 규정된 사업자

- 외부조정 대상사업자(소득세법 시행령 제131조의2)

1. 직전 과세기간의 수입금액('19귀속분부터 사업용 유형자산을 양도함으로써 발생한 수입금액은 제외)이 다음 각 목의 업종별 기준수입금액* 이상인 사업자

   * 업종을 겸영하거나 사업장이 둘 이상인 사업자의 경우에는 아래와 같이 계산한 수입금액을 업종별 기준수입금액으로 한다. (주업종 : 수입금액이 가장 큰 업종)

$$\text{주업종 수입금액} + \text{주업종외 수입금액} \times \frac{\text{주업종 기준수입금액}}{\text{주업종외 기준수입금액}}$$

업 종 별	직전연도 기준수입금액
농업 · 임업 및 어업, 광업, 도매 및 소매업(상품중개업 제외), 부동산매매업*, 그 밖에 아래에 해당하지 아니하는 사업	6억 원
제조업, 숙박 및 음식점업, 전기 · 가스 · 증기 및 수도사업, 하수 · 폐기물처리 · 원료재생 및 환경복원업, 건설업(비주거용 건물 건설업은 제외, 주거용 건물 개발 및 공급업을 포함), 운수업, 출판 · 영상 · 방송통신 및 정보서비스업, 금융 및 보험업, 상품중개업	3억 원
부동산임대업, 부동산관련 서비스업, 임대업(부동산임대업 제외), 전문 · 과학 및 기술서비스업, 사업시설관리 및 사업지원서비스업, 교육서비스업, 보건업 및 사회복지서비스업, 예술 · 스포츠 및 여가 관련 서비스업, 협회 및 단체, 수리 및 기타 개인서비스업, 가구 내 고용활동	1억 5천만 원

* 비주거용 건물건설업(건물을 자영건설하여 판매하는 경우만 해당)과 부동산 개발 및 공급업(주거용 건물 개발 및 공급업 제외)

2. 복식부기의무자로서 아래의 어느 하나에 해당하는 사업자

① 직전 과세기간의 소득에 대한 소득세 과세표준과 세액을 추계결정 또는 추계경정 받은 자

② 직전 과세기간 중에 사업을 시작한 사업자. 다만, 영 제147조의2(의료업 · 수의업 · 약사업을 영위하는 사업자) 및 부가가치세법 시행령 제109조 제2항 제7호(변호사업 등 사업서비스업)에 따른 사업자로서 영 제208조 제5항 제2호(업종별 기준수입금액 미달)에 해당하는 사업자를 제외한다.

③ 「조세특례제한법」에 따라 소득세 과세표준과 세액에 대한 세액공제, 세액감면 또는 소득공제를 받는 사업자

다만, 「조세특례제한법」 제7조(중소기업에 대한 특별세액감면), 제86조의3(소기업 · 소상공인 공제부금 소득공제 등), 제104조의8(전자신고에 대한 세액공제)에 따른 규정만을 적용받은 사업자는 제외한다.

Q2 경품에 당첨되어 기타소득이 있는데, 종합소득세 신고하면 원천징수된 세액을 환급 받을 수 있나요?

A2 아래 무조건 분리과세와 무조건 종합과세되는 기타소득을 제외한 기타소득이 소득금액 기준 연간 300만 원 이하이면서 원천징수된 경우*에는 납세자가 해당 소득에 대해 종합과세와 분리과세 중 선택할 수 있으나, 상기 요건을 충족하지 못하는 경우에는 해당 기타소득에 대해 종합소득세 신고 · 납부하여야 합니다.(조건부과세) 기타소득을 종합과세 방법으로 신고한 결과 결정세액이 원천징수된 금액보다 작은 경우 그 차액을 환급 받을 수 있습니다.

* 계약의 위약·해약으로 인하여 계약금이 위약금·배상금으로 대체된 금액에 대해서는 소득세 원천징수 여부에 관계없이 조건부과세를 적용함

1) 무조건 분리과세
- 「복권 및 복권기금법」 제2조에 따른 복권 당첨금
- 승마투표권 · 승자투표권 · 소싸움경기투표권 · 체육진흥투표권의 구매자가 받는 환급금
- 슬롯머신 등의 당첨금품 등
- 서화 · 골동품의 양도로 발생하는 소득
- 연금계좌에서 세액공제받은 연금계좌 납입액 및 운용수익을 연금 외 수령한 금액

2) 무조건 종합과세(반드시 다른 종합소득과 합산하여 종합소득세 신고해야 함)
- 뇌물
- 알선수재 및 배임수재에 의하여 받는 금품

길라잡이

- 기타소득 과세 방법

 –기타소득은 원칙적으로 종합소득 과세표준에 합산됩니다. 다만, 복권당첨금 등과 같이 일부 기타소득에 대해서는 분리과세(대부분 원천징수로 종결)를 허용하고 있으며, 연간 기타소득금액이 300만 원 이하인 경우에는 분리과세 또는 종합과세를 선택할 수 있습니다.

Q3 복식부기 의무자도 추계로 종합소득세 신고가 가능한가요?

A3 복식부기의무자가 장부를 비치 · 기록하지 않고 기준경비율 또는 단순경비율에 의해 추계신고하는 경우에는 종합소득세 확정신고를 하지 아니한 것으로 보아 무신고가산세와 장부의 기록 · 보관 불성실가산세 중 큰 금액을 가산세로 부담하여야 합니다.

- 무신고가산세 = 무신고납부세액의 20%와 수입금액의 0.07% 중 큰 금액(부정무신고의 경우 무신고납부세액의 40%와 수입금액의 0.14% 중 큰 금액)
- 장부의 기록 · 보관 불성실 가산세 = 종합소득산출세액 × (미기장 소득금액 ÷ 종합소득금액) × 20%

길라잡이

- 기장의무자 구분

구 분	대 상 자
복식부기 의무자	간편장부대상자 외 사업자
간편장부 대상자	• 해당 과세기간 신규사업자 • 직전 과세기간 수입금액(결정 · 경정 수입금액 포함, 사업용유형자산 양도금액 제외)의 합계액이 아래의 업종별 기준수입금액(기재부령으로 정하는 영세사업의 경우 기재부령으로 정한 금액)에 미달하는 사업자 ※ 의사 · 변호사 등 전문직사업자는 무조건 복식부기의무자임

- 복식부기 혹은 간편장부 판단 업종별 기준수입금액(소득세법 시행령 제208조)

업 종	직전연도 기준수입금액
농업 · 임업 및 어업, 광업, 도매 및 소매업(상품중개업 제외), 부동산매매업, 그 밖에 아래에 해당되지 아니하는 사업	3억 원
제조업, 숙박 및 음식점업, 전기 · 가스 · 증기 및 수도사업, 하수 · 폐기물처리 · 원료재생 및 환경복원업, 건설업(비주거용 건물 건설업은 제외), 부동산개발 및 공급업(주거용 건물 개발 및 공급업에 한정), 운수업, 출판 · 영상 · 방송통신 및 정보서비스업, 금융 및 보험업, 상품중개업, 욕탕업	1억 5천만 원
부동산 임대업, 부동산관련 서비스업, 임대업(부동산임대업 제외), 전문 · 과학 및 기술서비스업, 사업시설관리 및 사업지원서비스업, 교육서비스업, 보건업 및 사회복지서비스업, 예술 · 스포츠 및 여가 관련 서비스업, 협회 및 단체, 수리 및 기타 개인서비스업, 가구내 고용활동	7천 5백만 원

Q4 공동으로 주택임대사업을 영위하는 경우 간주임대료 계산은 어떻게 하나요?

A4 거주자가 비소형주택을 3주택 이상을 소유하고 해당 주택의 보증금등의 합계액이 3억 원을 초과하는 경우 간주임대료를 총수입금액에 산입합니다. 간주임대료 계산대상 해당여부는 각 거주자별로 판단하되, 간주임대료와 월 임대료를 합산하여 각 공동명의 주택별 소득금액을 계산한 후 각 공동명의 주택의 손익분배비율에 따라 각 거주자별로 소득금액을 배분하여야 합니다.

* 주거전용 면적이 40제곱미터 이하인 주택으로서 해당 과세기간의 기준시가가 2억 원 이하인 주택은 2026년 12월 31일까지는 간주임대료 대상 주택 수에 포함하지 않음

● 주택의 간주임대료 계산방법

※ 간주임대료

= (보증금 – 3억 원*)의 적수 × 60% × 1/366 × 정기예금이자율(2024귀속: 3.5%)

– 해당 임대사업부분 발생한 수입이자와 할인료 및 배당금의 합계액**

* 보증금등을 받은 주택이 2주택 이상인 경우에는 보증금등의 적수가 가장 큰 주택의 보증금등부터 순서대로 차감

** 추계신고·결정하는 경우 임대사업부분에서 발생한 금융수익 차감하지 않음

길라잡이

〈사례〉 부부 갑과 을이 비소형주택 4채를 단독 및 공동으로 임대

※ 임대사업부분 발생 금융소식 없음, 임대기간은 모두 1.1.~12.31. (단위: 원)

구분	보증금	월세	소유현황 (갑: 을 지분율)
A주택	400,000,000	1,200,000	갑 단독소유
B주택	500,000,000	–	50 : 50
C주택	30,000,000	1,300,000	30 : 70
D주택	170,000,000	–	10 : 90

- 부부 공동명의 주택 3채(B, C, D)에 대해서는 1거주자*로 보아 간주임대료 계산하고, 갑의 단독소유 A주택은 별도로 계산

  * 공동사업의 경우 공동사업장을 1거주자로 보아 공동사업장별로 소득금액을 계산하며, 공동사업의 구성원이 동일한 수개의 공동사업장은 동일한 1거주자가 각 공동사업장을 운영하는 것으로 봄

(단위: 원)

구분	간주임대료	월세	소계	갑 수입금액	을 수입금액
A(갑)	2,100,000[1)]	14,400,000[3)]	16,500,000	16,500,000	−
B(5:5)	4,200,000[2)]	−	4,200,000	2,100,000	2,100,000
C(3:7)	630,000[2)]	15,600,000[3)]	16,230,000	4,869,000	11,361,000
D(1:9)	3,570,000[2)]	−	3,570,000	357,000	3,213,000
합계				23,826,000	16,674,000

1) A: [(4억 원 − 3억 원) × 366] × 0.6 ÷ 366 × 3.5% = 2,100,000
2) B: [(5억 원 − 3억 원) × 366] × 0.6 ÷ 366 × 3.5% = 4,200,000
   C: [(30백만 원 − 0원) × 366] × 0.6 ÷ 366 × 3.5% = 630,000
   D: [(170백만 원 − 0원) × 366] × 0.6 ÷ 366 × 3.5% = 3,570,000
3) A: 1.2백만 원 × 12 = 14,400,000
   C: 1.3백만 원 × 12 = 15,600,000

Q5 국민연금을 받는데, 근로소득이 있으면 종합소득세 신고해야 하나요?

A5 네. 종합소득세 확정신고를 하여야 합니다. 종합소득세 확정신고를 하지 않아도 되는 경우에 해당하지 않기 때문입니다.

길라잡이

● 종합소득세 확정신고 대상자 (소득세법 제70조)

1. 해당 과세기간의 종합소득금액(종합과세대상 이자소득, 배당소득, 사업소득, 근로소득, 연금소득, 기타소득의 합계)이 있는 사람(거주자 등*)은 그 종합소득 과세표준을 그 과세기간의 다음 연도 5월 1일부터 5월 31까지 납세지 관할 세무서장에게 신고·납부하여야 합니다.

   * 거주자는 국 · 내외에서 발생한 소득에 대하여 신고하며, 비거주자는 국내에서 발생한 원천소득에 대하여만 종합소득세 신고 및 납부함

2. 해당 과세기간에 분리과세 주택임대소득 및 계약의 위약 또는 해약으로 인한 소득으로서 계약금이 위약금 · 배상금으로 대체되는 경우에도 종합소득세 확정신고 · 납부하여야 합니다.
3. 해당 과세기간에 공제미달 등으로 과세표준이 없는 경우 또는 결손금이 발생한 경우에도 종합소득 과세표준확정신고를 하여야 합니다.(해당 과세기간에 결손금이 있는 사람이 기장하여 신고하지 않으면 다음연도에 이월결손금공제를 받지 못함)

● 과세표준 확정신고를 하지 않아도 되는 경우(소득세법 제73조)

1. 근로소득만 있는 자로서 원천징수의무자가 연말정산을 완료한 경우
2. 퇴직소득만 있는 자로서 원천징수의무자가 세액정산을 완료한 경우
3. 공적연금소득만 있는 자로서 원천징수의무자가 연말정산을 완료한 경우
4. 보험모집인, 방문판매원, 음료품배달원 중 어느 하나에 해당하고 간편장부 대상자로서 받는 사업소득만 있는 경우로서 원천징수의무자가 연말정산을 완료한 경우
5. 원천징수되는 기타소득으로서 종교인소득만 있는 자
6. 1 및 2의 소득만 있는 자
7. 2 및 3의 소득만 있는자

8. 2 및 4의 소득만 있는자
9. 2 및 5의 소득만 있는자
10. 분리과세이자소득, 분리과세배당소득, 분리과세연금소득 및 분리과세기타소득만 있는 자 (단, 원천징수되지 않은 소득은 제외함)
11. 1~8에 해당하는 자로서 분리과세이자소득, 분리과세연금소득, 분리과세기타소득이 있는 자 (단, 원천징수되지 않은 소득은 제외함)
12. 일용근로자 외의 자로서 2인 이상으로부터 다음 어느 하나에 해당하는 소득을 받은 자로서 합산하여 연말정산 및 퇴직소득 세액정산을 완료하여 확정신고납부할 세액이 없는 자
   ① 근로소득
   ② 공적연금소득
   ③ 퇴직소득
   ④ 종교인소득
   ⑤ 연말정산 대상 사업소득 (보험모집인, 방문판매원, 음료품배달원)
13. 국외원천 근로소득 또는 국외원천 퇴직소득이 있는 자가 납세조합에 가입하여 연말정산을 한 경우
14. 일용근로소득만 있는자
15. 수시부과 후 추가로 발생한 소득이 없는 경우

● 사례로 보는 종합소득세 확정신고 대상자

〈해당 과세기간 퇴직소득이 발생한 자 중〉
- 연말정산한 근로소득이 있는 경우 ⇒ 확정신고 대상 아님
- 연말정산한 근로소득과 공적연금소득이 함께 있는 경우 ⇒ 확정신고 대상
- 연말정산한 사업소득이 있는 경우 ⇒ 확정신고 대상 아님

〈해당 과세기간 공적연금소득*이 발생한 자 중〉
- 연말정산한 근로소득이 있는 경우 ⇒ 확정신고 대상
- 분리과세금융소득이 있는 경우 ⇒ 확정신고 대상 아님
- 분리과세연금소득**이 있는 경우 ⇒ 확정신고 대상 아님

* 공적연금 관련법에 따라 받는 각종 연금(국민연금, 공무원연금, 사립학교교직원연금 등)
** 공적연금을 제외한 사적연금의 합계액이 연 1,500만 원 이하로서 분리과세를 선택한 경우

〈해당 과세기간 분리과세연금소득이 발생한 자 중〉
- 연말정산한 근로소득이 있는 경우 ⇒ 확정신고 대상 아님
- 분리과세금융소득이 있는 경우 ⇒ 확정신고 대상 아님
- 연말정산한 사업소득이 있는 경우 ⇒ 확정신고 대상 아님

Q6 종합소득세 관련 사업용계좌 신고대상자는 어떻게 되나요?

A6 복식부기의무자는 복식부기의무자에 해당하는 과세기간의 개시일부터 6개월 이내에 사업장 관할 또는 주소지 관할세무서장에게 사업용계좌를 신고하여야 합니다.

※ 사업용계좌는 금융회사 등에서 신규 개설한 계좌는 물론, 기존에 사용하던 계좌도 사업용계좌로 사용 가능합니다.

길라잡이

● 사업용계좌란?(소득세법 시행령 제208조의5)

거래의 투명성을 확보하기 위하여 복식부기의무자가 사업과 관련하여 ①재화 또는 용역을 공급받거나 공급하는 거래 대금을 금융회사 등을 통하여 결제하거나 결제받는 때와 ②인건비 및 임차료를 지급하거나 지급받는 때에는 사업용계좌를 사용하도록 하고 있습니다.

다만, 인건비를 지급하거나 지급받는 거래 중 거래상대방의 사정으로 사업용계좌를 사용하기 어려운 다음의 경우는 제외됩니다.

- 금융거래상 채무불이행으로 종합신용정보집중기관에 그 사실이 집중관리 및 활용되는 자
- 외국인 불법체류자

● 사업용계좌 신고 · 사용의무자: 복식부기의무자(소득세법 제160조의5)

- 전문직사업자는 수입금액 규모에 관계없이 복식부기의무자에 해당됩니다.
- 보험모집인, 학원강사 등 사업자등록번호가 없는 인적용역자도 수입금액이 기준금액을 초과하는 경우 복식부기의무자에 해당되므로 주민등록번호로 사업용계좌 신고를 하여야 합니다.

【참고】복수사업장(복수업종)이 있는 경우 기준수입금액 계산 (소득세법 시행령 208 ⑦)

- 직전 과세기간에 사업장이 2 이상이거나, 다른 업종을 겸영하는 경우 다음 산식에 의하여 계산한 수입금액에 의하여 업종별 기준금액을 판단합니다.
- 사업기간이 1년이 안되더라도 연간으로 환산하지 않고, 단순 합계한 금액을 기준으로 판단

$$\text{주업종 수입금액} + \text{주업종 외 수입금액} \times \frac{\text{주업종 기준수입금액}}{\text{주업종 외 기준수입금액}}$$

※ 주업종: 수입금액이 가장 큰 업종

☞ 예시) 복수업종의 경우 직전 과세기간 수입금액 환산 사례

사업장별	A (부동산임대 또는 인적용역)	B (제조)	C (도매)	합 계
수 입 금 액	2천만 원	1억 원	5천만 원	1억 7천만 원
주업종 판단	주업종 외	주업종	주업종 외	

$$\text{1억 원(주업종)} + \text{2천만 원} \times \frac{150{,}000{,}000}{75{,}000{,}000} + \text{5천만 원} \times \frac{150{,}000{,}000}{300{,}000{,}000} = \text{1억 6천5백만 원}$$

※ 판정: 환산결과 주업종(제조업) 기준금액인 1억 5천만 원 이상이므로 복식부기의무자에 해당

- 사업용계좌의 신고기한(소득세법 제160조의5 ③, ④)

1. 신고기한

구 분	신 고 기 한
최초 신고*	• 전문직 이외의 사업자: 복식부기의무자에 해당하는 과세기간의 개시일로부터 6개월 이내 • 전문직 사업자: 사업개시일 다음 과세기간 개시일로부터 6개월 이내 (다만, 사업용계좌가 이미 신고되어 있는 경우 제외)
변경 및 추가 신고	• 일반적인 경우: 5월 31일(종합소득세 과세표준확정신고기한까지) • 성실신고확인대상자로 성실신고확인서를 제출하는 경우: 6월 30일

* 복식부기의무자가 새로운 사업장을 개시하는 경우 최초 신고에 해당하며, 이 경우에도 다음 과세기간 개시일로부터 6개월 이내임

2. 사업용계좌는 사업장별로 사업장 관할세무서장 또는 납세지 관할세무서장에게 신고하여야 하며, 1개의 계좌를 2 이상의 사업장에 대한 사업용계좌로 신고할 수 있고, 1사업장에서 2개 이상의 계좌를 신고할 수 있습니다. (영208의5 ②,③)

● 사업용계좌 미신고 · 미사용 시 제재

복식부기의무자가 사업용계좌를 미신고하거나 미사용한 경우에는 가산세 부과는 물론, 과세표준과 세액의 경정사유에 해당하여 조사대상이 될 수 있으며, 해당 사업장에 대하여 일부 조세특례제한법상 감면 및 특례규정이 배제되는 불이익이 있습니다.

1. 사업용계좌 미신고 · 미사용 가산세 (소득세법 제81조의8)

가) 미사용 시 (산출세액이 없는 경우에도 적용)

사업용계좌 미사용금액* × 0.2%

*사업용계좌 사용의무 있는 거래금액(소득세법160의5①각 호) 중 미사용분에 한함

- 2011.1.1. 이후 사업용계좌를 신고하는 분부터 결정 · 경정 또는 수정신고로 인하여 수입금액이 증가함으로써 복식부기의무자가 된 경우 해당 과세기간은 사업용계좌 미사용가산세를 적용하지 아니함 (소득세법 시행령 147의5①)

나) 미신고 시(산출세액이 없는 경우에도 적용)

Max	미신고한 기간의 수입금액* × 0.2%
	사업용계좌 사용대상금액**의 합계액 × 0.2%

* 신고기한의 다음날부터 신고일 전일까지의 일수(미신고기간이 2개 이상의 과세기간에 걸쳐 있으면 각 과세기간별로 미신고기간을 적용)의 수입금액으로 아래와 같이 계산함

• 수입금액 = 해당 과세기간 수입금액 × 미신고기간 / 365(윤년의 경우 366)

** 사용의무가 있는 과세기간의 거래금액 합계액(소득세법 제160의5 ① 각 호)

【참고】2019.1.1. 이후 신고, 결정 또는 경정하는 분부터 신규사업장 사업용계좌를 미신고하고 기존 사업장 계좌를 사용하는 경우 미신고가산세 배제 (법81조의8)

2. 조세특례제한법상 감면배제 (조세특례제한법 제128조 ④)

사업용계좌를 신고하여야 할 사업자가 이를 이행하지 아니한 경우에는 해당 사업장에 대하여 창업중소기업 등에 대한 세액감면, 중소기업에 대한 특별세액감면, 소형주택 임대사업자에 대한 세액감면 등의 감면을 적용하지 않습니다.

3. 과세표준과 세액의 경정사유에 해당함 (소득세법 제80조 ② 5호)

사업용계좌 사용 · 신고의무자가 이를 이행하지 아니한 경우로서 시설규모나 영업상황으로 보아 신고내용이 불성실하다고 판단되는 경우에 경정할 수 있습니다.

Q7 금융소득이 6천만 원일 때 다른 소득이 없다면 종합소득세 신고 시 납부세액이 발생하나요?

A7 아니오. 종합소득세 신고 시 납부세액은 없습니다.

〈사례〉 2024년도 종합소득현황

은행예금이자: 60,000,000원, 종합소득공제는 5,100,000원으로 가정

(계산내역)

(1) 종합과세 되는 금융소득: 60,000,000원

(2) 종합소득 산출세액의 계산

① 금융소득을 기본세율로 과세 시 산출세액
(2천만 원 초과금액 + 금융 외 종합소득금액 − 종합소득공제) × 기본세율 + 2천만 원 × 14%

= (40,000,000 − 5,100,000) × 기본세율 + 20,000,000 × 14%
= (34,900,000 × 15% − 1,260,000) + 2,800,000 = 6,775,000원

② 금융소득을 원천징수세율로 과세 시 산출세액
금융소득금액 × 14% + (금융 외 종합소득금액 − 종합소득공제) × 기본세율

= 60,000,000 × 14% + (0 − 5,100,000) × 기본세율
= 8,400,000원

③ 종합소득 산출세액은 ①과 ② 중 큰 금액인 8,400,000원

④ 기납부세액: 이자소득 원천징수세액: 60,000,000 × 14% = 8,400,000원

⑤ 종합소득 산출세액 − 기납부세액
= 8,400,000원 − 8,400,000원 = 0원

● 금융소득 종합과세 기준

- 연간 금융소득 합계액
  - · 2천만 원 이하인 경우: 금융회사 등의 원천징수로 납세의무가 종결되며, 이 경우 근로소득 등 다른 종합소득이 있어도 금융소득은 종합소득세 신고대상이 아닙니다. 다만, 이 경우에도 무조건 종합과세 대상 금융소득은 다른 소득과 합산하여 종합소득세 신고하여야 합니다.
  - · 2천만 원을 초과하는 경우: 다른 종합소득과 합산하여 종합소득세 신고하여야 합니다. 다만, 비과세 대상 또는 무조건 분리과세 대상 금융소득은 종합과세 되지 않습니다.

● 비과세 · 무조건 분리과세 대상

- 비과세: 공익신탁 이익, 장기저축성보험 보험차익, 청년우대형 주택청약종합저축이자, 재형저축 이자 · 배당, 개인종합자산관리계좌(ISA)이자 · 배당 등(세부요건 생략)
- 무조건 분리과세: 경락대금 이자, 비실명 금융소득, 직장공제회 초과반환금 등

● 무조건 종합과세 대상

- 25%로 원천징수된 출자공동사업자의 배당소득은 금융소득 2천만 원 초과 여부 판단 시 제외하며 무조건 종합과세합니다.
- 원천징수되지 않은 금융소득(예: 국외원천 이자 · 배당)은 다른 소득과 합산하여 종합소득세 신고하여야 합니다.

● 금융소득 종합과세 시 세액계산 특례(소득세법 제62조)

금융소득이 종합과세 되는 경우 세액계산의 특례가 적용되며 산출세액은 비교과세방법에 의하여 계산합니다.

- 비교과세란 금융소득을 종합과세할 경우의 소득세가 종합과세하지 않을 경우의 소득세보다 적어지지 않도록 하기 위한 것으로, 금융소득을 종합과세할 때 산출세액과 금융소득이 종합과세 되지 않는다고 가정할 경우의 산출세액을 서로 비교하여 큰 금액을 산출세액으로 합니다.

Q8 신규로 개업한 사업자도 반드시 장부를 기장하여야 하나요?

A8 사업자는 소득금액을 계산할 수 있도록 증명서류 등을 갖추고 그 사업에 관한 거래사실이 객관적으로 파악될 수 있도록 복식부기에 의하여 장부를 기록 · 관리해야 합니다.

다만, 신규 개업자(변호사 등 전문직 사업자 제외)와 일정규모 미만 사업자*는 국세청에서 정한 간편장부를 기장하여 계산한 「간편장부 소득금액계산서」를 첨부하여 소득세 신고를 할 수 있으며, 기장능력이 부족한 소규모사업자의 불편을 최소화하기 위해 단순경비율과 기준경비율에 의한 추계신고도 가능하도록 하고 있습니다.

* 기장의무 · 비율 판단 기준

국세청 누리집	국세청(www.nts.go.kr) 〉 국세신고안내 〉 개인신고안내 〉 종합소득세 〉 장부기장의무 안내 〉 기장의무 판단

아울러, 간편장부대상자도 복식부기에 의해 신고할 수 있으며, 기장을 근거로 한 재무상태표 등 서식과 그 부속서류를 첨부하여 성실하게 신고하는 경우에는 사업소득금액이 종합소득금액에서 차지하는 비율을 종합소득산출세액에 곱한 금액의 20%를 연간 100만 원 한도 내에서 공제(기장세액공제)받을 수 있습니다.

길라잡이

- 장부란?(소득세법 시행령 제208조)
  - 사업의 재산상태와 그 손익거래내용의 변동을 빠짐없이 이중으로 기록하여 계산하는 부기형식의 장부를 말합니다.

- 기장세액공제 적용 제외자(소득세법 제56조의 2 ②)
  - 신고하여야 할 소득금액의 20% 이상을 누락하여 신고한 사업자
  - 기장세액공제와 관련된 장부 및 증명서류를 확정신고기간 종료일로부터 5년간 보관하지 아니한 사업자(천재 · 지변 등 일정한 사유 해당시는 제외)

Q9 간편장부대상자가 추계신고 시 어떤 경우에 단순경비율을 적용받을 수 있나요?

A9 간편장부대상자가 종합소득세 과세표준 확정 신고 시 사업소득금액을 추계로 신고하는 경우 '직전 과세기간의 수입금액'(결정 또는 경정으로 증가된 수입금액 포함)의 합계액이 아래의 기준수입금액에 미달하는 사업자는 단순경비율로 추계 신고할 수 있습니다.

※ 단순경비율 적용 기준수입금액(소득세법 시행령 제143조)

업 종 별	직전연도 수입금액	당해연도 수입금액
농업 · 임업 및 어업, 광업, 도매 및 소매업(상품중개업 제외), 부동산매매업, 그 밖에 아래에 해당하지 아니하는 사업	6천만 원 미만	3억 원 미만
제조업, 숙박 및 음식점업, 전기 • 가스 • 증기 및 공기조절 공급업, 수도 • 하수 • 폐기물처리 • 원료재생업, 건설업(비주거용 건물 건설업 제외, 주거용 건물 개발 및 공급업 포함), 운수업 및 창고업, 정보통신업, 금융 및 보험업, 상품중개업	3천6백만 원 미만	1억 5천만 원 미만
부동산 임대업, 부동산업(부동산매매업은 제외), 전문 • 과학 및 기술서비스업, 사업시설관리 • 사업지원 및 임대서비스업, 교육서비스업, 보건업 및 사회복지서비스업, 예술 • 스포츠 및 여가 관련 서비스업, 협회 및 단체, 수리 및 기타 개인서비스업, 가구내 고용활동	2천4백만 원 미만	7천5백만 원 미만

* 2023년 귀속부터 「부가가치세법 시행령」제42조제1호에 따른 인적용역은 직전연도 기준수입금액 3천6백만 원을 적용

〈참고사항〉

- 직전연도와 당해연도 수입금액 요건을 모두 충족하여야 단순경비율 적용 가능
- '인적용역 사업소득자*'의 단순경비율 적용 요건(2025년 귀속분)
  ⇒ 직전연도(2024년) 수입금액 3천6백만 원 미만 요건과 당해연도(2025년) 수입금액 7천5백만 원 미만 요건을 모두 충족해야만 단순경비율 적용

* 수리 및 기타 개인서비스업 중 부가가치세법 시행령 제42조 제1호에 따른 인적용역

한편, 다음의 사업자는 위의 수입금액 기준에도 불구하고 단순경비율 적용이 배제됩니다.

(1) 다음에 해당하는 전문직 사업자

- 「의료법」에 따른 의료업, 「수의사법」에 따른 수의업 및 「약사법」에 따라 약국을 개설하여 약사에 관한 업을 행하는 사업자
- 변호사업, 심판변론인업, 변리사업, 법무사업, 공인회계사업, 세무사업, 경영지도사업, 기술지도사업, 감정평가사업, 손해사정인업, 통관업, 기술사업, 건축사업, 도선사업, 측량사업, 공인노무사업

(2) 현금영수증가맹점 가입의무자 중 의무가입기한(요건 해당일로부터 60일 이내. 단, 직전수입금액 2천4백만 원 이상인 경우 3개월)이내에 가입하지 아니한 사업자 (가입하지 아니한 해당 과세기간에 한함)

(3) 신용카드가맹점 또는 현금영수증가맹점으로 가입한 사업자로서 관할 세무서장으로부터 해당 과세기간에 다음의 어느 하나에 해당하는 사실을 3회 이상 통보받고 그 합계금액이 100만 원 이상이거나, 5회 이상 통보받은 사업자(통보받은 내용이 발생한 날이 속하는 해당 과세기간에 한정)

㉠ 신용카드에 의한 거래를 거부하거나 사실과 다르게 발급한 경우

㉡ 현금영수증 발급을 거부하거나 사실과 다르게 발급한 경우

납세자가 자주 묻는 상담사례 Top10 - 종합소득세

길라잡이

- **업종 겸영 혹은 사업장이 2 이상인 경우 경비율 판단**

사업자가 업종을 겸영하거나, 2 이상의 사업을 하는 경우는 아래의 식에 의해 계산한 금액으로 판단한다.(소득세법 시행령 제208조제7항)

$$\text{주업종 수입금액} + \text{주업종 외 수입금액} \times \frac{\text{주업종 기준금액}}{\text{주업종 외 기준금액}}$$

※ 주업종: 수입금액이 가장 큰 업종

- **공동사업자의 경비율 판단(소득세법 기본통칙 70-0…2 ③)**

공동사업장에 대하여는 해당 소득이 발생한 공동사업장별로 소득금액을 계산하는 것으로, 공동사업장은 해당 공동사업장을 1사업자로 보아 장부기장의무 등을 적용하며(소득세법 제87조), 공동사업의 구성원이 동일한 공동사업장이 2개 이상인 경우에는 공동사업장 전체의 직전연도 수입금액 합계액을 기준으로 판단

- **내가 하는 사업의 단순경비율을 확인하는 방법**

국세청장은 당해 과세기간에 적용할 경비율 및 추계방법을 당해 과세기간에 대한 과세표준 확정신고기간 개시 1개월 전까지 확정하고 이를 고시함

→ 국세청 누리집(nts.go.kr) ⇒ 알림 · 소식 ⇒ 고시 · 공고 · 행정예고 ⇒ 고시

- **간편장부 기장 시 혜택**

① 장부의 기록 · 보관 불성실 가산세(20%) 적용 배제
② 결손금 발생 시 이월결손금 공제 가능
③ 조세특례제한법에서 정한 각종 감면 및 세액공제 가능
④ 부가가치세 매입 · 매출장 작성의무 면제

Q10 과거 한식 음식점을 운영하다가 폐업하고 최근에 중국식 음식점을 창업하였는데 창업중소기업 등에 대한 세액감면이 가능한가요?

A10

가능합니다.

다만, 청년*창업중소기업 및 생계형창업중소기업** 등에 해당하지 않는 창업중소기업이 수도권과밀억제권역 내에서 창업하는 경우***에는 감면을 적용하지 않습니다.

* 창업 당시 15세 이상 34세 이하인 사람 (다만 병역 이행기간은 6년 한도로 연령에서 차감)

** 최초로 소득이 발생한 과세연도와 그 다음 과세연도의 개시일부터 4년 이내에 끝나는 과세연도까지의 기간에 속하는 과세연도의 수입금액이 8천만 원 이하(과세기간이 1년 미만인 과세연도의 수입금액은 1년으로 환산한 총수입금액)

【참고】2022. 1. 1. 이후 과세기간부터 생계형창업중소기업의 수입금액 4,800만 원 → 8,000만 원 상향

*** 수도권정비계획법 시행령 별표 1의 과밀억제권역 내에서 창업하는 경우. 단, 2026.1.1. 이후 창업부터는 수도권 인구감소지역에서 창업하는 경우를 제외

창업중소기업 등에 대한 세액감면을 적용할 때 다음과 같이 새로운 사업을 최초로 개시하는 것으로 보기 곤란한 경우에는 창업으로 보지 않아 감면을 적용하지 않습니다.

① 합병 · 분할 · 현물출자 또는 사업의 양수를 통하여 종전의 사업을 승계하거나 종전의 사업에 사용되던 자산을 인수 또는 매입하여 같은 종류의 사업을 하는 경우

다만, 종전의 사업에 사용되던 자산을 인수 또는 매입하여 같은 종류의 사업을 하는 경우에 그 자산가액의 합계가 사업 개시 당시 토지 · 건물 및 기계장치 등 사업용자산(토지와 「법인세법 시행령」 제24조의 규정에 의한 감가상각자산)의 총가액에서 차지하는 비율이 30% 이하인 경우를 제외

② 거주자가 하던 사업을 법인으로 전환하여 새로운 법인을 설립하는 경우

③ 폐업 후 사업을 다시 개시하여 폐업 전의 사업과 같은 종류의 사업을 하는 경우

④ 사업을 확장하거나 다른 업종을 추가하는 경우 등 새로운 사업을 최초로 개시하는 것으로 보기 곤란한 경우

기존 사업과 같은 종류의 사업을 창업하는 경우 창업으로 보지 않는데, 기존 사업의 업종과 새로운 사업의 업종이 동일한지 여부는 한국표준산업분류표 상의 세분류로 구분합니다(조특령5 ⑮). 한국표준산업분류표에서 세분류는 표준산업분류번호 5자리 중 앞에서부터 4자리의 숫자를 말합니다.

→ 국세청 업종코드-표준산업분류 연계표 확인 방법:
홈택스 누리집(www.hometax.go.kr) ⇒ 세금신고 ⇒ 종합소득세 신고 ⇒ 신고도움자료 조회 ⇒ 기준 · 단순경비율(업종코드) 조회 ⇒ 업종코드-표준산업분류 연계표

한국표준산업분류표에 따르면, 한식 음식점업(세분류 코드: 5611)을 영위하던 사람이 중국식 음식점업(세분류 코드: 5612)을 창업하는 경우에는 세분류가 다르므로 다른 업종을 창업한 경우에 해당합니다. 따라서, 한식 음식점업을 영위하던 사람이 중국식 음식점업을 2027.12.31.까지 수도권과밀억제권역 외에서 새로 창업하거나, 수도권과밀억제권역 내에서 청년창업중소기업 또는 생계형 창업중소기업을 창업하는 경우 창업중소기업 등에 대한 세액감면을 적용받을 수 있습니다.

길라잡이

● 해당 업종

· 광업 · 제조업 · 수도, 하수 및 폐기물 처리, 원료 재생업, 건설업, 통신판매업
· 물류산업 (육상 · 수상 · 항공 운송업, 화물 취급업, 보관 및 창고업, 육상 · 수상 · 항공 운송지원서비스업, 화물운송 중개 · 대리 및 관련 서비스업, 화물포장 · 검수 및 계량 서비스업, 「선박의 입항 및 출항 등에 관한 법률」에 따른 예선업, 「도선법」에 따른 도선업, 기타 산업용 기계 · 장비 임대업 중 파렛트 임대업)
· 음식점업
· 정보통신업 (비디오물 감상실 운영업, 뉴스제공업, 블록체인 기반 암호화자산 매매 및 중개업 제외)
· 금융 및 보험업 중 대통령령으로 정하는 정보통신을 활용하여 금융서비스를 제공하는 업종 (전자금융업무, 온라인소액투자 중개업, 소액해외송금업)

· 전문, 과학 및 기술 서비스업 (「엔지니어링산업 진흥법」에 따른 엔지니어링활동을 제공하는 사업 포함, 변호사업 · 변리사업 · 법무사업 · 공인회계사업 · 세무사업 · 수의업 · 「행정사법」 제14조에 따라 설치된 사무소를 운영하는 사업·「건축사법」 제23조에 따라 신고된 건축사 사무소를 운영하는 사업 제외)
· 사업시설 관리, 사업 지원 및 임대 서비스업 중 사업시설 관리 및 조경 서비스업, 사업지원 서비스업
· 사회복지 서비스업
· 예술, 스포츠 및 여가 관련 서비스업 (자영예술가 · 오락장 운영업 · 수상오락 서비스업 · 사행시설 관리 및 운영업·그 외 기타 오락관련 서비스업 제외)
· 협회 및 단체, 수리 및 기타 개인 서비스업 중 개인 및 소비용품 수리업, 이용 및 미용업
· 「학원의 설립 · 운영 및 과외교습에 관한 법률」에 따른 직업기술 분야를 교습하는 학원을 운영하는 사업 또는 「국민 평생 직업능력 개발법」에 따른 직업능력개발훈련시설을 운영하는 사업 (직업능력개발훈련을 주된 사업으로 하는 경우로 한정)
· 「관광진흥법」에 따른 관광숙박업, 국제회의업, 유원시설업 및 대통령령으로 정하는 관광객 이용시설업 (전문휴양업, 종합휴양업, 자동차야영장업, 관광유람선업과 관광공연장업)
· 「노인복지법」에 따른 노인복지시설을 운영하는 사업
· 「전시산업발전법」에 따른 전시산업

● 감면율(2018.5.29. 이후 창업)

<table>
<tr><th colspan="3">구분</th><th>2025.12.31.
이전 창업</th><th>2026.1.1.
이후 창업</th></tr>
<tr><td colspan="2" rowspan="2">수도권 과밀억제권역 내</td><td>창업중소기업</td><td>-</td><td>-</td></tr>
<tr><td>청년창업중소기업 및
생계형 창업중소기업</td><td>50%</td><td>50%</td></tr>
<tr><td rowspan="4">수도권 과밀
억제권역 외</td><td rowspan="2">수도권 내</td><td>창업중소기업</td><td>50%</td><td>25%</td></tr>
<tr><td>청년창업중소기업 및
생계형 창업중소기업</td><td>100%</td><td>75%</td></tr>
<tr><td rowspan="2">수도권 외
및 수도권
인구감소지역</td><td>창업중소기업</td><td>50%</td><td>50%</td></tr>
<tr><td>청년창업중소기업 및
생계형 창업중소기업</td><td>100%</td><td>100%</td></tr>
<tr><td colspan="3">창업보육센터사업자</td><td>50%</td><td>50%</td></tr>
</table>

- 기타 참고사항

① 2027.12.31.까지 창업 시 적용(일몰규정)
② 최저한세 적용 대상
③ 농어촌특별세 비과세
④ 무신고(복식부기의무자가 간편장부 · 추계 신고 · 법 제70조④ 3호 서류를 미제출한 경우 등 포함) 또는 기한 후 신고하는 경우 감면배제
⑤ 사업용 계좌 신고의무 등 불이행에 해당하는 경우 감면 배제
⑥ 경정청구 가능

▶ 관련 법규
- 창업중소기업 등에 대한 세액감면(조세특례제한법 제6조)

03 전자(세금)계산서 제도

전자세금계산서를 발급해야 하는 사업자

발급의무 개시일	발급의무 대상
2022. 7. 1.	직전연도 과세 공급가액과 면세공급가액의 합계액이 2억 원 이상 개인사업자
2023. 7. 1.	직전연도 과세 공급가액과 면세공급가액의 합계액이 1억 원 이상 개인사업자
2024. 7. 1.	직전연도 과세 공급가액과 면세공급가액의 합계액이 8천만 원 이상 개인사업자

전자세금계산서 발급의무자가 발급 · 전송의무를 위반한 경우 가산세 부과

※ 전자세금계산서 미발급 가산세(공급가액의 2%), 지연발급 가산세(공급가액의 1%), 지연수취 가산세(공급가액의 0.5%)
- 단, 전자세금계산서 의무발급자가 종이세금계산서 발급 시 1%, 자신의 다른 사업장 명의로 발급 시 1%

※ 미전송 가산세(공급가액의 0.5%), 지연전송 가산세(공급가액의 0.3%)

전자계산서(면세)를 발급해야 하는 사업자

발급의무 개시일	발급의무 대상
2022. 7. 1.	직전 과세기간의 총수입금액이 2억 원 이상인 개인사업자
2023. 7. 1.	직전 과세기간의 총수입금액이 1억 원 이상인 개인사업자
2024. 7. 1.	직전 과세기간의 총수입금액이 8천만 원 이상인 개인사업자

※ 총수입금액: 사업장별 부가가치세 과세 공급가액 및 면세 수입금액의 합계액임

전자(세금)계산서 발급방법

◈ 국세청에서 운영하는 「홈택스」 누리집에서 발급

◈ 전자세금계산서 시스템 사업자(ASP, ERP)를 통한 발급

◈ 기타 발급방법(인터넷 사용이 어려운 경우)

※ 전화 ARS(☎126 - 1 - 2 - 1)로 발급, 세무서 방문하여 대리발급 신청

ㅣ 전자(세금)계산서 발급 · 전송기한

◈ 발급기한: 재화 또는 용역의 공급 시기(단, 월합계(세금)계산서의 경우 공급 시기가 속하는 달의 다음 달 10일)

◈ 전송기한: 전자(세금)계산서 발급일의 다음날

ㅣ 전자(세금)계산서 발급 · 전송 혜택

◈ (세금)계산서 보관의무 면제

◈ 부가가치세 등 신고 시 합계표 개별명세 작성 불필요

◈ 전자세금계산서 발급세액공제(건당 200원, 연간 1백만 원 한도)

- 대상자: 직전연도 과 · 면세 공급가액 합계액이 3억 원 미만인 개인 사업자
  (2023. 7. 1. 발급분부터 세금계산서 발급의무가 있는 간이과세자도 발급 세액공제 적용)

◈ 전자계산서 발급세액공제(건당 200원, 연간 1백만 원 한도)

- 대상자: 직전 과세기간 총수입금액 합계액이 3억 원 미만인 개인 사업자

사례로 보는 세금 절약 Guide – 전자세금계산서 관련

1. 전자세금계산서 쉽게 발급하고, 신고는 편리하게 하자.

종로에서 소매업을 영위하고 있는 이길동 씨는 개업 이후 세금계산서를 발급해 본 경험이 없었는데, 단골 고객으로부터 세금계산서를 발급해달라는 요구를 받았다.

이길동 씨는 세금계산서를 어떻게 발급해야 하는지 몰라 당황하였다.

세금계산서를 발급하는 쉽고 편리한 방법은 무엇이 있을까?

세금계산서는 사업자가 재화 또는 용역을 공급하고 상대방으로부터 부가가치세를 거래징수하였다는 사실을 확인해주는 증빙서류이다. 세금계산서 종류에는 종이세금계산서와 전자세금계산서가 있지만, 쉽고 편리한 전자세금계산서를 이용하여 발급하면 세금 절약 혜택까지 받을 수 있어 사업자에게 유리하다.

◈ 전자세금계산서를 발급하는 방법은?

전자세금계산서를 발급하려면 먼저 전자서명을 위한 공동인증서를 준비하여야 한다. 그리고 국세청에서 운영하는 홈택스 또는 손택스(모바일 앱), 전자세금계산서 발급대행사업자(ASP)가 운영하는 발급사이트 중 하나를 선택하여 회원가입을 한 후 전자세금계산서를 발급하면 된다.

만약 공동인증서 발급이 어렵다면 세무서 방문을 통해 보안카드를 무료로 발급받아 홈택스 또는 손택스에서 전자세금계산서를 발급받을 수 있다.

◈ 전자세금계산서 발급 시 혜택은?

전자세금계산서를 발급하면 별도로 출력이나 보관할 필요가 없어 종이세금계산서에 비해 발급 비용이 절감되고, 분실 및 훼손 위험도 방지할 수 있다. 그리고 부가가치세 신고 시 매출 · 매입처별 세금계산서합계표에 합계액만 기재하고 거래처별 명세를 작성하지 않아도 되어 신고가 간편하다.

또한 직전연도 과 · 면세 공급가액 합계액이 3억 원 미만인 개인사업자는 2022년 7월 발급하는 분부터 건당 200원(연간 100만 원 한도)의 발급세액공제도 적용받을 수 있어 전자세금계산서 발급으로 세금 부담을 줄일 수 있다. 세금계산서 발급의무가 있는 간이과세자도 2023년 7월 발급하는 분부터 건당 200원(연간 100만 원 한도)의 발급세액공제 적용이 가능하다.

◈ 전자세금계산서를 발급하지 않는 경우 불이익은?

2023년 재화 또는 용역의 공급가액(세 · 면세) 합계액이 8천만 원 이상이 되었다면 2024년 7월 1일분부터 전자세금계산서를 의무발급하여야 한다. 의무발급 대상자에 해당한다면 부가가치세 재화 또는 용역을 공급하고 세금계산서를 발급할 때 반드시 전자세금계산서로 발급하여야 하고, 이를 위반하게 되면 가산세가 적용되므로 주의하여야 한다.

구 분	내 용	가산세율
미발급가산세	발급시기가 지난 후 공급 시기가 속하는 과세기간에 대한 확정신고 기한 내에 발급하지 않은 경우	2%
지연발급가산세	발급시기가 지난 후 공급 시기가 속하는 과세기간에 대한 확정신고 기한 내에 발급한 경우	1%
종이세금계산서 발급가산세	발급시기에 전자세금계산서 외의 세금계산서를 발급한 경우	1%
미전송가산세	발급일의 다음날이 지난 후 공급 시기가 속하는 과세기간에 대한 확정신고기한까지 미전송한 경우	0.5%
지연전송가산세	발급일의 다음 날이 지난 후 공급 시기가 속하는 과세기간에 대한 확정신고기한까지 전송한 경우	0.3%

04 현금영수증 발급 의무화

현금영수증 발급 의무화를 시행

전문직, 병·의원, 일반교습학원, 예술학원, 골프장업, 장례식장업, 예식장업, 부동산중개업 사업자 등은 건당 10만 원 이상 거래금액(부가세 포함)에 대하여 그 대금을 현금으로 받은 경우 소비자가 요청하지 않아도 현금영수증을 발급하여야 합니다. [사업자에게 (세금)계산서를 발급하는 경우 제외]

적용대상 업종(「소득세법 시행령」 제210조의 3)

구분	업종
1. 사업 서비스업	변호사업, 공인회계사업, 세무사업, 변리사업, 건축사업, 법무사업, 심판변론인업, 경영지도사업, 기술지도사업, 감정평가사업, 손해사정인업, 통관업, 기술사업, 측량사업, 공인노무사업, 행정사
2. 보건업	종합병원, 일반병원, 치과병원, 한방병원, 요양병원, 일반의원(일반과, 내과, 소아청소년과, 일반외과, 정형외과, 신경과, 정신건강의학과, 피부과, 비뇨기학과, 안과, 이비인후과, 산부인과, 방사선과 및 성형외과), 기타의원(마취통증의학과, 결핵과, 가정의학과, 재활의학과 등 달리 분류되지 아니한 병과), 치과의원, 한의원, 수의업, 앰뷸런스 서비스업
3. 숙박 및 음식점업	일반유흥 주점업(「식품위생법 시행령」 제21조제8호 다목에 따른 단란주점영업을 포함한다), 무도유흥 주점업, 일반 및 생활 숙박시설운영업, 출장 음식 서비스업, 고시원 운영업, 숙박공유업
4. 교육 서비스업	일반 교습 학원, 예술 학원, 외국어학원 및 기타 교습학원, 운전학원, 태권도 및 무술 교육기관, 기타 스포츠 교육기관, 기타 교육지원 서비스업, 청소년 수련시설 운영업(교육목적용으로 한정한다), 기술 및 직업훈련학원, 컴퓨터학원, 기타교육기관
5. 그 밖의 업종	가전제품 소매업, 골프장 운영업, 골프연습장 운영업, 장례식장 및 장의 관련 서비스업, 예식장업, 부동산 중개 및 대리업, 부동산 투자 자문업, 산후조리원, 시계 및 귀금속 소매업, 피부미용업, 손·발톱 관리 미용업 등 기타 미용업, 비만 관리 센터 등 기타 신체 관리 서비스업, 마사지업(발 마사지업 및 스포츠 마사지업으로 한정한다), 실내건축 및 건축마무리 공사업(도배업만 영위하는 경우는 제외한다), 인물사진 및 행사용 영상 촬영업, 결혼 상담 및 준비 서비스업, 의류 임대업, 의약품 및 의료용품 소매업, 화물자동차 운수사업법 시행령 제9조제1호에 따른 이사화물운송주선사업(포장이사운송업으로 한정한다), 자동차 부품 및 내장품 판매업, 자동차 종합 수리업, 자동차 전문 수리업, 전세버스 운송업, 가구 소매업, 전기용품 및 조명장치 소매업, 의료용 기구 소매업, 페인트 · 창호 및 기타 건설자재 소매업, 안경 및 렌즈 소매업, 운동 및 경기용품 소매업, 예술품 및 골동품 소매업, 중고자동차 소매업 및 중개업, 악기소매업, 자전거 및 기타 운송장비 소매업, 체력단련시설 운영업, 묘지분양 및 관리업, 장의차량 운영업, 독서실 운영업(스터디카페 포함), 두발 미용업, 철물 및 난방용구 소매업, 신발 소매업, 애완용 동물 및 관련용품 소매업, 의복 소매업, 컴퓨터 및 주변장치 · 소프트웨어 소매업, 통신기기 소매업, 건강보조식품 소매업, 자동차 세차업, 벽지 · 마루 덮개 및 장판류 소매업, 공구 소매업, 가방 및 기타 가죽제품 소매업, 중고가구 소매업, 사진기 및 사진용품 소매업, 모터사이클 수리업, 주방용품 및 가정용 유리 · 요업제품 소매업*, 가전제품 수리업, 가정용 직물제품 소매업, 가죽 · 가방 및 신발 수리업, 게임용구 · 인형 및 장난감 소매업, 구두류 제조업, 남자용 겉옷 제조업, 여자용 겉옷 제조업, 모터사이클 및 부품 소매업(부품에 한정), 시계 · 귀금속 및 악기 수리업, 운송장비용 주유소 운영업, 의복 및 기타가정용 제품 수리업, 중고가전제품 및 통신장비 소매업 * 거울 · 액자(내용물 없는 것) · 주방용 유리 제품 · 관상용 어항 소매업은 2016. 7. 1.부터 의무발행업종이며, 그 외 제품은 2023. 1. 1. 거래분부터 의무발행업종임

구분	업종
5. 그 밖의 업종	백화점, 대형마트, 체인화편의점, 기타 대형 종합소매업, 서적, 신문 및 잡지류 소매업, 곡물, 곡분 및 가축사료 소매업, 육류 소매업, 자동차 중개업, 이사화물운송주선사업*, 주차장 운영업, 여객자동차 터미널 운영업, 통신장비 수리업, 보일러수리 등 기타 가정용품 수리업, 의복 액세서리 및 모조 장신구 소매업, 컴퓨터 및 주변 기기 수리업, 여행사업, 기타 여행보조 및 예약 서비스업, 실내 경기장 운영업, 실외 경기장 운영업, 스키장 운영업, 종합 스포츠시설 운영업, 수영장 운영업, 볼링장 운영업, 스쿼시장 등 그 외 기타 스포츠시설 운영업, 애완동물 장묘 및 보호 서비스업 * 포장이사운송업은 2014.1.1.부터 의무발행 업종이어서 제외함
6. 통신 판매업*	전자상거래 소매업, 전자상거래 소매 중개업, 기타 통신판매업 * 제1호부터 제5호까지의 규정에 따른 업종에서 사업자가 공급하는 재화 또는 용역을 온라인 통신망을 통하여 소매하는 경우에 한정한다)

※ 밑줄 친 업종은 2025.1.1. 거래분부터 발급의무 시행

◈ 소비자가 현금영수증 발급을 요청하지 않아 인적사항을 확인할 수 없는 경우 국세청 지정번호(010-000-1234)로 현금영수증을 자진 발급하여야 합니다.

- 소비자는 당시 현금영수증을 요청하지 않았더라도 홈택스(계산서 · 영수증 · 카드 → 현금영수증(근로자 · 소비자) → 근로자 · 소비자 조회/변경 → 현금영수증 자진발급분 사업자등록)에서 해당 현금 영수증의 승인번호, 거래일자, 거래금액을 입력 후 등록하면 소득공제를 받을 수 있습니다.

ǀ 발급 의무 위반에 대한 제재

◈ 현금영수증 발급 의무를 위반한 자에 대해 현금영수증 미발급 금액의 100분의 20에 상당하는 가산세(2018. 12. 31. 이전 거래분에 대하여는 미발급 금액의 100분의 50에 상당하는 과태료)를 부과합니다.

- 「국민건강보험법」에 따른 보험급여, 「자동차손해배상보장법」에 따른 보험금 등에 대하여는 가산세를 부과하지 않습니다.

※ 자세한 내용은 인터넷 누리집 「hometax.go.kr」, 스마트폰 「구글스토어/애플 앱스토어 - 국세청 홈택스앱」 또는 국세상담센터 (국번 없이 ☎126)로 문의바랍니다.

05 원천세 신고 · 납부

원천징수는 누가, 어떤 경우에 해야 하나?

◈ 원천징수는 원천징수 대상이 되는 소득이나 수입금액을 지급할 때 이를 지급하는 자(원천징수의무자)가 하여야 합니다.

◈ 원천징수 대상소득은 다음과 같습니다.

- 봉급, 상여금 등의 근로소득
- 이자소득, 배당소득
- 퇴직소득, 연금소득
- 상금, 강연료 등 일시적 성질의 기타소득
- 인적용역소득(사업소득)
- 공급가액의 20%를 초과하는 봉사료

원천징수 세액의 납부

◈ 원천징수한 세액은 다음 달 10일까지 은행·우체국 등 가까운 금융회사에 납부하고, 원천징수이행상황신고서는 세무서에 제출하여야 합니다.

◈ 관할세무서장으로부터 반기별 납부 승인 또는 국세청장의 지정을 받은 자는 상반기 원천징수한 세액을 7. 10.까지, 하반기 원천징수한 세액을 다음 해 1. 10.까지 납부하면 됩니다.

※ '원천징수이행상황신고서'도 반기별로 제출하면 됩니다.

반기별 납부

- 반기별 납부대상자
  - 직전 과세기간(신규사업자는 신청일이 속하는 반기) 상시 고용인원이 20인 이하인 사업자(금융보험업 제외), 종교단체로서 세무서장의 승인 또는 국세청장의 지정을 받은 자
- 신청기간
  - 상반기부터 반기별 납부를 하고자 하는 경우 : 직전연도 12. 1.~ 12. 31.
  - 하반기부터 반기별 납부를 하고자 하는 경우 : 6. 1. ~ 6. 30.

기타소득의 원천징수

◈ 원천징수할 세액 = (지급액 − 필요경비) × 20%

◈ 필요경비

- 지급금액의 60%를 인정하는 경우

- 일시적 인적용역(강연료, 방송해설료, 심사료 등)
- 공익사업과 관련된 지역권·지상권 설정대가
- 창작품에 대한 원작자로서 받은 원고료·인세 등
- 상표권, 영업권, 산업상 비밀 등의 자산이나 권리의 대여금액
- 통신판매 중개업자를 통한 연수입 500만 원 이하 물품·장소의 대여소득

• 지급금액의 80%를 인정하는 경우
- 공익법인이 주무관청의 승인을 얻어 시상하는 상금·부상
- 다수가 순위 경쟁하는 대회에서 입상자가 받는 상금·부상
- 서화, 골동품의 양도로 발생하는 소득(1억 원 이하 또는 10년 이상 보유 후 양도분 90% 인정)
- 계약의 위약·해약으로 받는 주택입주 지체상금

• 기타: 수입금액을 얻기 위하여 지출한 비용

사업소득의 원천징수

◈ 원천징수대상 사업소득을 지급할 때에는 지급금액의 3%를 원천징수하여야 합니다.

• 원천징수 대상 사업소득
- 전문지식인 등이 고용관계없이 독립된 자격으로, 직업적으로 용역을 제공하고 받는 대가
- 의사 등이 의료보건용역을 제공하고 받는 대가 등

봉사료의 원천징수

◈ 원천징수 대상

사업자가 음식 · 숙박용역 등을 제공하고 그 대가와 함께 봉사료를 받아 자기의 수입금액으로 계상하지 아니하고 이를 접대부 등에게 지급하는 경우로서, 그 봉사료 금액이 매출액의 20%를 초과하는 경우

◈ 원천징수 세액

봉사료 지급액의 5%를 원천징수하여야 합니다.

지방소득세 소득분의 원천징수

◈ 소득세를 원천징수할 때는 원천징수세액의 10%를 지방소득세 소득분으로 함께 원천징수하여 납부하여야 합니다.

사례로 보는 세금 절약 Guide – 원천 관련

1. 기타소득을 지급할 때는 원천징수 대상인지 여부를 반드시 확인하자.

김갑수 씨는 공장을 지방으로 이전하기 위해 현재의 공장을 팔려고 매매계약을 체결한 후 계약금 5,000만 원까지 받았으나, 이전하려고 하는 공장부지 취득에 문제가 있어 부득이 매매계약을 해지하고 계약금 외에 위약금으로 5,000만 원을 추가로 지급한 적이 있다.

이와 같이 위약금을 지급하는 경우에도 원천징수를 해야 하나?

기타소득은 일반국민들에게는 자주 발생하는 소득이 아니므로 대부분의 사람들은 기타소득에 대하여 잘 모르고 있으나, 국내에서 개인에게 기타소득을 지급하는 경우에도 소득세를 원천징수하여야 한다.

원천징수세액은 지급금액에서 필요경비를 뺀 금액에 원천징수세율(20%)을 곱하여 계산한다. 이 때에는 소득세의 10%인 개인지방소득세도 함께 원천징수하여야 한다.

위의 사례에서 김갑수 씨의 경우는 소득세 1,000만 원(위약금은 필요경비가 인정되지 않으므로 5,000만 원 전액에 대해 원천징수 세율을 적용함)과 개인지방소득세 100만 원을 원천징수하여야 한다.

위약금, 배당금 중 주택 입주 지체상금만 지급금액의 80%가 필요경비로 인정된다.

◈ 원천징수대상 기타소득

① 상금, 현상금, 포상금, 보로금 또는 이에 준하는 금품

② 복권 · 경품권 그 밖의 추첨권에 당첨되어 받는 금품

③「사행행위 등 규제 및 처벌특례법」에 규정하는 행위에 참가하여 얻은 재산상의 이익

④「한국마사회법」에 따른 승마투표권, 「경륜 · 경정법」에 따른 승자투표권, 「전통 소싸움경기에 관한 법률」에 따른 소싸움경기투표권 및 「국민체육진흥법」에 따른 체육진흥투표권의 구매자가 받는 환급금

⑤ 저작자 또는 실연자 · 음반제작자 · 방송사업자 외의 자가 저작권 또는 저작인접권의 양도 또는 사용의 대가로 받는 금품

⑥ 영화필름 · 라디오 · 텔레비전방송용 테이프 또는 필름에 대한 자산 또는 권리의 양도 · 대여 또는 사용의 대가로 받는 금품

⑦ 광업권 · 어업권 · 양식업권 · 산업 재산권 · 산업정보, 산업상비밀, 상표권 · 영업권 · 토사석채취권, 지하수의 개발 · 이용권, 그 밖에 이와 유사한 자산이나 권리를 양도하거나 대여하고 그 대가로 받는 금품

⑧ 물품 또는 장소를 일시적으로 대여하고 그 대가로 받는 금품(통신판매중개업자를 통한 연 5백만 원 이하 물품 · 장소 대여 대가 포함)

⑨ 공익사업법과 관련하여 지역권 · 지상권(지하 또는 공중에 설정된 권리 포함)을 설정 또는 대여함으로써 발생하는 소득

⑩ 계약의 위반 · 해약으로 인하여 받는 위약금, 배상금(계약금이 위약금으로 대체되는 경우 제외)

⑪ 유실물의 습득 또는 매장물의 발견으로 인하여 보상금을 받거나 새로 소유권을 취득하는 경우 그 보상금 또는 자산

⑫ 소유자가 없는 물건의 점유로 소유권을 취득하는 자산

⑬ 특수관계인으로부터 받는 경제적 이익으로서 급여 · 배당 또는 증여로 보지 아니하는 금품

⑭ 슬롯머신 등을 이용하는 행위에 참가하여 받는 당첨금품 · 배당금품 또는 이에 준하는 금품

⑮ 문예 · 학술 · 미술 · 음악 또는 사진에 속하는 창작품에 대한 원작자로서 받는 원고료, 인세 등

⑯ 재산권에 관한 알선수수료
⑰ 사례금
⑱ 소기업 · 소상공인 공제부금의 해지일시금
⑲ 인적용역을 일시적으로 제공하고 지급받는 대가(⑮~⑰이 적용되는 경우 제외)
- 고용관계없이 다수인에게 강연하고 강연료 등 대가를 받는 용역
- 라디오 · 텔레비전방송 등을 통하여 해설 · 계몽 또는 연기의 심사 등을 하고 보수 또는 이와 유사한 성질의 대가를 받는 용역
- 변호사, 공인회계사, 세무사, 건축사, 측량사, 변리사, 그 밖에 전문적 지식 또는 특별한 기능을 가진 자가 그 지식 또는 기능을 활용하여 보수 또는 그 밖의 대가를 받고 제공하는 용역
- 그 밖에 고용관계없이 수당 또는 이와 유사한 성질의 대가를 받고 제공하는 용역

⑳ 법인세법에 의하여 기타소득으로 처분된 소득
㉑ 연금저축에 가입하고 저축 납입계약기간 만료 전에 해지하여 일시금을 받거나 만료 후 연금 외의 형태로 받는 소득
㉒ 퇴직 전에 부여받은 주식매수선택권을 퇴직 후에 행사하거나 또는 고용관계 없이 주식매수선택권을 부여받아 이를 행사함으로써 얻는 이익
㉓ 종업원 등, 대학의 교직원이 퇴직한 후에 받는 직무발명보상금으로서 7백만 원을 초과하는 금액
㉔ 종교 관련 종사자로서의 활동과 관련하여 종교단체로부터 받은 소득
㉕ 개당, 점당 또는 조당 양도가액이 6천만 원 이상인 서화 · 골동품의 양도로 발생하는 소득(생존해 있는 국내 원작자 작품은 제외)

원천징수대상이 되는 기타소득을 지급하고도 원천징수를 하지 아니하면 지급하는 자가 세금을 물어야 한다.

따라서, 기타소득을 지급할 때는 원천징수 대상인지 여부를 반드시 확인해 보아야 한다.

▶ 관련 법규: 「소득세법」 제21조, 제127조의 제1항제6호

사례로 보는 세금 절약 Guide - 원천 관련

2. 사업소득(인적용역)을 지급할 때도 원천징수를 해야 한다.

중소기업을 운영하고 있는 오영웅 씨는 매월 외부 전문강사를 초빙하여 종업원들을 위한 교양강좌를 열고 있다.

한번 초청할 때 마다 1백만 원씩 지급하고 있으나, 어렵게 초청한 인사에게 세금을 떼고 강사료를 지급하기가 미안해서 지금까지는 한 번도 원천징수를 하지 않았다.

그런데, 오영웅 씨의 기장을 대행하고 있는 세무사가 이를 알고는 강사료를 지급할 때도 반드시 소득세를 원천징수 해야 한다고 알려주었다.

정확히 어떤 대가를 지급할 때 원천징수를 해야 하는 것일까?

사업자가 강연을 전문으로 하는 강사에게 강연료를 지급하는 경우, 이는 인적용역소득에 해당하므로 강연료를 지급하는 자는 지급금액의 3%를 사업소득세로 원천징수하여야 한다.

◈ 인적용역사업소득

'인적용역소득'이란 전문지식인 등이 고용관계가 없이 독립된 자격으로, 직업적으로 용역을 제공하고 대가를 받는 것을 말한다.

따라서, 일시적으로 용역을 제공하고 대가를 받으면 이는 기타소득에 해당되며, 근로계약에 의하여 정기적으로 일정한 과목을 담당하고 강사료를 받으면 이는 근로소득에 해당된다.

최근 탤런트나 영화배우가 CF에 출연하고 받은 대가가·사업소득(인적 용역소득)에 해당하는지 기타소득에 해당하는지가 문제가 된 적이 있는데, 대법원에서는 탤런트 등의 CF출연은 일시적인 것이 아니라 직업적인 것으로 보아 사업소득이라고 판결한 바 있다.

사업소득에 해당하는지 기타소득에 해당하는지를 다투는 이유는 필요경비로 인정하는 범위가 서로 달라 세부담의 차이가 크기 때문이다.

◈ 인적용역사업소득의 범위

인적용역은 개인이 독립된 자격으로 용역을 제공하고 대가를 받는 다음에 규정하는 용역을 말한다.

① 저술 · 서화 · 도안 · 조각 · 작곡 · 음악 · 무용 · 만화 · 삽화 · 만담 · 배우 · 성우 · 가수와 이와 유사한 용역
② 연예에 관한 감독 · 각색 · 연출 · 촬영 · 녹음 · 장치 · 조명과 이와 유사한 용역
③ 건축감독 · 학술용역과 이와 유사한 용역
④ 음악 · 재단 · 무용(사교무용 포함) · 요리 · 바둑의 교수와 이와 유사한 용역
⑤ 직업운동가 · 기수 · 운동지도가(심판을 포함) 또는 이와 유사한 용역
⑥ 보험가입자의 모집, 저축의 장려 등을 권유하고 실적에 따라 보험 회사 또는 금융회사로부터 모집수당 · 장려수당 또는 이와 유사한 성질의 대가를 받는 용역과 서적 · 음반 등의 외판원이 판매실적에 따라 대가를 받는 용역
⑦ 저작자가 저작권에 의하여 사용료를 받는 용역
⑧ 교정 · 번역 · 고증 · 속기 · 필경 · 타자 · 음반취입 또는 이와 유사한 용역

⑨ 고용관계 없는 사람이 다수인에게 강연을 하고 강연료 · 강사료 등의 대가를 받는 용역
⑩ 라디오 · 텔레비전 방송 등을 통하여 해설 · 계몽 또는 연기를 하거나 심사를 하고 사례금 또는 이와 유사한 성질의 대가를 받는 용역
⑪ 작명 · 관상 · 점술 또는 이와 유사한 용역
⑫ 개인이 일의 성과에 따라 수당이나 이와 유사한 성질의 대가를 받는 용역
⑬ 국선변호인의 국선변호, 국선대리인의 국선대리 및 법률구조 (사업)
⑭ 새로운 학술 또는 기술 개발을 위하여 수행하는 새로운 이론 · 방법 · 공법 또는 공식 등에 관한 연구용역
⑮ 직업소개 및 인생상담 직업재활상담, 창업상담용역
⑯ 장애인보조견 훈련 용역
⑰ 외국 공공기관 또는 국제금융기구로부터 받은 차관자금으로 국가 또는 지방자치단체가 시행하는 국내사업을 위하여 공급하는 용역(국내사업장이 없는 외국법인 또는 비거주자가 공급하는 용역 포함)
⑱ 후견인과 후견감독인이 제공하는 후견사무 용역
⑲ 「가사근로자의 고용개선 등에 관한 법률」에 따른 가사서비스 제공기관이 가사서비스 이용자에게 제공하는 가사서비스
⑳ 노동조합을 통한 근로자공급 용역
㉑ 다른 사업자의 사업장(다른 사업자가 제공하거나 지정한 경우로서 그 사업자가 지배 · 관리하는 장소를 포함한다)에서 그 사업자의 시설 또는 설비를 이용하여 물건의 제조 · 수리, 건설, 그 밖에 이와 유사한 것으로서 기획재정부령으로 정하는 작업을 수행하기 위한 단순 인력(「파견근로자 보호 등에 관한 법률」에 따른 근로자 파견 용역 제외)

인적용역소득을 지급하고도 원천징수를 하지 아니하면 지급하는 자가 세금을 내야 하므로, 인적용역소득을 지급할 때는 원천징수를 하여야 한다.

▶ 관련 법규: 「소득세법」 제127조제1항제3호
「소득세법 시행령」 제184조제1항
「부가가치세법 시행령」 제42조

사례로 보는 세금 절약 Guide - 원천 관련

3. 봉사료가 공급가액의 20%를 초과하면 소득세를 원천징수해야 한다.

국세청 www.nts.go.kr

룸살롱을 운영하고 있는 조양주 씨는 세무조사를 받고 원천세 500만 원을 추징받았다. 그동안 종업원에게 지급한 봉사료 1억 원에 대하여 원천징수를 하지 않았기 때문이다.

봉사료에 대해서도 원천징수를 해야 하나?

◈ 원천징수대상 봉사료

원천징수 대상이 되는 봉사료는 음식·숙박업 및 룸살롱·안마시술소·스포츠마사지·이용원 등을 영위하는 사업자가 계산서·세금계산서·영수증 또는 신용카드매출전표 등에 용역의 대가와 접대부·댄서 또는 이와 유사한 용역을 제공하는자의 봉사료를 구분 기재하여 봉사료를 자기의 수입금액으로 계상하지 아니하는 경우로, 그 봉사료 금액이 공급가액(간이과세자는 공급대가)의 20%를 초과하는 경우를 말한다.

따라서, 봉사료 금액이 공급가액의 20% 이하인 경우 또는 봉사료 금액이 공급가액의 20%를 초과하더라도 봉사료를 자기의 수입금액으로 계산한 경우는 원천징수 대상이 아니다.

◈ 원천징수 세율

봉사료 지급액의 5%를 원천징수 하여야 한다. 현실적으로는 사업자가 개별소비세 등의 부담을 줄이기 위해 종업원에게 봉사료를 지급하지 않으면서도 술값 등을 봉사료와 나누어 영수증을 발행하는 경우가 많은데, 이러한 사실이 드러나면 봉사료로 처리한 금액을 수입금액(공급대가)으로 보아 부가가치세 · 개별소비세 등과 함께 가산세까지 부담하게 된다.

◈ 장부비치 및 기장

사업자가 종업원 등에게 봉사료를 지급하고 원천징수를 하는 경우에는 봉사료지급대장을 작성하고 원천징수영수증을 발행 교부하여야 한다.

◈ 원천징수대상 봉사료

사업자가 용역을 공급하고 그 대가와 함께 받는 종업원의 봉사료를 세금계산서, 영수증 또는 신용카드 가맹사업자의 신용카드 매출전표에 그 대가와 구분하여 기재한 경우, 그 봉사료는 수입금액에 산입하지 아니한다. 다만, 사업자가 봉사료를 자기의 수입금액으로 계상하는 경우에는, 수입금액에 산입하고 동 봉사료를 봉사용역을 제공한 자에게 지급한 때에 필요경비에 산입한다.

봉사료에 대하여 위와 같이 원천징수를 하도록 하고 지급대장을 비치하도록 하는 것은, 사업자가 개별소비세 및 부가가치세 등의 부담을 줄이기 위해 실제로는 종업원에게 봉사료를 지급하지 않으면서도 지급한 것처럼 영수증을 발행하는 것을 규제하기 위한 것이다.

따라서, 봉사료지급대장에는 봉사료를 받는 사람이 직접 받았다는 서명을 받아 놓아야 하며, 주민등록증이나 운전면허증 등 신분증을 복사하여 그 여백에 받는 사람이 자필로 주소, 성명, 주민등록번호 등을 기재하도록 하여야 한다.

봉사료를 받는 사람이 나중에 세금이 부과될까봐 서명을 거부하거나 신분증 등을 제시하지 않는 경우에는, 무통장입금증 등 지급사실을 확인할 수 있는 증빙을 비치하여야 한다.

단순히 영수증만 술값 등과 봉사료를 구분하여 발행하고, 원천징수를 하지 않거나 증빙서류를 제대로 갖추어 놓지 않으면, 나중에 세무조사를 받게 될 경우 봉사료 지급 사실에 대하여 다툼이 있을 수 있으므로 확실하게 해 놓는 것이 좋다.

▶ 관련 법규: 「소득세법」 제127조제1항제8호, 제129조제1항제8호
「소득세법 시행령」 제184조의 2

납세자가 자주 묻는 상담사례 Top10 - 원천세

Q1 일용근로자에게 소득 지급 시 원천징수는 어떻게 하나요?

A1 일용 근로소득을 지급하는 자는 소득세 등을 원천징수하여 신고납부하고 일용근로소득 지급명세서를 제출하여야 합니다.
원천징수할 소득세의 계산방법은 다음과 같습니다.

- 산출세액 = {(일급여액 − 비과세소득) − 근로소득공제(일 15만 원)} x 6%
- 원천징수할 세액 = 산출세액 − (산출세액 x 55%)

길라잡이

- 일용근로소득 원천징수 예시

2024년 5월 일용근로소득(일당 20만 원씩 5일 근무)을 지급한 경우

① 2024년 6월 10일까지 원천세 신고납부

※원천징수할 소득세: 1,350원 x 5일 = 6,750원(지방소득세 670원 별도

② 2024년 6월 말일까지 일용근로소득 지급명세서 제출

▶ 관련 법규
- 원천징수세율(「소득세법」 제129조), 근로소득에 대한 원천징수시기 및 방법(「소득세법」 제134조)
- 지급명세서의 제출(「소득세법」 제164조)

Q2 원천징수한 소득세는 언제, 어떻게 납부하는 건지요?

A2 원천징수의무자는 원천징수 대상 소득을 지급할 때 원천징수 세율에 의하여 소득세를 원천징수하고 소득 지급일(반기별 납부자의 경우 지급일이 속하는 반기)의 다음달 10일까지 원천징수이행상황신고서를 작성하여 원천징수 관할 세무서에 신고납부하는 것입니다.

※ 국세청 홈택스 〉 세금신고 〉 원천세 신고 〉 일반신고

길라잡이

- 원천징수세액의 납부

원천징수의무자는 원천징수한 소득세를 그 징수일이 속하는 달의 다음달 10일까지 원천징수 관할 세무서, 한국은행 또는 체신관서에 납부하여야 합니다.

상시고용인원 수 및 업종 등을 고려하여 원천징수 관할 세무서장으로부터 원천징수세액을 매 반기별로 납부할 수 있도록 승인을 받거나 국세청장이 정하는 바에 따라 지정을 받은 자는 원천징수세액(「법인세법」에 따라 처분된 상여 등 제외)을 그 징수일이 속하는 반기의 마지막 달의 다음달 10일까지 납부할 수 있습니다.

▶ 관련 법규
- 원천징수세액의 납부(소득세법 제128조)
- 원천징수세액의 납부에 관한 특례(소득세법 시행령 제186조)

Q3 지급명세서는 언제 제출하나요?

A3

지급명세서	제출기한
근로·퇴직·연말정산사업소득	소득이 귀속되는 연도의 다음연도 3월 10일
사업(연말정산사업소득 제외)·종교인·연금소득	지급일이 속하는 연도의 다음연도 3월 10일
이자·배당소득	소득이 귀속되는 연도의 다음연도 2월 말일
기타소득 등	지급일이 속하는 연도의 다음연도 2월 말일
일용근로소득	지급일이 속하는 달의 다음달 말일

간이 지급명세서	제출기한
사업소득	지급일이 속하는 달의 다음달 말일
근로소득	지급일이 속하는 반기의 다음달 말일
인적용역 기타소득(2024년 지급분부터 제출)	지급일이 속하는 달의 다음달 말일

길라잡이

- **지급명세서의 제출**

소득세 납세의무가 있는 개인에게 '이자소득, 배당소득, 원천징수대상 사업소득, 근로소득, 퇴직소득, 연금소득, 기타소득, 봉사료, 장기저축성보험의 보험차익 소득'을 국내에서 지급하는 자는 지급명세서를 그 지급일(이자, 배당, 근로, 연말정산사업소득.퇴직소득에 대해서는 해당 소득에 대한 과세기간 종료일)이 속하는 과세기간의 다음 연도 2월 말일(사업, 근로, 퇴직, 기타소득 중 종교인소득, 봉사료의 경우에는 다음 연도 3월 10일), 휴업, 폐업 또는 해산한 경우에는 휴업일, 폐업일 또는 해산일이 속하는 달의 다음다음 달 말일까지 원천징수 관할 세무서장, 지방국세청장 또는 국세청장에게 제출하여야 합니다.

다만, 일용근로자의 근로소득의 경우에는 그 지급일이 속하는 달의 다음 달 말일(휴업, 폐업 또는 해산한 경우에는 휴업일, 폐업일 또는 해산일이 속하는 달의 다음 달 말일)까지 지급명세서를 제출하여야 합니다.

- **간이지급명세서의 제출**

소득세 납세의무가 있는 개인에게 '근로소득(일용근로소득 제외), 원천징수대상 사업소득, 인적용역 기타소득'을 국내에서 지급하는 자는 간이지급명세서를 그 소득 지급일(근로.연말정산사업소득에 대해서는 해당 소득에 대한 과세기간 종료일)이 속하는 달의 다음 달 말일(휴업, 폐업 또는 해산한 경우에는 휴업일, 폐업일 또는 해산일이 속하는 달의 다음 달 말일)까지 원천징수 관할 세무서장, 지방국세청장 또는 국세청장에게 제출하여야 합니다.

▶ 관련 법규
- 지급명세서의 제출(「소득세법」 제164조)
- 간이지급명세서의 제출(「소득세법」 제164조의3)

Q4 지급명세서에 지급액을 과다하게 기재하여 제출한 경우 가산세가 부과되나요?

A4 지급명세서를 불분명하게 제출한 경우 가산세 대상에 해당하며 '불분명하게 제출한 경우'란 지급자 또는 소득자의 주소 · 성명 · 납세번호, 사업자 등록번호, 소득의 종류, 소득의 귀속연도 또는 지급액을 적지 않았거나 잘못 적어 지급사실을 확인할 수 없는 경우를 의미합니다.

따라서, 지급명세서상 지급액을 과다 또는 과소하게 잘못 신고하여 수정하는 경우 지급명세서등 제출 불성실 가산세 대상에 해당합니다.

길라잡이

- 지급명세서 등 제출 불성실 가산세

  제출된 지급명세서 등이 불분명한 경우에 해당하거나 기재된 지급금액이 사실과 다른 경우, 다음 금액을 가산세로 해당 과세기간의 종합소득 결정세액에 더하여 납부하여야 합니다.

  * 지급명세서의 경우: 불분명하거나 사실과 다른 분의 지급금액의 100분의 1.
    (다만, 일용근로소득에 대한 지급명세서의 경우에는 불분명하거나 사실과 다른 분의 지급금액의 1만분의 25)
  * 간이지급명세서의 경우: 불분명하거나 사실과 다른 분의 지급금액의 1만분의 25

▶ 관련 법규

- 지급명세서 등 제출 불성실 가산세(소득세법 제81조의11, 법인세법 제75조의7)
- 지급명세서 등 제출 불성실 가산세(소득세법 시행령 제147조의7)

Q5 외부강사나 아르바이트생에게 지급하는 인건비는 근로소득, 기타소득, 사업소득 중 어느 소득에 해당되나요?

A5 소득의 종류는 소득자와 원천징수의무자 간의 고용관계 여부, 고용기간, 임금의 지급방법, 용역의 계속 · 반복적 제공여부 등 사실관계에 따라 판단할 사항입니다.

- 고용관계가 있는 경우
  - · 일용근로소득: 임금을 일급 또는 시급으로 지급하고, 고용기간이 3개월(건설공사의 경우 1년) 미만
  - · 근로소득: 임금을 월급으로 지급하거나, 고용기간이 3개월(1년) 이상
- 고용관계가 없는 경우
  - · 기타소득: 일시적 · 우발적으로 인적용역을 제공한 경우
  - · 사업소득: 계속적 · 반복적으로 인적용역을 제공한 경우

길라잡이

- **근로소득**

  근로를 제공함으로써 받는 봉급 · 급료 · 보수 · 세비 · 임금 · 상여 · 수당과 이와 유사한 성질의 급여

- **일용근로자의 범위**

  근로를 제공한 날 또는 시간에 따라 근로대가를 계산하거나 근로를 제공한 날 또는 시간의 근로성과에 따라 급여를 계산하여 받는 사람으로서 다음 각 호에 규정된 사람을 말합니다.

  1. 건설공사에 종사하는 자로서 다음 각목의 자를 제외한 자

     가. 동일한 고용주에게 계속하여 1년 이상 고용된 자

     나. 다음의 업무에 종사하기 위하여 통상 동일한 고용주에게 계속하여 고용되는 자

(1) 작업준비를 하고 노무에 종사하는 자를 직접 지휘 · 감독하는 업무
(2) 작업현장에서 필요한 기술적인 업무, 사무 · 타자 · 취사 · 경비 등의 업무
(3) 건설기계의 운전 또는 정비업무

2. 하역작업에 종사하는 자(항만근로자를 포함)로서 다음 각목의 자를 제외한 자
 가. 통상 근로를 제공한 날에 근로대가를 받지 아니하고 정기적으로 근로대가를 받는 자
 나. 다음의 업무에 종사하기 위하여 통상 동일한 고용주에게 계속하여 고용되는 자
  (1) 작업준비를 하고 노무에 종사하는 자를 직접 지휘 · 감독하는 업무
  (2) 주된 기계의 운전 또는 정비업무

3. 제1호 또는 제2호외의 업무에 종사하는 자로서 근로계약에 따라 동일한 고용주에게 3개월 이상 계속하여 고용되어 있지 아니한 자

● 기타소득
고용관계없이 수당 또는 이와 유사한 성질의 대가를 받고 제공하는 용역

● 사업소득
영리를 목적으로 자기의 계산과 책임하에 계속적 · 반복적으로 행하는 활동을 통하여 얻는 소득

▶ 관련 법규
- 근로소득(「소득세법」 제20조), 일용근로자의 범위(「소득세법 시행령」 제20조)
- 사업소득(「소득세법」 제19조), 기타소득(「소득세법」 제21조)

Q6 근로소득자가 급여를 받을 때 원천징수되는 금액은 어떻게 계산하나요?

A6 원천징수의무자는 매월 급여 지급 시 근로소득 간이세액표에 따라 소득세 및 지방소득세를 원천징수하는 것으로, 근로소득 간이세액표는 「소득세법 시행령」 별표2에 규정되어 있습니다.

길라잡이

- 근로소득 간이세액표 조회 경로

  국세청 홈택스 〉 세금신고 〉 원천세 신고 〉 근로소득 간이세액표

▶ 관련 법규
- 근로소득에 대한 원천징수시기 및 방법(「소득세법」 제134조)
- 근로소득 간이세액표(「소득세법 시행령」 [별표2])

Q7 산전 후 휴가급여, 육아휴직급여와 출산 · 보육수당의 소득세 비과세 범위를 알려주세요.

A7 「근로기준법」에 따라 지급하는 산전 후 휴가급여 등은 과세대상 근로소득이나, 「고용보험법」에 따라 지급하는 산전 후 휴가급여 등(사업주가 근로자에게 미리 지급하고 대위신청한 것을 포함)은 비과세 소득에 해당합니다.

근로자 또는 그 배우자의 출산이나 6세 이하(해당 과세기간 개시일을 기준으로 판단) 자녀의 보육과 관련하여 사용자로부터 받는 급여로서 다음 금액은 비과세 소득에 해당합니다.

1) 근로자 또는 그 배우자의 출산과 관련하여 자녀의 출생일 이후 2년 이내에 사용자로부터 최대 2차례에 걸쳐 지급받는 급여 전액(2021년 이후 출생한 자녀에 대하여 2024년에 지급받은 급여를 포함)

2) 근로자 또는 배우자의 해당 과세기간 개시일을 6세 이하(6세가 되는 날과 그 이전 기간을 말함)인 자녀의 보육과 관련하여 사용자로부터 지급받는 급여로서 월 20만 원 이내의 금액

길라잡이

- 비과세소득

  근로소득 중 「고용보험법」에 따라 받는 실업급여, 육아휴직 급여, 육아기 근로시간 단축 급여, 출산 전후 휴가 급여 등, 「국가공무원법」 · 「지방공무원법」에 따른 공무원 또는 「사립학교교직원 연금법」 · 「별정우체국법」을 적용 받는 사람이 관련 법령에 따라 받는 육아휴직수당(「사립학교법」 제70조의 2에 따라 임명된 사무직원이 학교의 정관 또는 규칙에 따라 지급받는 육아 휴직수당으로서 대통령령으로 정하는 금액 이하의 것을 포함)과 근로자 또는 그 배우자의 출산과 관련하여 자녀의 출생일 이후 2년 이내에 사용자로부터 최대 2차례에 걸쳐 지급받는 급여 전액(2021년 이후 출생한 자녀에 대하여 2024년에 지급받은 급여를 포함), 근로자 또는 배우자의 해당 과세기간 개시일을 6세 이하(6세가 되는 날과 그 이전 기간을 말함)인 자녀의 보육과 관련하여 사용자로부터 지급받는 급여로서 월 20만 원 이내의 금액은 소득세를 과세하지 않습니다.

▶ 관련 법규

- 비과세소득(「소득세법」 제12조)

Q8 출산 · 보육수당이 비과세일 경우 지급명세서 제출하지 않아도 되나요?

A8 소득세법 제12조 3호 머목에 따른 근로자 또는 그 배우자의 출산이나 6세 이하 자녀의 보육과 관련하여 사용자로부터 받는 급여는 월 20만 원 이내의 금액이 출산보육수당으로 비과세되며 근로소득지급명세서 제출 대상에 해당합니다.

길라잡이

- 지급명세서 제출면제 등
  - 소득세법 제12조제3호 가목부터 사목까지, 카목, 타목, 하목, 너목, 버목, 저목의 소득
  - 소득세법 시행령 제12조 제2호에서 제4호까지, 제8호의 소득

▶ 관련 법규
- 비과세소득(소득세법 제12조)
- 지급명세서 등의 제출 면제 등(소득세법 시행령 제214조)

Q9 원천징수대상 사업소득과 인적용역 기타소득의 간이지급명세서를 매월 제출한 경우 지급명세서를 제출하지 않아도 되나요?

A9 원천징수대상 사업소득 및 인적용역 기타소득에 대하여 간이지급명세서를 제출한 경우 그 제출한 부분에 대하여 지급명세서를 제출한 것으로 보아 지급명세서를 제출하지 않을 수 있습니다.

다만, 사업소득 중 연말정산대상 사업소득인 보험설계사, 방문판매원, 음료배달원 사업소득의 경우 간이지급명세서(거주자의 사업소득)와 사업소득지급명세서(연말정산용)를 모두 제출하여야 합니다.

▶ 관련 법규
- 지급명세서의 제출(소득세법 제164조 ⑦)
- 간이지급명세서의 제출(소득세법 제164조의 3)

Q10 인적용역 기타소득 지급액이 125,000원 이하이면 원천징수 신고를 어떻게 하나요?

A10 기타소득 지급 시 기타소득금액(기타소득 수입금액에서 필요경비를 차감한 금액)이 건별 5만 원 이하인 경우에는 소득세를 원천징수하지 않습니다.

고용관계없이 일시적 · 우발적으로 인적용역을 제공하고 받는 기타소득은 의제 필요경비율 60%가 적용되므로, 만일 의제 필요경비율 60%를 적용하는 경우 기타소득 수입금액이 125,000원 이하이면 기타소득 금액이 5만 원 이하로 소득세 원천징수 대상에 해당하지 않는 것입니다.

다만, 이 경우에도 기타소득 지급명세서는 제출하여야 합니다.

길라잡이

- 기타소득 과세최저한의 건별 적용범위

  기타소득금액(세액공제받은 연금계좌 납입액과 연금계좌 운용실적에 따라 증가된 금액을 연금외수령한 소득 제외)이 건별로 5만 원 이하인 경우 소득세를 과세하지 않습니다.
  과세최저한 기준의 건별은 기타소득의 발생근거, 지급사유 등을 고려하여 거래별로 판단합니다.

- 기타소득 과세최저한의 경우 원천징수이행상황신고 및 지급명세서

  과세최저한으로 소득세가 과세되지 않은 소득을 지급할 때는 원천징수를 하지 않는 것이나, 원천징수이행상황신고서에는 원천징수하여 납부할 세액이 없는 자에 대한 것도 포함하여 신고해야 합니다.
  과세최저한으로 소득세가 과세되지 않은 기타소득은 지급명세서 제출의무가 면제되나, 「소득세법」 제21조제1항제15호(일시적 문예창작소득) 및 제19호(일시적 인적용역소득)의 기타소득은 지급명세서 제출의무가 면제되지 않습니다.

▶ 관련 법규

- 기타소득 과세최저한의 건별 적용범위(종합소득세 집행기준 84-0-1), 기타소득 과세최저한의 경우 원천징수이행상황신고 및 지급명세서 제출여부(종합소득세 집행기준 84-0-2)

06 가산세의 부과와 감면

세법에서 규정한 의무를 위반한 자에게 국세기본법 또는 세법에서 정하는 바에 따라 가산세를 납부할 세액에 가산하거나 환급할 세액에서 공제합니다.

무신고 가산세

◈ 일반적인 경우: 법정신고기한까지 세법에 따른 국세의 과세표준 신고를 하지 아니한 경우 무신고납부세액*의 20%를 가산세로 납부합니다. 다만, 아래 사업자는 다음 금액을 가산세로 납부합니다.

* 그 신고로 납부하여야 할 세액을 말하며, 국세기본법 및 세법에 따른 가산세와 세법에 따라 가산하여 납부하여야 할 이자 상당 가산액이 있는 경우 그 금액은 제외함.

구분	금액
법인세, 소득세법상 복식부기 의무자 max (①, ②)	① 무신고납부세액 × 20% ② 수입금액 × 7/10,000
부가가치세 영세율 과세표준이 있는 경우 (①+②)	① 무신고납부세액 × 20% ② 영세율과세표준 × 5/1,000

◈ 부정행위인 경우: 위 일반적인 무신고가 아닌 부정행위로 과세표준 신고를 하지 아니한 경우 무신고납부세액의 40%를 가산세로 납부합니다. 다만, 아래사업자는 다음 금액을 가산세로 납부합니다.

구분	금액
법인세, 소득세법상 복식부기 의무자 max (①, ②)	① 무신고납부세액 × 40% ② 수입금액 × 14/10,000
부가가치세 영세율 과세표준이 있는 경우 (①+②)	① 무신고납부세액 × 40% ② 영세율과세표준 × 5/1,000

※ 국제거래에서 발생한 부정행위로 국세의 과세표준을 신고하지 않은 경우는 60%

과소신고 · 초과환급 가산세

◈ 일반적인 경우: 법정신고기한까지 세법에 따른 국세의 과세표준 신고를 한 경우로서 납부세액을 신고하여야 할 세액보다 적게 신고하거나 환급

세액을 신고하여야 할 금액보다 많이 신고한 경우는 다음 금액을 가산세로 납부합니다.

일반적인 경우	과소신고납부세액 등*× 10%
부가가치세 영세율 과세표준이 있는 경우 (①+②)	① 과소신고납부세액 등 × 10% ② 과소신고된 영세율과세표준 × 5/1,000

* 과소신고한 납부세액과 초과신고한 환급세액을 합한 금액을 말하며, 국세기본법 및 세법에 따른 가산세와 세법에 따라 가산하여 납부하여야 할 이자 상당 가산액이 있는 경우 그 금액은 제외함.

◈ 부정행위인 경우: 위 일반적인 과소신고 · 초과환급 신고가 아닌 부정 행위로 과소신고한 경우는 아래 ①, ②를 합한 금액을 가산세로 납부합니다.

① 부정과소신고 가산세 = 부정행위로 인한 과소신고납부세액 등 × 40%

② 일반과소신고 가산세 = (과소신고납부세액 등 – 부정행위로 인한 과소 신고 납부세액 등) × 10%

다만, 아래의 경우에는 아래금액을 가산세로 납부합니다.

법인세, 소득세법상 복식부기 의무자 [max(①, ②) + ③]	① 부정행위로 인한 과소신고납부세액 등 × 40% ② 부정행위로 인하여 과소신고된 과세표준 관련 수입금액 × 14/10,000 ③ (과소신고납부세액 등 – 부정행위로 인한 과소신고납부세액 등) × 10%
부가가치세 영세율 과세표준이 있는 경우 (① + ② + ③)	① 부정행위로 인한 과소신고납부세액 등 × 40% ② (과소신고납부세액 등 – 부정행위로 인한 과소신고납부세액 등) × 10% ③ 과소신고된 영세율과세표준 × 5/1,000

※ 국제거래에서 발생한 부정행위로 국세의 과세표준을 신고하지 않은 경우는 60%

❙ 납부지연가산세

◈ 납세자가 세금을 납부하지 아니하였거나 내야 할 세금에 미달하게 납부한 경우 또는 환급받을 세액을 초과하여 환급받은 경우에 부과합니다.

① (무 · 과소 납부한 경우) 무납부(과소납부) 세액 × 0.022% ×경과일수

② (초과환급받은 경우) 초과하여 환급받은 세액 × 0.022% × 경과일수

※ 경과일수 = 납부기한(환급받은 날) 다음날부터 납부일까지의 일수

③ 납부고지서에 따른 납부기한까지 무납부(과소납부) 세액 × 3%

원천징수 등 납부지연가산세

◈ 국세를 징수하여 납부할 의무를 지는 자가 징수하여야 할 세액(소득세법 제149조에 따른 납세 조합 경우에는 징수한 세액)을 법정납부기한까지 납부하지 아니하거나 과소납부한 경우 아래 ①과 ②중 적은 금액을 가산세로 납부합니다.

① 미납세액 · 과소납부세액 × 3% + 미납세액 · 과소납부세액 × 납부기한의 다음 날부터 납부일까지의 기간(납부고지일부터 납부고지서에 따른 납부기한까지의 기간은 제외한다) × 22/100,000

② 납부하지 아니한 세액 또는 과소납부분 세액 x 50%
다만, 무납부고지 시 부과하는 가산세(미납세액 · 과소납부세액 x 3% + 미납세액 · 과소납부세액 x 법정납부기한의 다음날부터 납부고지일까지의 기간 x 22/100,000)는 100분의 10을 한도로 한다.

가산세 감면

◈ 과세표준수정신고서와 기한 후 신고 · 납부한 경우에는 가산세를 감면합니다(경정할 것을 미리 알고 제출한 것은 제외).

내용		가산세	감면율
수정신고	법정신고기한 지난 후 1개월 이내	과소신고 · 초과환급 가산세	90%
	법정신고기한 지난 후 1개월 초과 3개월 이내		75%
	법정신고기한 지난 후 3개월 초과 6개월 이내		50%
	법정신고기한 지난 후 6개월 초과 1년 이내		30%
	법정신고기한 지난 후 1년 초과 1년 6개월 이내		20%
	법정신고기한 지난 후 1년 6개월 초과 2년 이내		10%
기한 후 신고	법정신고기한 지난 후 1개월 이내	무신고가산세	50%
	법정신고기한 지난 후 1개월 초과 3개월 이내		30%
	법정신고기한 지난 후 3개월 초과 6개월 이내		20%

※ 상기 가산세 이외에도 개별세법에 그 밖의 가산세가 규정되어 있습니다.

01 사업을 폐업하는 경우에는 반드시 폐업신고를 해야 한다.

사업을 그만두는 경우 사업을 시작할 때와 같이 그 종결절차를 거쳐야 하며, 그렇지 않을 때에는 커다란 손해를 입는 경우가 있습니다.

사업자등록 폐업신고는 어떻게 하나?

◈ 국세청 누리집에서 다운받거나 세무서에 비치된 폐업신고서를 작성하여 사업자등록증과 함께 가까운 세무서에 제출하시면 됩니다.

- 부가가치세 확정신고서에 폐업연월일 및 사유를 기재하고 사업자등록증을 첨부하여 제출하면 폐업신고서를 제출한 것으로 봅니다.
- 홈택스 가입자로 공동인증서가 있으면 국세청 홈택스에서 폐업신고가 가능합니다.

◈ 또한, 면허 또는 허가증이 있는 사업일 경우 당초 면허 · 허가를 받은 기관에 폐업신고를 하여야 합니다.

- 단, 음식점업, 숙박업, 세탁소, 이 · 미용실, 약국, 피씨방, 비디오방, 통신판매업 등의 인 · 허가 업종은 세무서나 시 · 군 · 구청 중 한 곳에서 폐업신고가 가능합니다(대상 업종은 가까운 민원실이나 126 국세상담센터로 문의).

폐업신고 등을 하지 않으면 불이익이 따를 수 있습니다.

◈ 폐업신고를 한 경우보다 훨씬 많은 세금을 추징당하게 됩니다.

- 폐업일까지의 실적에 대한 가산세 등을 추가부담하게 되어 세부담이 늘어날 수 있습니다.

◈ 사업자등록을 말소하지 않아 사업 인수자가 계속 사용하면 사업자 명의 대여에 해당되어 이에 따른 불이익을 받을 수 있습니다.

◈ 등록면허세가 계속 부과됩니다.

- 면허 · 허가기관에 폐업신고를 하지 않으면 매년 1. 1.을 기준으로 면허가 갱신된 것으로 보아 등록면허세가 계속 부과됩니다.

폐업신고 후 폐업사실증명원을 국민연금공단 · 국민건강보험공단에 제출하여야 보험료가 조정되어 불이익을 받지 않습니다.

02 사업을 폐업할 때 꼭! 알아야 할 세금신고 사항

국세청 www.nts.go.kr

사업자등록 폐업신고

◈ 폐업 즉시 가까운 세무서 민원봉사실 또는 국세청 홈택스를 통해 폐업 신고를 하여야 합니다.

부가가치세 폐업 확정신고 · 납부

◈ 폐업일이 속한 달의 말일부터 25일 이내에 신고 · 납부하여야 합니다.

폐업시기	신고납부대상
1기(상반기) 중 폐업 시	1. 1. ~ 폐업일까지의 사업실적
2기(하반기) 중 폐업 시	7. 1. ~ 폐업일까지의 사업실적

◈ 폐업 시 남아있는 제품이나 상품 등의 재화

자가공급에 해당되므로 폐업 시 잔존재화의 시가를 과세표준에 포함하여 부가가치세를 납부하여야 합니다.

◈ 감가상각자산의 간주공급

건물, 차량, 기계 등 감가상각자산도 세법에서 정한 방법에 따라 시가를 계산하여 부가가치세를 납부하여야 합니다.

◈ 사업의 포괄적 양도

사업의 경영주체만 변경되고 사업에 관한 권리와 의무를 포괄적으로 승계시키는 사업의 양도는 부가가치세 납부의무가 없으며, 이 경우 사업포괄양도양수계약서를 제출하여야 합니다.

종합소득세 확정신고 · 납부

◈ 1. 1.~ 폐업일까지의 종합소득을 폐업일이 속하는 연도의 다음연도 5. 1.~ 5. 31.까지 확정신고 · 납부하여야 합니다.

◈ 폐업한 사업과 관련된 소득 이외에 다른 소득이 있는 경우는 합산하여 신고 · 납부하여야 합니다.

— 세금절약 가이드 I —

03

근로자를 위한 세금

01 근로소득과 연말정산

근로소득세 원천징수

◈ 급여에 대한 세금은 매월 월급을 줄 때 그 소속기관이나 사업자(원천징수 의무자)가 우선 간이세액표에 의해 원천징수하고 다음 해 2월분 월급을 줄 때 1년 분의 정확한 세금을 정산하게 됩니다.

◈ 맞춤형 원천징수세액 선택

- 근로자가 본인의 부담 수준에 맞게 원천징수세액을 간이세액표의 80%, 100%, 120%로 선택 가능합니다.

◈ 급여 이외에 다른 소득이 없으면 연말정산으로 납세의무가 종결되고,

◈ 다른 소득이 있으면 연말정산을 한 후 다른 소득과 근로소득을 합산하여 다음 해 5월에 종합소득세 확정신고를 하고 세금을 납부하여야 합니다.

근로소득세 계산

◈ 계산절차

연간급여액
(-) 비과세소득
총 급 여 액
(-) 근로소득공제
근로소득금액
(-) 각종 소득공제
과 세 표 준
(×) 세 율
산 출 세 액
(-) 세액감면 및 세 액 공 제
결 정 세 액
(-) 기납부세액
납부(환급)할 세액

◈ 근로소득공제(상용직 공제한도 2,000만 원)

총급여액	공제금액
500만 원 이하	총급여의 70%
500만 원 초과 ~ 1,500만 원 이하	350만 원 + 500만 원 초과 금액의 40%
1,500만 원 초과 ~ 4,500만 원 이하	750만 원 + 1,500만 원 초과 금액의 15%
4,500만 원 초과 ~ 1억 원 이하	1,200만 원 + 4,500만 원 초과 금액의 5%
1억 원 초과	1,475만 원 + 1억 원 초과 금액의 2%
일용근로자	1일당 15만 원

◈ 세율(2024년 귀속)

과세표준	세율	누진공제액
1,400만 원 이하	6%	-
1,400만 원 초과 ~ 5,000만 원 이하	15%	126만 원
5,000만 원 초과 ~ 8,800만 원 이하	24%	576만 원
8,800만 원 초과 ~ 1.5억 원 이하	35%	1,544만 원
1.5억 원 초과 ~ 3억 원 이하	38%	1,994만 원
3억 원 초과 ~ 5억 원 이하	40%	2,594만 원
5억 원 초과 ~ 10억 원 이하	42%	3,594만 원
10억 원 초과	45%	6,594만 원

주요 소득공제 및 세액공제

◈ 인적공제 및 연금보험료공제

과세표준	공제요건 및 공제한도액
기본공제	• 생계를 같이하는 부양가족(본인포함) 1인당 150만 원 • 직계존속: 60세 이상, 근로자의 배우자(연령제한 없음) • 자녀 · 형제자매: 20세 이하, 60세 이상, 위탁아동: 18세 미만(보호기간이 연장된 위탁아동은 20세 이하) 생계급여수급자(연령제한 없음)
추가공제	• 부녀자공제: 50만 원 • 장애인: 1인당 200만 원 • 경로우대: 1인당 100만 원(70세 이상) • 한부모공제: 100만 원(부녀자공제와 중복적용 시 한부모공제 적용)
연금보험료공제	• 국민연금 등 공적 연금보험료: 전액

특별소득공제

구분	공제금액 및 공제한도액
보험료	• 국민건강보험료 · 노인장기요양보험료 · 고용보험료 전액
주택자금	• 주택마련저축 및 주택임차차입금 원리금상환액의 40%(연 400만 원 한도) • 장기주택저당차입금 이자상환액(600~2,000만 원) - 만기 15년 이상 고정금리 and 비거치식: 2,000만 원 - 만기 15년 이상 고정금리 or 비거치식: 1,800만 원 - 만기 15년 이상 그 외 차입금: 800만 원 - 만기 10년 이상 고정금리 or 비거치식: 600만 원 * (주택요건)기준시가 6억 원 이하

기타 소득공제

<table>
<tr><th>구분</th><th>소득공제액 및 공제한도액</th></tr>
<tr><td>개인연금저축</td><td>• 2000. 12. 31. 이전 개인연금저축 가입자
- 개인연금저축 불입액의 40% 공제(연 72만 원 한도)</td></tr>
<tr><td>신용카드 등
사용액</td><td>• 신용카드 등 사용액 소득공제
(공제대상) 신용카드 등 사용액 중 총급여액의 25% 초과분
(공제율) 신용카드 15%, 체크카드 · 현금영수증 · 총급여 7천만 원 이하자의 도서 · 공연 · 박물관 · 미술관 사용분 30%, 전통시장 40%, 대중교통 40%를 적용
(공제한도) 급여수준별 차등 적용
<table>
<tr><th colspan="2">총급여
공제한도</th><th>7천만 원 이하</th><th>7천만 원 초과</th></tr>
<tr><td colspan="2">기본공제한도</td><td>300만 원</td><td>250만 원</td></tr>
<tr><td rowspan="3">추가공제
한도</td><td>전통시장</td><td rowspan="3">300만 원</td><td rowspan="2">200만 원</td></tr>
<tr><td>대중교통</td></tr>
<tr><td>도서 · 공연 등</td><td>–</td></tr>
</table>
- (추가공제 신설) 2024년 신용카드 등 사용금액 중 2023년 신용카드 등 사용금액 대비 5%를 초과하여 증가한 금액의 10%(한도: 100만 원)</td></tr>
<tr><td>장기집합투자
증권저축</td><td>• 2015. 12. 31. 까지 가입하는 경우 가입한 날부터 10년
• 총급여액 5천만 원 이하 근로자
- 연 저축납입액(600만 원 한도)의 40% 공제(연 240만 원 한도)</td></tr>
</table>

특별세액공제 등

구분		세액공제대상 및 세액공제율
자녀 세액공제		• 기본공제대상자 중 자녀(입양자 및 위탁아동 포함)에 대해 세액공제 ＊ 2023년부터는 8세 이상에 대하여 적용 - 1명인 경우: 연 15만 원 - 2명인 경우: 연 35만 원 - 3명 이상인 경우: 연 35만 원과 2명을 초과하는 1명당 연 30만 원을 합한 금액
연금계좌 세액공제		• 세액공제대상: 연금계좌저축 연 600만 원 + 퇴직연금계좌 = 총 900만 원 (ISA계좌 만기 시 연금계좌 추가납입액의 10% 추가공제, 300만 원 한도) • 세액공제율: 세액공제 대상액의 15%(총급여액이 5천5백만 원 또는 종합소득금액 4천5백만 원 초과자 12%)
특별 세액 공제	보험료	• 세액공제대상 보험료 - 기타 보장성보험료 지출액(연 100만 원 한도): 세액공제 대상액의 12% - 장애인전용보장성보험료 지출액(연 100만 원 한도): 세액공제 대상액의 15%
	의료비	• 세액공제대상 의료비 - 총급여액의 3%를 초과하는 의료비(부양가족의 경우 700만 원 한도, 본인 · 장애인 · 65세 이상자 · 6세 이하 부양가족 · 중증질환자 및 난임시술비, 미숙아 · 선천성이상아 의료비는 한도 없음) - 2024년부터 산후조리원에 지급하는 비용(한도: 200만 원)은 총급여액 요건(7천만 원 이하) 없음 • 세액공제율: 세액공제 대상액의 15%(난임시술비는 30%, 미숙아 · 선천성이상아 의료비 20%)
	교육비	• 세액공제대상 교육비 - 기본공제대상자를 위해 지출한 교육비(취학 전 아동과 초 · 중 · 고등학생의 경우 300만 원 한도, 대학생의 경우 900만 원 한도, 본인 · 장애인의 경우 한도 없음) • 세액공제율: 세액공제 대상액의 15%
	기부금	• 세액공제대상 기부금 - 정치자금기부금 한도액: 근로소득금액 × 100%, 세액 공제율: 10만 원 이하 100/110, 10만 원 초과 15%(3천만 원 초과분 25%) - 고향사랑기부금 한도액: 500만 원, 세액 공제율: 10만 원 이하 100/110, 10만 원 초과 15% - 특례기부금 한도액: (근로소득금액 – 정치자금기부금 – 고향사랑기부금) × 100% - 우리사주조합기부금 한도액: (근로소득금액 – 정치자금기부금 – 고향사랑기부금 – 특례기부금) × 30% - 일반기부금: · 종교단체 기부금이 있는 경우 한도액(① + ②) ① (근로소득금액 – 정치자금기부금 – 고향사랑기부금 – 특례기부금 – 우리사주조합기부금 공제액) × 10% ② (㉠, ㉡ 중 min) ㉠ (근로소득금액 – 정치자금기부금 – 고향사랑기부금 – 특례기부금 – 우리사주조합기부금 공제액) × 20% ㉡ 종교단체 외에 지급한 기부금 · 종교단체 기부금이 없는 경우 한도액 (근로소득금액 – 정치자금기부금 – 고향사랑기부금 – 특례기부금 – 우리사주조합기부금 공제액) × 30% ＊ 세액공제율: 특례기부금 + 일반기부금 + 우리사주조합기부금: 15%(1천만 원 초과분 30%) – 고액 기부금 세액공제율 한시 상향 ⇒ 3천만 원 초과: 40%(2024. 12. 31.까지)
	표준 세액공제	• 근로소득자가 특별소득공제, 특별세액공제, 월세액 세액공제를 신청하지 아니한 사람에 대해서는 연 13만 원을 산출세액에서 공제
기타 공제	월세액 세액공제	• 총급여 8천만 원 이하의 무주택자인 세대주(종합소득금액이 7천만 원을 초과하는 경우 공제 제외) • 국민주택규모 이하 또는 기준시가 4억 원 이하 주택 임차 • 월세 지출액(1,000만 원 한도)의 15%(총급여 5천5백만 원(종합소득금액 4천5백만 원) 이하 17%)

02 주택자금 소득공제

주택임차차입금 원리금상환액 소득공제

과세기간 종료일(12월 31일) 현재 무주택 세대의 세대주(세대주가 주택자금 공제 및 주택마련저축 공제를 받지 아니한 경우에는 세대원 및 대통령령으로 정하는 외국인 포함)인 근로자가 국민주택규모의 주택(주거용 오피스텔 포함)을 임차하기 위해 대출기관 또는 거주자로부터 차입하고 그 차입금의 원리금을 상환하는 경우 상환금액의 40%를 소득공제(공제한도 400만 원)합니다.

※ 주택마련저축공제와 합하여 400만 원 한도(부양가족이 없는 단독세대주도 소득공제 가능)

◈ 대출기관으로부터 차입한 경우

- 임대차계약증서의 입주일과 주민등록표 등본의 전입일 중 빠른 날로부터 전후 3개월 이내에 차입한 자금일 것
  - 이 경우, 임대차계약을 연장하거나 갱신하면서 차입하는 경우에는 임대차계약 연장일 또는 갱신일부터 전후 3개월 이내 차입한 자금을 포함
  - 주택임차차입금의 원리금 상환액에 대한 소득공제를 받고 있던 사람이 다른 주택으로 이주하는 경우에는 이주하기 전 주택의 입주일과 주민등록표 등본의 전입일 중 빠른 날부터 전후 3개월 이내에 차입한 자금을 포함
- 차입금이 대출기관에서 임대인의 계좌로 직접 입금될 것
  - 차입한 자금(대환대출의 경우에는 대환대출 전에 최초로 차입한 자금을 기준으로 한다)이 전세와 월세 보증금을 위하여 차입한 자금

◈ 대부업 등을 경영하지 아니한 거주자로부터 차입한 경우

- 해당 과세기간의 총급여액이 5천만 원 이하인 사람만 해당
- 임대차계약증서의 입주일과 주민등록표 등본의 전입일 중 빠른 날로부터 전후 1개월 이내에 차입한 자금일 것
- 기획재정부장관이 정한 이자율(1,000분의 35)보다 낮은 이자율로 차입한 자금이 아닐 것(2024. 3. ~: 3.5%)
  - 공제 시 필요한 서류: 주택자금상환등증명서, 주민등록표등본, 임대차계약서 사본, 금전소비대차계약서 사본, 원리금 상환 증명서류(계좌이체영수증 및 무통장입금증 등)

장기주택저당차입금 이자상환액 소득공제

무주택 또는 1주택을 보유한 세대의 세대주(예외적으로 세대원 및 대통령령으로 정하는 외국인 포함)인 근로자가 취득 당시 기준시가 6억 원 이하인 주택(주거용 오피스텔 제외)을 취득하기 위하여 해당 주택에 저당권을 설정하고 금융회사 · 주택도시기금으로부터 차입한 자금의 이자상환액에 대해 아래의 한도로 공제합니다.

상환기간 15년 이상			상환기간 10년 이상
고정금리이고 비거치	고정금리 또는 비거치	기타	고정금리 또는 비거치
2,000만 원	1,800만 원	800만 원	600만 원

【공제한도 종전 규정】

	2004.1.1. 이후	2009.1.1. 이후	2012.1.1. 이후	2015.1.1. 이후	2024.1.1. 이후
상환기간	15년 이상	15년 이상	15년 이상	10년 이상	10년 이상
공제한도	1,000만 원	1,000만 원 (1,500만 원)	500만 원 (1,500만 원)	500만 원 (300, 1500, 1800만 원)	800만 원 (600, 1800, 2000만 원)

※ 2019년 ~ 2023년 차입분은 '기준시가 5억 원으로 상향 조정'

※ 2014년 ~ 2018년 차입분은 '국민주택규모 기준 삭제' 및 '기준시가 4억 원으로 상향 조정'

※ 2013년 이전 차입분은 종전 규정(국민주택규모 기준 및 기준시가 3억 원)을 적용

◈ 공제대상자

- 근로자로서 무주택 또는 1주택을 보유한 세대의 세대주(배우자는 떨어져 있어도 동일세대로 봄)
- 세대주가 주택 관련 소득공제를 받지 아니한 경우 세대의 구성원 중 근로자 (세대주가 아닌 경우에는 해당 주택을 소유하고, 실제 거주 필요)

◈ 장기주택저당차입금의 요건

- 차입금의 상환기간이 15년 또는 10년 이상*일 것
  - * 2009. 2. 12.부터 1년간 서울지역 외의 미분양주택 또는 신규분양주택을 구입하기 위하여 차입하는 경우 상환기간 5년 이상인 경우 포함
- 주택소유권이전등기 또는 보존등기일부터 3월 이내에 차입
- 장기주택저당차입금의 채무자가 해당 저당권이 설정된 주택의 소유자일 것

※ 위의 요건을 충족하지 못한 경우 그 사유가 발생한 날이 속하는 과세기간에는 해당 소득공제를 적용하지 않습니다. 다만, "채무자 = 소유자" 요건 위반 시 요건 위반일 이후부터 불공제(이전분은 공제)

◈ 소득공제 배제

- 세대구성원이 보유한 주택을 포함하여 근로자가 과세기간 종료일 현재 2주택 이상을 보유하는 경우 소득공제 배제

※ 2014. 1. 1. 이후 과세기간 중 2주택 이상 보유하는 경우 '3개월 초과 기준' 삭제

◈ 세대원인 근로자가 주택을 취득하는 경우 공제요건

- 세대주가 주택자금공제를 받지 아니할 것
- 취득한 주택에 세대원인 해당 근로자가 실제 거주할 것

03 신용카드 등 사용액 소득공제

근로자가 사업자로부터 재화나 용역을 제공받고 신용카드 등을 사용하여 지출한 금액에 대해 총급여액의 25%를 초과하는 금액의 15%(30%, 40%)를 공제합니다.

◈ 신용카드 등 공제비율

- 신용카드 등 사용금액 소득공제
- 공제액: 신용카드, 직불카드, 선불카드, 현금영수증 사용액의 합계액 중 총급여액의 25%를 초과하는 금액의 15%~40%를 소득공제

결제수단 및 사용처별	공제율
신용카드	15%
직불 · 선불카드 · 현금영수증	30%
도서 · 신문 · 공연 · 영화관람료 등 (총급여 7천만 원 이하자만 해당)	30%
전통시장	40%
대중교통	40%

◈ 공제대상

- 근로자 본인 · 배우자 · 직계존비속의 사용액(기본공제대상자로서 나이제한 없음)
  - 형제자매 및 장애인 직계비속의 장애인 배우자 사용액은 제외

◈ 공제금액 및 공제한도

- 공제금액: (신용카드 등 사용금액 – 총급여액의 25%) × (15%~40%)
- 공제한도: Min(연간 300만 원*)
  - * 총급여 7천만 원 초과자 250만 원
  - 한도초과금액이 있는 경우 한도초과금액과 전통시장 사용분 공제액, 대중교통 사용분 공제액, 도서 · 공연 · 신문 · 영화관람료 등 사용분 공제액의 합계액 중 작거나 같은 금액(연간 300만 원 한도)을 추가공제 ⇒ 총급여 7천만 원 초과자는 200만 원
  - 2024년 신용카드 등 사용금액 중 2023년 신용카드 등 사용금액 대비 5%를 초과하여 증가한 금액의 10%를 추가공제(한도: 100만 원)

◈ 공제금액 계산방법

- 신용카드 등 사용금액이 총급여액의 25% 이하인 경우에는 공제금액 0원
- 공제금액: ① + ② + ③ + ④ + ⑤ – ⑥ + ⑦ + ⑧에 해당하는 금액
  - ① 신용카드 사용분(= 신용카드 등 사용금액 합계액–전통시장사용분 – 대중 교통이용분 – 도서 · 공연 등 사용분 – 현금영수증, 직불 · 선불카드 사용분) × 15%
  - ② 현금영수증, 직불 · 선불카드 사용분[전통시장 · 대중교통, 도서 · 공연 등 이용(사용)분에 포함된 금액 제외] × 30%
  - ③ 도서 · 공연 · 박물관 · 미술관 사용분(신용카드 · 현금영수증 · 직불카드 · 선불카드) × 30%
  - ④ 전통시장 사용분(신용카드 · 현금영수증 · 직불카드 · 선불카드) × 40%

⑤ 대중교통 이용분(신용카드 · 현금영수증 · 직불카드 · 선불카드) × 40%

⑥ 신용카드 등 소득공제금액에서 차감하는 다음의 어느 하나에 해당하는 금액

· 최저사용금액(총급여액의 25%) ≤ ①: 최저사용금액 × 15%

· ①〈 최저사용금액 ≤ (①+②+③): ① × 15% + (최저사용금액 − ①)× 30%

· 최저사용금액 〉 (①+②+③): ① × 15% + (②+③) × 30% + (최저 사용금액 − ① − ② − ③) × 40%

⑦ 한도초과금액이 있는 경우 한도초과금액과 전통시장 사용분 공제액, 대중교통 사용분 공제액, 도서 · 공연 · 신문 · 영화관람료 등 사용분 공제액의 합계액 중 작거나 같은 금액(한도: 300만 원)

⑧ 2024년 사용금액 중 2023년 사용금액 대비 5%를 초과하여 증가한 금액의 10%(한도: 100만 원)

유의사항

◈ 신용카드 등 사용금액에 포함되지 않은 것

- 사업 관련 비용 지출액
- 비정상적인 사용행위에 해당하는 경우
- 자동차 구입비용. 단, 중고차 구입금액은 10%를 사용금액에 포함
- 국민건강보험료, 고용보험료, 연금보험료, 보장성 보험료 지불액
- 학교 및 보육시설에 납부한 수업료, 보육비 등
- 국세 · 지방세, 전기료 · 수도료 · 가스료 · 전화료(정보사용료 · 인터넷이용료 등 포함) · 아파트관리비 · 텔레비전시청료(종합유선방송 이용료 포함) 및 도로통행료
- 상품권 등 유가증권 구입비
- 리스료(자동차대여사업의 자동차대여료 포함)
- 취득세 또는 등록면허세가 부과되는 재산의 구입비용
- 금융 · 보험용역과 관련된 지급액, 수수료, 보증료 등
- 기부금(고향사랑기부금 세액공제받은 금액 포함)
- 가상자산사업자에게 지급하는 가상자산의 매도 · 매수 · 교환 등에 따른 수수료
- 조세특례제한법에 따라 세액공제를 적용받는 월세액
- 국가 · 지방자치단체, 지방자치단체조합에 지급하는 사용료 · 수수료 등의 대가

  ※ 다만, 우체국 택배, 부동산임대업, 도 · 소매업, 음식, 숙박업, 골프장, 스키장, 기타 운동시설 운영, 보건소에 지급하는 비용은 신용카드 등 사용액에 포함
- 면세물품 구입비용(관세법 제196조에 따른 보세판매장, 법 제121조의13에 따른 지정면세점, 선박 및 항공기에서 판매하는 면세물품의 구입비용)

◈ 신용카드 등 사용금액 소득공제와 특별세액공제 중복 적용 여부

구분		특별공제 항목	신용카드공제
신용카드로 결제한 의료비		의료비 세액공제 가능	신용카드공제 가능
신용카드로 결제한 보장성보험료		보험료 세액공제 가능	신용카드공제 불가
신용카드로 결제한 학원비	취학 전 아동	교육비 세액공제 가능*	신용카드공제 가능
	그 외	교육비 세액공제 불가	
신용카드로 결제한 교복구입비		교육비 세액공제 가능	신용카드공제 가능
신용카드로 결제한 기부금		기부금 세액공제 가능	신용카드공제 불가

* 취학 전 아동의 경우에는 주 1회 이상 월 단위로 교습받는 학원, 체육시설 등의 수강료에 대하여 교육비세액공제를 받을 수 있습니다.

04 보험료 세액공제

근로자가 기본공제대상자(소득요건, 나이요건 제한 있음)를 위해 해당 과세기간에 지출한 보험료의 12%(장애인전용보장성 보험료는 15%)에 해당하는 금액을 해당 과세기간의 종합소득산출세액에서 공제합니다.

◈ 공제 대상

세액공제 대상 보험료	세액공제 대상금액 한도	세액공제율
보장성 보험료*	연 100만 원 한도	12%
장애인전용보장성 보험료**	연 100만 원 한도	15%

* 만기에 환급되는 금액이 납입보험료를 초과하지 아니하는 보험의 보험계약

** 보험계약 또는 보험료 납입영수증 등에 '장애인전용 보험'으로 표시된 보험

◈ 공제시기

- 보험료 납입일이 속하는 과세기간에 세액공제

유의사항

◈ 근로자가 부담할 보험료를 회사가 지급

- 보험료를 사용자가 지급하여 주는 경우 보험료 상당액은 근로자의 급여액에 가산하고 보험료 세액공제합니다.
- 다만, 근로소득으로 보지 않는 단체보장성보험은 급여에 포함되지 않으며 또한 보험료 세액공제대상에 해당하지 않습니다.

◈ 맞벌이부부가 계약자는 본인, 피보험자는 배우자로 보험 가입

- 보험료는 근로자가 기본공제대상자를 위해 지출하였을 때 공제 가능하므로, 배우자가 연간 소득금액합계액이 100만 원을 초과하면 기본공제대상자에 해당하지 않아 보험료 세액공제가 불가능합니다.
- 다만, 맞벌이 부부인 근로자 본인이 계약자이고 피보험자가 부부공동인 보장성보험의 보험료는 근로자의 연말정산 시 보험료 세액공제 대상에 해당됩니다.

◈ 기본공제를 받지 않는 부양가족을 위해 지출한 보험료

- 보험계약자가 소득요건 또는 나이요건을 충족하지 않아 당해 근로자의 기본공제대상자에 해당하지 않은 경우, 당해 근로자가 보험료 세액공제를 받을 수 없습니다.

◈ 피보험자가 태아인 보장성 보험

• 태아는 아직 출생 전으로 기본공제대상자에 해당하지 않으므로 보험료 세액공제가 불가능합니다.

◈ 일시 납부한 보험료

• 보험계약기간이 2019년 6월부터 2020년 5월까지인 보험의 보험료를 2019년 6월 일시에 납부한 경우 납부일이 속하는 연도의 근로소득에서 세액공제하며, 월별로 안분하지 않습니다.

◈ 연도 중 해약한 보험의 보험료

• 해당 연도에 불입한 보험료는 보험을 해약하더라도 세액공제 가능합니다.

◈ 미납분 보험료 공제 여부

• 보험료는 당해 연도에 납입한 금액에 한하여 공제 가능하므로 납부하지 않은 보험료는 실제로 납부한 연도에 세액공제 가능합니다.

◈ 2018년 귀속부터 주택 임차보증금 반환 보증 보험도 공제대상에 추가되며, 보증대상 임차보증금이 3억 원 이하인 경우에 한합니다.

05 의료비 세액공제

의료비 세액공제

◈ 당해연도 1. 1.~12. 31.까지 근로자 본인 또는 배우자와 부양가족을 위하여 지출한 의료비의 15%(난임시술비는 30%, 미숙아 · 선천성이상아 의료비 20%)에 해당하는 금액을 근로소득세를 계산(연말정산)할 때 종합소득 산출세액에서 공제해 줍니다.

◈ 그러나, 지출된 의료비를 전부 공제해 주는 것은 아니고 총급여액의 3%를 초과하는 의료비 중에서 700만 원을 한도로 공제합니다.

※ 다만, 근로자 본인, 장애인, 65세 이상자, 6세 이하 부양가족, 중증질환자를 위해 지급한 의료비와 임신을 위해 지출하는 난임시술비, 미숙아·선천성이상아에 대한 의료비는 추가로 공제됩니다.

> 총급여액 = 연간 급여액 − 비과세 소득

의료비 세액공제 대상액의 계산

◈ 일반적인 경우(700만 원 한도)

> 의료비총액 − (총급여액 × 3%) = 공제대상의료비

◈ 공제되는 의료비가 700만 원을 초과하는 경우

> ① 한도초과금액 = 의료비총액 − (총급여액 × 3%) − 700만 원

> ② 본인, 장애인, 65세 이상자, 6세 이하 부양가족, 중증질환자 의료비와 난임시술비, 미숙아 · 선천성 이상아 의료비 합계액

> ① 과 ② 중 적은 금액 + 700만 원 = 공제대상 의료비

공제대상 의료비의 범위

◈ 공제대상 의료비

- 치료 등을 위하여 의료기관에 지불한 비용
- 치료 등을 위한 의약품(한약 포함) 구입비용(보약 제외)

- 장애인 보장구 · 의사 처방에 의한 의료기기 구입 및 임차비용
- 시력보정용 안경 · 콘택트렌즈(1인당 50만 원 한도)
- 보청기 구입비용
- 건강검진료
- 노인 장기요양급여 비용 중 요양급여 본인 부담금
- 근로자의 산후조리원 비용(200만 원 한도)

◈ 공제 제외 의료비

- 미용 · 성형수술비 및 건강증진을 위한 의약품 구입비
- 외국의 의료기관에 지출한 의료비
- 보험회사 등으로부터 지급받은 실손의료보험금
- 건강보험공단으로부터 지급받은 본인부담상한제 사후환급금

❙ 의료비 세액공제 절차

◈ 의료비 세액공제를 받고자 할 때에는 다음의 서류를 갖추어 소득 · 세액 공제신고서를 연말정산 시 근무처에 제출하여야 합니다.

- 의료기관(약국)이 발행한 영수증(홈택스 www.hometax.go.kr에서 제공)
- 국세청장이 고시하는 기관에서 발급하는 의료비 부담 내역서
  (홈택스 → 연말정산 간소화 소득공제 자료에서 제공)
- 장애인, 65세 이상자를 위한 의료비의 경우에는 이를 확인할 수 있는 서류
  - 「국가유공자 등 예우 및 지원에 관한 법률」에 의한 상이자: 국가보훈처가 발행한 증명서
  - 「장애인복지법」에 의하여 장애인으로 등록된 자: 장애인등록증(장애인 수첩) 사본
  - 기타 장애인: 장애인증명서(「소득세법 시행규칙」 별지 제38호 서식)

※ 장애의 상태가 1년 이상 지속되는 경우에는 처음 한 번만 제출하면 됩니다.

06 교육비 세액공제

| 국내 교육비 공제

◈ 교육비의 15%에 해당하는 금액을 근로소득세를 계산(연말정산)할 때 종합소득 산출세액에서 공제해 줍니다.

◈ 공제대상이 되는 교육비는 근로자 본인과 배우자 · 직계비속 · 형제자매를 위해 교육기관에 낸 입학금 및 수업료와 기타 공납금, 응시수수료, 입학전형료, 보육비용 및 수강료 등과 근로자 본인의 학자금대출 원리금 상환액입니다.

- 교육기관에는 초 · 중 · 고 · 대학 및 전문대학 · 방송통신대학 · 사이버대학뿐만 아니라 학점 은행제 · 독학학위 취득 교육과정 및 직업 훈련과정도 포함되며, 근로자 본인은 대학원도 해당됩니다.
- 방과 후 학교 수강료, 교과서대, 급식비도 공제됩니다(어린이집 · 유치원생 · 초 · 중 · 고등학생).
- 현장학습비(1인당 30만 원)와 교복구입비(1인당 50만 원, 중 · 고등학생)도 공제됩니다.
- 대학입학전형료, 수능응시료

※ 학원 수강료는 취학 전 아동의 경우에만 해당됩니다.

◈ 세액공제 대상 한도액

본인	직계비속 등	
전액 (직장에서 보조받은 비과세 되는 학자금은 제외)	영유아 · 유치원생 · 취학 전 아동	1인당 300만 원
	초 · 중 · 고등학생	1인당 300만 원
	대학생	1인당 900만 원
	장애인 특수교육비	전액

◈ 계산 사례

- 유치원생 자녀교육비가 250만 원이고 근로자 본인의 교육비 200만 원 중 직장에서 받은 비과세 학자금이 100만 원인 경우의 교육비 세액공제 대상액 계산
  - 자녀의 교육비 공제액 250만 원
  - 본인의 교육비 공제액 200만 원 – 100만 원 = 100만 원
  - 합계: 350만 원

국외 교육비 공제

◈ 근로소득이 있는 거주자(일용근로자 제외)가 다음에 해당하는 자를 위하여 국외교육기관에 낸 입학금 · 수업료, 기타 공납금 등이 공제됩니다.

- 국외 근로자인 경우
  - 본인 및 국외에서 함께 동거하는 부양가족
- 국내 근무자인 경우
  - 해당 과세기간 종료일 현재 대한민국 국적을 가진 거주자가 교육비를 지급한 학생. 단, 초등학교 취학 전 아동과 초등학생 · 중학생의 경우 다음 어느 하나에 해당하는 사람으로 한정

※ 국외유학에 관한 규정 제5조에 따른 자비유학의 자격이 있는 자

※ 국외유학에 관한 규정 제15조에 따라 유학을 하는 자로서 부양의무자와 국외에서 동거한 기간이 1년 이상인 자

◈ 소득세 · 증여세가 비과세되는 장학금 등을 받은 경우에는 이를 차감한 금액이 공제됩니다.

◈ 세액공제 대상 한도액

- 국내 교육비와 같음

◈ 제출서류

- 입학금, 수업료, 기타 공납금영수증
- 국외 교육비공제 적용 대상자임을 입증할 수 있는 서류

교육비 세액공제 절차

◈ 교육비 세액공제를 받고자 할 때에는 다음의 서류를 갖추어 소득 · 세액공제신고서를 연말정산 시 근무처에 제출하여야 합니다.

- 교육비 납입영수증(홈택스 www.hometax.go.kr에서 제공)
- 교육부, 여성가족부 또는 국세청장이 고시하는 기관에서 발급하는 교육비 납입내역서
- 자녀학비 보조수당을 지급받은 경우 그 금액의 범위 안에서 근무처에 이미 제출한 재학증명서로 갈음할 수 있습니다.

07 영수증을 챙기세요.

다음의 영수증을 모으면 연말정산 시 소득공제 등의 혜택으로 더 많은 혜택을 돌려받을 수 있습니다.

현금영수증

◈ 물건을 구입하거나 용역을 제공받고 그 대가를 현금으로 지급할 경우 「현금영수증」을 받아 놓으면 연말정산 시 소득공제 혜택을 받을 수 있습니다.

신용카드 영수증

◈ 신용 · 직불 · 기명식선불카드 사용금액에 대해 연말정산 시 소득공제 혜택을 받을 수 있습니다.

◈ 자기명의가 아닌 다른 가맹점명의로 신용카드매출전표를 발행한 업소를 여신전문금융협회에 신고한 후 위장가맹점으로 확정되면 여신전문금융협회에서 건당 10만 원의 포상금을 지급합니다.

의료비 영수증

◈ 병 · 의원의 치료비, 치료 등을 위한 의약품구입비, 건강검진료 등 가족의 의료비 지출액에 대하여는 연말정산 시 세액공제 혜택을 받을 수 있습니다.

◈ 다만, 외국의료기관에 지출한 치료 비용은 제외

보험료 영수증

◈ 국민건강보험료, 고용보험료는 연말정산 시 소득공제, 일반보장성 보험료는 세액공제 혜택을 받을 수 있습니다.

◈ 다만, 맞벌이부부인 경우 계약자가 본인이고 피보험자가 배우자인 경우에는 모두 공제받을 수 없습니다.

교육비 영수증

◈ 교육기관에 납입한 가족의 수업료, 입학금, 응시수수료, 입학전형료, 보육비용, 취학 전 아동의 학원 수강료 등도 연말정산 시 세액공제 혜택을 받을 수 있습니다.

정치후원금 영수증

◈ 일반 국민이 정당(후원회 및 선관위 포함)에 기부한 정치자금은 연말정산 시 10만 원까지는 100/110의 세액공제를 받고, 10만 원을 초과하는 금액은 15/100(3천만 원 초과분은 25/100)의 세액공제 혜택을 받을 수 있습니다.

기부금 영수증

◈ 수재의연금, 불우이웃성금, 장학금, 종교단체 기부금 등을 낸 경우 연말정산 시 세액공제 혜택을 받을 수 있습니다.

◈ 특별재난지역 복구를 위해 자원봉사한 경우에도 「봉사일수×8만 원」의 금액이 세액공제 대상이 됩니다.

※ 봉사일수 = 총봉사시간 / 8시간 (소수점 이하 1일로 계산)

연금과 세금

연금소득의 범위

◈ 연금소득은 해당 과세기간에 발생한 다음의 소득으로 합니다.

◈ 과세대상

- 공적연금 관련법에 따라 받는 각종 연금
- 연금계좌에서 연금형태로 인출하는 경우의 그 연금

연금소득의 구분

◈ 연금계좌(사적연금)

- 금융회사 등과 체결한 계약에 따라 "연금저축"이라는 명칭으로 설정하는 계좌
- 퇴직연금을 지급받기 위해 가입하여 설정하는 계좌(퇴직연금계좌)

◈ 공적연금

- 「국민연금법」에 따라 받는 각종 연금
- 「공무원연금법」, 「군인연금법」, 「사립학교교직원연금법」, 「별정우체국법」에 따라 받는 각종 연금
- 「국민연금과 직역연금의 연계에 관한 법률」에 따른 연계노령연금, 연계퇴직연금

비과세 연금소득

◈ 다음의 연금소득에 대하여는 소득세를 과세하지 않습니다.

- 「국민연금법」, 「공무원연금법」 또는 「공무원 재해보상법」, 「군인연금법」 또는 「군인 재해보상법」, 「사립학교교직원 연금법」, 「별정우체국법」 또는 「국민연금과 직역연금의 연계에 관한 법률」에 따라 받는 유족연금 · 퇴직유족연금 · 퇴역유족연금 · 장해유족연금 · 상이유족연금 · 순직유족연금 · 직무상유족연금 · 위험직무순직유족연금, 장애연금, 장해연금 · 비공무상 장해연금 · 비직무상 장해연금, 상이연금, 연계노령유족연금 또는 연계퇴직유족연금
- 「산업재해보상보험법」에 따라 받는 각종 연금
- 「국군포로의 송환 및 대우 등에 관한 법률」에 따라 국군포로가 받는 연금

연금소득세 계산법

◈ 계산절차

연 간 연 금 액
(-)연금소득에서 제외되는 소득
(-) 비 과 세 소 득
총 연 금 액
(-) 연 금 소 득 공 제
연 금 소 득 금 액
(-) 각 종 소 득 공 제
과 세 표 준
(×) 세 율 (6%~45%)
산 출 세 액
(-) 각 종 세 액 공 제
(-) 기 납 부 세 액
납 부 (환 급) 할 세 액

◈ 연금소득공제

총연금액	공제액
350만 원 이하	전액 공제
350만 원 초과 700만 원 이하	350만 원 + 350만 원을 초과하는 금액의 40%
700만 원 초과 1,400만 원 이하	490만 원 + 700만 원을 초과하는 금액의 20%
1,400만 원 초과	630만 원 + 1,400만 원을 초과하는 금액의 10% (연 900만 원 한도)

연금소득 과세방법

◈ 공적연금(국민연금, 공무원연금, 사립학교교직원연금, 군인연금, 별정우체국 직원연금, 연계노령 · 퇴직연금)은 매월 연금을 지급할 때 지급기관에 간이세액표에 따라 우선 원천징수하고, 1월분 연금을 지급할 때 연말정산을 합니다(종합소득과세).

◈ 연금계좌의 경우 지급기관에서 3%~5%의 세율로 원천 징수를 한 후 연금 수령자가 다음 해 5월에 종합소득세 신고를 하여야 합니다.

◈ 이연퇴직소득을 연금수령하는 경우 등을 제외한 총연금액이 연 1,500만 원 이하인 사적연금은 종합소득에 합산하지 아니하고 분리과세를 선택할 수 있으며, 1,500만 원을 초과하는 경우에도 종합소득세 신고 시 15%의 세율로 분리과세를 선택할 수 있습니다.

퇴직금과 세금

퇴직소득과 세금

◈ 퇴직소득(퇴직금)은 공적연금 관련법에 따라 받는 일시금 및 사용자 부담금을 기초로 하며 현실적인 퇴직을 원인으로 지급받는 소득을 말합니다.

◈ 퇴직소득에 대하여는 소득세와 지방소득세 소득분이 과세되며, 퇴직금을 줄 때 그 소속 기관이나 사업자, 퇴직연금 사업자 등이 이를 원천징수합니다.

◈ 퇴직으로 인한 소득 중 다음 소득은 소득세를 비과세합니다.

비과세
산업재해보상보험법에 따라 수급권자가 받는 요양급여, 휴업급여, 장해급여, 간병급여, 유족급여, 유족특별급여, 장해특별급여, 장의비 또는 근로의 제공으로 인한 부상 · 질병 · 사망과 관련하여 근로자나 그 유족이 받는 배상 · 보상 또는 위자의 성질이 있는 급여
근로기준법 또는 선원법에 따라 근로자 · 선원 및 그 유족이 받는 요양보상금, 휴업보상금, 상병보상금, 일시보상금, 장해보상금, 유족보상금, 행방불명보상금, 소지품유실보상금, 장의비 및 장제비
「공무원연금법」, 「공무원 재해보상법」, 「군인연금법」, 「군인 재해 보상법」, 「사립학교교직원 연금법」 또는 「별정우체국법」에 따라 받는 공무상요양비 · 요양급여 · 장해일시금 · 비공무상 장해일시금 · 비직무상 장해일시금 · 장애보상금 · 사망조위금 · 사망보상금 · 유족일시금 · 퇴역유족일시금 · 유족연금일시금 · 퇴직유족연금일시금 · 퇴역유족연금일시금 · 순직유족연금일시금 · 유족연금부가금 · 퇴직유족연금부가금 · 퇴역유족연금부가금 · 유족연금특별부가금 · 퇴직유족연금특별부가금 · 퇴역유족연금특별부가금 · 순직유족보상금 · 직무상유족보상금 · 위험직무순직유족보상금 · 재해부조금 · 재난부조금 또는 신체 · 정신상의 장해 · 질병으로 인한 휴직기간에 받는 급여

퇴직소득과세표준 및 산출세액 계산

가. 과세표준(「소득세법」 제14조 ⑥)

퇴직소득과세표준은 퇴직소득금액에 퇴직소득공제를 적용한 금액으로 한다.

나. 산출세액(「소득세법」 제55조)

1) 종전(2015. 12. 31. 이전) 계산방법

거주자의 퇴직소득 산출세액은 2013. 1. 1. 이후 근속연수 해당분과 2012. 12. 31. 이전 근속연수 해당분으로 구분하여 계산하며, 2013. 1. 1. 이후의 근속연수는 전체 근속연수에서 2012. 12. 31. 이전 근속연수 해당분을 빼서 계산한다(①+②).

① 2013. 1. 1. 이후 근속연수 해당분

$$\text{퇴직소득 산출세액} = \frac{\text{퇴직소득과세표준}}{\text{근속연수}} \times 5 \times \text{기본세율} \div 5 \times \text{근속연수}$$

② 2012. 12. 31. 이전 근속연수 해당분

$$퇴직소득 산출세액 = \frac{퇴직소득과세표준}{근속연수} \times 기본세율 \times 근속연수$$

- 「소득세법」 부칙(11611호, 2013. 1. 1.)
  제22조(퇴직소득에 관한 경과조치)
  ① 이 법 시행 전에 퇴직한 사람의 퇴직소득이 이 법 시행 후에 발생하는 경우 해당 퇴직소득에 대해서는 제55조제2항의 개정규정에도 불구하고 종전의 규정에 따른다.
  ② 이 법 시행 전에 근무를 시작하여 이 법 시행 후에 퇴직한 자의 경우 해당 퇴직소득 과세표준에 이 법 시행 전의 근속연수 비율(2012. 12. 31.까지의 근속연수를 전체 근속연수로 나눈 비율)을 곱하여 계산한 금액에 대해서는 제55조제2항의 개정규정에도 불구하고 종전의 규정에 따른다.

2) 개정(2016. 1. 1. 이후) 계산 방법

거주자의 퇴직소득 산출세액은 다음의 순서에 따라 계산한 금액으로 산출한다.

① 퇴직소득 과세표준

환산급여{(퇴직소득금액-근속연수공제) ÷ 근속연수 × 12} − 환산급여공제

〈근속연수공제(2023. 1. 1. 개정)〉

근속연수	공제액
5년 이하	100만 원 × 근속연수
6 ~ 10년	500만 원 + 200만 원 × (근속연수 − 5년)
11 ~ 20년	1,500만 원 + 250만 원 × (근속연수 − 10년)
20년 초과	4,000만 원 + 300만 원 × (근속연수 − 20년)

〈환산급여공제〉

환산급여	차등공제
8백만 원 이하	환산급여의 100%
7천만 원 이하	8백만 원 + (8백만 원 초과분의 60%)
1억 원 이하	4천520만 원 + (7천만 원 초과분의 55%)
3억 원 이하	6천170만 원 + (1억 원 초과분의 45%)
3억 원 초과	1억 5천170만 원 + (3억 원 초과분의 35%)

② 퇴직소득 산출세액

퇴직소득 산출세액 = {(퇴직소득 과세표준×기본세율) ÷ 12} × 근속연수

③ 경과조치(「소득세법」 부칙 제12852호, 2014. 12. 23.)

2016. 1. 1.부터 2019. 12. 31.까지의 기간 동안 퇴직한 자에 대해서는 2015. 12. 31. 이전 계산방법에 의한 산출세액과 2016. 1. 1. 이후 계산방법에 의한 산출세액에 아래에 따른 연도별 적용비율을 적용하여 산출세액을 계산한다.

퇴직소득 산출세액 = (㉮ × 연도별 적용비율) + (㉯ × 연도별 적용비율)

〈연도별 적용비율〉

구분	2017년	2018년	2019년	2020년
㉮ 2015. 12. 31. 이전 계산방법	60%	40%	20%	0%
㉯ 2016. 1. 1. 이후 계산방법	40%	60%	80%	100%

다. 세율(「소득세법」 제55조)

퇴직소득은 퇴직소득과세표준에 다음의 기본세율을 적용한다.

과세표준	세율	누진공제
1천 400만 원 이하	6%	-
5천만 원 이하	15%	1,260,000원
8천 800만 원 이하	24%	5,760,000원
1억 5천만 원 이하	35%	15,440,000원
3억 원 이하	38%	19,940,000원
5억 원 이하	40%	25,940,000원
10억 원 이하	42%	35,940,000원
10억 원 초과	45%	65,940,000원

소득 · 세액공제 증명서류 중점 확인사항(연말정산 시)

원천징수의무자는 소속 근로자의 연말정산 과다공제에 따른 가산세 부담을 사전에 방지하기 위하여 회사에 제출된 증명서류에 대해 아래의 항목을 중점적으로 확인하여야 합니다.

※ 특히, 수동발급 공제 증명서류의 경우 중복공제, 과다공제의 사례가 많습니다.

구분	중점 확인사항
인적공제	• 해당 과세기간에 기본공제대상 부양가족을 새로이 추가하는 경우 중복공제 및 연간 소득금액 100만 원(근로소득만 있는 자는 총급여 500만 원) 초과 여부를 근로자에게 직접 확인 • 해당 과세기간 개시일(1.1) 전 사망자 · 국외이주자는 기본공제 대상자가 아님
주택자금공제	• 거주자(개인)간 주택임차차입금 원리금상환액 공제 – 주민등록표등본을 통해 과세기간 종료일 현재 세대주 여부 확인 – 임대차계약서 사본 및 금전소비대차계약서 사본을 통해 임대차계약서의 입주일과 주민등록표등본의 전입일 중 빠른 날부터 전후 1개월 이내 차입한 자금인지 확인 • 장기주택저당차입금 이자상환액 공제 – 주민등록표등본을 통해 과세기간 종료일 현재 세대주 여부 확인 – 등기부등본, 대출계약서 사본 등을 제출받아 주택의 근로자 본인 소유 여부, 국민주택 규모 여부(2013년 이전 차입분), 등기접수일로부터 3개월 이내 차입 및 저당 여부, 대출 계약기간이 10년 또는 15년 이상인지 여부, 취득 시 기준시가 6억 원 이하(2013. 12. 31. 이전 3억 원, 2014. 1. 1.~ 2018. 12. 31. 차입분 4억 원, 2019. 1. 1. ~ 2023. 12. 31. 차입분 5억 원) 여부, 과세기간 종료일 현재 2주택 이상 보유 여부, 대출조건(비거치식, 고정금리 등) 확인
주택마련 저축공제	• 주민등록표등본상 과세기간 종료일 현재 세대주 여부 확인 • 장기주택마련저축을 소득공제 신청하였는지 확인
신용카드 소득공제	• 기본공제대상자인 형제자매의 신용카드 등 사용금액을 제외하였는지 확인 • 연간소득금액이 100만 원(근로소득만 있는 자는 총급여 500만 원)을 초과한 배우자 등의 신용카드 등 사용금액을 제외하였는지 확인
연금계좌 세액공제	• 개인연금저축 납입액을 연금계좌세액공제 항목으로 잘못 신청하였는지 확인 • 수동으로 납입확인서를 제출한 경우 중도해지(공제 불가) 또는 본인명의 여부 확인
보험료 세액공제	• 보장성보험료의 경우 피보험자가 기본공제대상자인지 여부 확인

구분	중점 확인사항
의료비 세액공제	• 기본공제대상자인 직계존비속 등의 의료비를 근로자 본인이 직접 부담해야 함 – 근로자 명의 신용카드, 현금영수증 등으로 지출하였는지 확인 • 사내근로복지기금 · 보험회사(실손보험금) · 국민건강보험공단 등에서 보전받은 의료비를 제외하였는지 여부 확인(근로자 본인이 직접 부담하지 않은 의료비 공제 불가)
교육비 세액공제	• 자녀 학원비는 취학 전(입학연도 1월 ~ 2월까지)에 지출한 경우 공제 가능 • 대학원 교육비는 근로자 본인을 위해 지출한 것인지 확인 • 비과세 학자금을 지원한 경우 근로자가 교육비 공제를 제외하였는지 확인 • 사내근로복지기금에서 지원한 교육비(과세 제외)를 제외하였는지 확인
기부금 세액공제	• 수동 제출 기부금영수증상 '일련번호' 유무 확인 – 일련번호가 없는 기부금영수증의 경우 기부금 표본조사 대상에 선정될 가능성이 높음 • 기부금단체가 적격 단체에 해당하는지 영수증에 기재된 근거법령을 통해 확인 – 개별 종교단체의 경우 총회나 중앙회가 문화체육관광부장관 또는 지방자치단체의 장의 허가를 받아 설립한 비영리법인인지 여부는 기부금영수증, 소속증명서 등을 통해 확인 – '고유번호증'의 유무가 적격 기부금 종교단체 여부 판단기준이 아님에 유의 – 사주, 궁합, 택일, 작명 등 대가성 비용을 지출하고 발급받은 기부금영수증은 공제 불가 – 사단법인 또는 재단법인의 경우 기획재정부장관의 지정을 받았는지 여부 확인 단, 기획재정부장관 지정이 없더라도 관련법령에서 적격 기부금단체로 규정한 법인도 있으므로 '기부금영수증상 기부금단체 근거법령'을 확인하여 적격 기부금 단체 여부 판단
월세액 세액공제	• 주민등록표등본을 통해 과세기간 종료일 현재 세대주(세대주가 주택자금공제, 주택마련 저축 공제를 받지 아니한 경우 세대원인 근로자 가능) 여부 확인 • 근로자 또는 기본공제대상자가 임대차계약서상 계약자인지 여부 확인 • 주민등록표등본상 주소지와 임대차계약서상 주소지가 동일한지 여부 확인 ※ 2014. 1. 1. 이후 임대차계약서상 확정일자를 받을 요건 삭제

※ 주택자금공제의 경우 동일 세대의 세대주가 주택자금공제와 주택마련저축 소득공제를 받지 않은 경우 세대원인 근로자가 공제 가능

납세자가 자주 묻는 상담사례 Top10 - 연말정산

Q1 별도로 거주하는 어머니의 나이가 만 60세 이상 입니다. 부양가족 공제를 받을 수 있나요?

A1 거주자(그 배우자를 포함)와 생계를 같이 하는 직계존속이거나 주민등록표상 동거가족으로 등재되지 아니한 직계존속을 실제로 부양하는 경우(직계존속이 독립생계 능력이 없어 주로 당해 근로자의 소득에 의존하여 생활) 나이요건 및 소득요건을 충족하면 기본공제대상자로 공제를 받을 수 있습니다.

길라잡이

● 출생연도별 공제대상 판단(2024년 귀속 기준)

나이요건	출생연도	적용항목
70세 이상	1954. 12. 31. 이전	인적공제 추가공제 중 경로우대자 공제
65세 이상	1959. 12. 31. 이전	의료비 세액공제 중 경로자에 대한 의료비 지출
60세 이상	1964. 12. 31. 이전	기본공제 대상자 중 직계존속 및 형제자매
20세 이하	2004. 1. 1. 이후	기본공제 대상자 중 직계비속(입양자) 및 형재자매
6세 이하	2018. 1. 1. 이후	6세 이하의 출산 · 보육 수당 비과세 적용

▶ 관련 법규
- 기본공제(「소득세법」 제50조)

Q2 **배우자가 10월에 해외 주식 양도로 양도소득금액이 200만 원 발생하였습니다. 배우자 기본공제를 적용받을 수 있나요?**

A2 배우자의 연간 종합소득금액, 퇴직소득금액, 양도소득금액 합계액이 100만 원(근로소득만 있는 경우 총급여액 500만 원) 이하이면 기본공제를 적용할 수 있습니다.

양도소득금액의 경우 양도가액 - 필요경비로 계산하며 양도소득금액이 200만 원인 경우 연간소득금액이 100만 원을 초과하여 배우자의 인적공제 대상이 되지 않는 것입니다.

길라잡이

- 연간 소득금액 합계액 100만 원의 산정방법

연간 소득금액 합계액이란 종합소득 · 퇴직소득 · 양도소득금액의 합계액을 말합니다.
생계를 같이 하는 부양가족이 기본공제대상자가 되기 위해서는 해당 부양가족의 연간 소득금액 합계액이 100만 원 이하(근로소득만 있는 부양가족의 경우에는 총급여액 500만 원 이하)여야 하는 것이며,
이때의 연간 소득금액은 종합소득 과세표준 계산 시 합산되지 아니하는 비과세 및 분리과세 소득금액을 제외한 것을 말합니다.

▶ 관련 법규
- 연간 소득금액 합계액 100만 원의 산정방법(종합소득세 집행기준 50-0-2)

Q3 초등학생 자녀의 학원비와 태권도장 수강료에 대하여 교육비 세액공제를 받을 수 있나요?

A3 학원 또는 체육시설에 지출한 교육비는 초등학교 취학 전 아동(초등학교 입학연도의 1월, 2월 포함)에 대해서만 교육비 세액공제가 가능합니다. 초·중·고등학생은 학원 또는 체육시설에 지출한 교육비를 공제받을 수 없습니다.

길라잡이

- 초등학교 취학 전 아동을 위하여 지출한 교육비
  - 「영유아보육법」에 따른 어린이집에 지급한 교육비
  - 「학원의 설립·운영 및 과외교습에 관한 법률」에 따른 학원 또는 「체육시설의 설치·이용에 관한 법률」에 따른 체육시설업자가 운영하는 체육시설에서 월단위로 실시하는 교습과정(1주 1회 이상 실시하는 과정만 해당)의 교습을 받고 지출한 교육비

▶ 관련 법규
- 특별세액공제(「소득세법」 제59조의4), 교육비 세액공제(「소득세법」 시행령 제118조의6)

Q4 기본공제대상자인 배우자를 피보험자로 하여 보장성보험료를 납부하고 있습니다. 공제대상에 해당하나요?

A4 근로소득이 있는 거주자가 근로자 본인 또는 기본공제대상자를 위하여 지급한 보장성보험료는 보험료 세액공제 대상에 해당합니다.

따라서, 소득요건을 충족하여 근로자의 기본공제대상자에 해당하는 배우자를 피보험자로 한 보장성보험료를 지급한 경우 보험료 세액공제를 적용할 수 있습니다.

길라잡이

● 공제가능 보장성보험의 계약 유형

계 약 유 형		내 용
계약자	피보험자	
근로자	근로자	배우자 및 부양가족은 근로자의 기본공제대상자여야 함
근로자	배우자 또는 부양가족	배우자 및 부양가족은 근로자의 기본공제대상자여야 함
배우자 또는 부양가족	근로자	배우자 및 부양가족은 근로자의 기본공제대상자여야 함
배우자 또는 부양가족	배우자 또는 부양가족	배우자 및 부양가족은 근로자의 기본공제대상자여야 함
근로자	부부공동	맞벌이도 공제가능

● 보험료공제의 피보험자는 주피보험자 외에 종피보험자도 포함

기본공제 대상자를 피보험자로 하는 보험에 있어 피보험자는 주피보험자뿐만 아니라 종피보험자도 포함하는 것입니다.

▶ 관련 법규

- 특별세액공제(「소득세법」 제59조의4), 보험료세액공제(「소득세법」 시행령 제118조의4)
- 보험료공제의 피보험자는 주피보험자 외에 종피보험자도 포함(법인46013-2822)

Q5 2024년에 배우자 명의의 주택을 양도하고 주택청약저축에 가입하여 200만 원을 납입하였습니다. 공제대상에 해당하나요?

A5 주택마련저축 소득공제는 과세연도 중 계속 무주택 상태였던 세대의 세대주가 적용받을 수 있는 것이므로, 2024년 중에 주택을 보유한 세대는 공제받을 수 없습니다.

길라잡이

● 주택자금관련 무주택 요건 비교

구분	공제대상자
주택청약저축 납입액	해당 과세기간의 총급여액 8천만 원이하로서 해당 과세기간 중 무주택 세대의 세대주
주택임차 차입금원리금상환액	과세기간 종료일 현재 무주택 세대의 세대주
장기주택저당차입금 이자상환액	무주택 세대 또는 1주택을 보유한 세대의 세대주로서, 세대구성원이 보유한 주택을 포함하여 과세기간 종료일 현재 1주택을 보유한 경우

▶ 관련 법규
- 주택청약종합저축 등에 대한 소득공제(「조세특례제한법」 제87조)

Q6 근로자가 배우자 명의의 주택을 담보로 하여 차입한 차입금에 대한 이자에 대해 장기주택저당차입금 이자상환액 공제를 받을 수 있나요?

A6 장기주택저당차입금 이자상환액 소득공제는 근로소득자가 본인 소유의 주택에 대해 본인 명의로 대출을 받아 그 이자상환액을 납부하는 경우에 연말정산시 공제하는 것으로서 배우자 명의의 주택에 배우자 명의로 차입한 장기주택저당차입금 이자상환액은 근로자가 연말정산 시 공제받을 수 없습니다.

길라잡이

● 주택자금공제

근로소득이 있는 거주자로서 주택을 소유하지 아니하거나 1주택을 보유한 세대의 세대주(세대주가 주택관련 공제를 받지 않은 경우 세대의 구성원 중 근로소득이 있는 자를 말하며, 대통령령으로 정하는 외국인을 포함)가 취득 당시 주택의 기준시가가 6억 원 이하인 주택을 취득하기 위하여 그 주택에 저당권을 설정하고 금융회사 등 또는 주택도시기금법에 따른 주택도시기금으로부터 차입한 대통령령으로 정하는 장기주택저당차입금의 이자를 지급하였을 때에는 해당 과세기간에 지급한 이자 상환액을 다음 각호의 기준에 따라 그 과세기간의 근로소득금액에서 공제합니다.

▶ 관련 법규

● 주택자금공제(「소득세법」 시행령 제112조)

Q7 연금저축계좌 가입 시 세액공제 대상금액 한도는 얼마인가요?

A7 나이 및 총급여(종합소득금액)와 상관없이 연금저축계좌는 600만 원을 한도로 하고, 연금저축과 퇴직연금을 합한 금액은 900만 원을 한도로 공제합니다.

연금계좌 세액공제 한도액 = ① + ② (연 900만 원 한도)

① 연금저축계좌 납입액 (연 600만 원 한도)

② 퇴직연금계좌 납입액

길라잡이

● 연금계좌 세액공제 한도액 예시

연금저축	퇴직연금	공제대상(연금+퇴직)
200만 원	800만 원	200만 원 + 700만 원 = 900만 원
700만 원	200만 원	600만 원 + 200만 원 = 800만 원
1,000만 원	0원	600만 원 + 0원 = 600만 원
0원	1,000만 원	0원 + 900만 원 = 900만 원

▶ 관련 법규

● 연금계좌세액공제(「소득세법」 제59조의3)

Q8 월세 지급액에 대하여 현금영수증을 발급받은 경우, 신용카드 소득공제와 월세액 세액공제를 모두 공제받을 수 있나요?

A8 월세 관련 공제항목은 ①주택임차료(월세) 현금영수증을 발급받아 '신용카드 등 사용금액 소득공제'를 적용하는 것과 ②'월세 세액공제'가 있으며, 신용카드등 사용금액 소득공제와 월세 세액공제는 중복 공제되지 않으므로 근로자가 유리한 것으로 하나만 선택하여 공제하여야 합니다.

길라잡이

● 특별세액공제와 신용카드 등 소득공제 중복 적용 여부

<table>
<tr><th colspan="2">구 분</th><th>특별세액공제</th><th>신용카드 등 소득 공제</th></tr>
<tr><td colspan="2">의료비</td><td>의료비 세액공제 가능</td><td>신용카드 등 소득공제 가능</td></tr>
<tr><td colspan="2">보장성 보험료</td><td>보험료 세액공제 가능</td><td>신용카드 등 소득공제 불가</td></tr>
<tr><td rowspan="2">학원비</td><td>취학전 아동</td><td>교육비 세액공제 가능</td><td rowspan="2">신용카드 등 소득공제 가능</td></tr>
<tr><td>그 외</td><td>교육비 세액공제 불가</td></tr>
<tr><td colspan="2">교복 구입비</td><td>교육비 세액공제 가능</td><td>신용카드 등 소득공제 가능</td></tr>
<tr><td colspan="2">기부금</td><td>기부금 세액공제 가능</td><td>신용카드 등 소득공제 불가</td></tr>
</table>

▶ 관련 법규

● 신용카드 등 사용금액에 대한 소득공제(조특법 시행령 제121조의2)

⑥법 제126조의2를 적용할 때 신용카드 등 사용금액은 국세청장이 정하는 기간의 신용카드등사용금액을 합계하되, 다음 각 호의 어느 하나에 해당하는 금액은 포함하지 아니하는 것으로 한다.

1. 「국민건강보험법」, 「노인장기요양보험법」 또는 「고용보험법」에 따라 부담하는 보험료, 「국민연금법」에 의한 연금보험료, 「소득세법 시행령」 제25조제2항의 규정에 의한 보험계약의 보험료 또는 공제료

2. 「유아교육법」, 「초 · 중등교육법」, 「고등교육법」 또는 특별법에 의한 학교(대학원을

포함한다) 및 「영유아보육법」에 의한 어린이집에 납부하는 수업료 · 입학금 · 보육비용 기타 공납금

3. 정부 또는 지방자치단체에 납부하는 국세 · 지방세, 전기료 · 수도료 · 가스료 · 전화료(정보사용료 · 인터넷이용료 등을 포함한다) · 아파트관리비 · 텔레비전시청료(「종합유선방송법」에 의한 종합유선방송의 이용료를 포함한다) 및 도로통행료

4. 상품권 등 유가증권 구입비

5. 리스료(「여객자동차 운수사업법」에 의한 자동차대여사업의 자동차대여료를 포함한다)

6. 삭제 〈2008. 12. 31.〉

7. 「지방세법」에 의하여 취득세 또는 등록에 대한 등록면허세가 부과되는 재산(제14항에 따른 중고자동차는 제외한다)의 구입비용

8. 「부가가치세법 시행령」 제46조제1호 및 제3호에 해당하는 업종 외의 업무를 수행하는 국가 · 지방자치단체 또는 지방자치단체조합(「의료법」에 따른 의료기관, 「지역보건법」에 따른 보건소 및 법 제126조의2제2항제3호가목 및 나목에 따른 문화체육관광부장관이 지정하는 법인 또는 사업자는 제외한다)에 지급하는 사용료 · 수수료 등의 대가

9. 차입금 이자상환액, 증권거래수수료 등 금융 · 보험용역과 관련한 지급액, 수수료, 보증료 및 이와 비슷한 대가

10. 「정치자금법」에 따라 정당(후원회 및 각 급 선거관리위원회를 포함한다)에 신용카드, 직불카드, 기명식선불카드, 직불전자지급수단, 기명식선불전자지급수단 또는 기명식전자화폐로 결제하여 기부하는 정치자금(법 제76조에 따라 세액공제를 적용받은 경우에 한한다)

11. 법 제95조의2에 따라 세액공제를 적용받은 월세액

12. 「관세법」 제196조에 따른 보세판매장, 법 제121조의13에 따른 지정면세점, 선박 및 항공기에서 판매하는 면세물품의 구입비용

13. 그 밖에 제1호부터 제12호까지의 규정과 비슷한 것으로서 기획재정부령으로 정하는 것

Q9 별도로 거주하며 각자 근로소득이 있는 모녀의 의료비를 한사람이 공제받을 수 있나요? 또는 맞벌이 부부의 의료비도 한사람이 공제받을 수 있나요?

A9 의료비 공제는 근로소득자가 기본공제대상자(나이 및 소득의 제한을 받지 않음)를 위하여 해당 과세기간에 의료비를 지급한 경우 본인의 의료비와 합산하여 공제 적용받을 수 있는 것으로,

1) 어머니의 의료비를 자녀분이 지출한 경우라면 자녀분이 어머니의 의료비에 a 대하여 공제가 가능한 것이나 어머니의 신용카드로 결재한 의료비는 자녀분이 공제받을 수 없습니다.

2) 동일하게 배우자의 의료비를 남편이 지출한 경우라면 남편이 아내의 의료비에 대하여 공제가 가능한 것이나 아내의 신용카드로 결제한 의료비는 남편이 공제를 받을 수 없습니다.

길라잡이

- 의료비 공제 제출서류
  - 의료비 지급명세서와 의료기관 및 양국이 발행한 국민건강보험요양급여의 기준에 관한 규칙 제 7조에 따른 계산서.영수증 또는 진료비(약제비) 납입확인서
  - 홈택스에서 제공되는 의료비 증명서류 중 본인부담이 아닌 금액, 입사 전 지출금액 등 공제대상이 되지 않는 지출액이 포함된 경우에는 그 금액을 차감하고 공제를 신청하여야 합니다.
  - 의료기관 등이 국세청에 자료를 제출하지 않았거나 본인이 법에 따라 자료가 국세청에 제출되는 것을 거부하는 등의 사유로 홈택스에 자료가 없거나 홈택스 자료와 실제 제출한 의료비 금액에 차이가 있는 경우에는 해당 의료기관 등에서 직접 발급한 의료비 영수증을 첨부하여 공제 신청을 하여야 합니다.
- 실손의료비

  실손의료보험금은 공제대상 의료비에서 차감하여 의료비 세액공제를 적용하여야 하며 의료비 세액공제는 의료비를 지출한 연도에 공제하는 것이므로 24년 지출한 의료비의 실손의료보험금을 25년에 수령하는 경우 24년 귀속 연말정산시 의료비 지급액에서 실손의료보험금 수령액을 차감하여야 합니다.

▶ 관련 법규
- 의료비 세액공제 (「소득세법」 제597조의4 ②)
- 공제대상 의료비 (「소득세법」 시행령 제118조5)

Q10 올해 회사를 퇴직했고 다른 회사는 다니고 있지 않습니다. 연말정산은 어떻게 하나요?

A10 연도 중에 퇴직하는 경우 원천징수의무자는 퇴직하는 달의 급여를 지급할 때 연말정산하며 연말정산 시 공제받지 못한 항목은 근로자가 직접 종합소득세 신고를 통하여 공제받을 수 있습니다.

신용카드 등 사용금액 소득공제 등은 근로제공 기간 동안에 지출한 금액만 공제 대상으로 하므로, 퇴사 후 지출한 금액은 공제받을 수 없습니다.

길라잡이

● 입사 전 또는 퇴사 후 지출한 비용의 소득 · 세액공제 적용 여부

근로제공기간 동안 지출한 금액만 공제가능 항목	해당 과세기간 중 지출한 금액 공제가능 항목
보험료 세액공제	기부금 세액공제
의료비 세액공제	국민연금보험료 소득공제
교육비 세액공제	개인연금저축 소득공제
주택자금 소득공제	연금계좌 세액공제
신용카드 등 사용금액에 대한 소득공제	투자조합출자 등 소득공제
주택마련저축 소득공제	소기업 · 소상공인 공제부금 소득공제

— 세금절약 가이드 I —

04

영세납세자를 위한 복지세정

01 근로 · 자녀장려금 제도

근로장려금 · 자녀장려금 제도란?

◈ 일은 하지만 소득이 적어 생활이 어려운 근로자(고임금 근로자 제외), 사업자(전문직 제외), 종교인 가구에 대하여 장려금을 지급함으로써 저소득자의 근로 또는 사업을 장려하고 자녀양육을 지원하는 제도입니다.

근로 · 자녀장려금 신청자격

근로소득, 사업소득(전문직 제외) 또는 종교인소득이 있는 거주자로서 아래(1~4) 요건을 모두 갖추어야 합니다.

1. 가구유형

2024년 12월 31일 현재, 가구원 구성, 소득 유무 등에 따라 분류

구분	내용
단독가구	배우자[1]와 부양자녀[2], 70세 이상 직계존속[3]이 모두 없는 가구
홑벌이가구	배우자 또는 부양자녀 또는 70세 이상 직계존속이 있는 가구 (배우자가 있는 경우에는 신청인 또는 배우자의 총급여액 등이 3백만 원 미만이어야 함)
맞벌이가구	신청인과 배우자 각각의 총급여액 등[4]이 3백만 원 이상인 가구

1) 법률상 배우자(사실혼 제외)

2) 18세 미만으로서 비과세 · 분리과세 소득을 제외한 연간소득금액이 100만 원 이하인 부양자녀

3) 70세 이상으로서 비과세 · 분리과세 소득을 제외한 연간소득금액이 100만 원 이하이며, 주민등록표 상 동거가족으로서 해당 거주자의 주소나 거소에서 현실적으로 생계를 같이 하는 사람일 것

※ 부양자녀 및 직계존속이 중증장애인으로서 질병 등으로 일시 퇴거한 경우에는 주민등록상 동거여부 및 연령 제한 없음

4) 총 급여액 등: 근로소득(총급여액), 사업소득(총수입금액×업종별 조정률), 종교인소득(총 수입금액)의 합계액

2. 소득요건

- 해당 소득세 과세기간의 부부합산 연간 총소득이 아래의 가구원 구성에 따른 총소득기준금액 미만이어야 합니다.

| 총소득 기준금액 |

구분	단독가구	홑벌이가구	맞벌이가구
근로장려금	2,200만 원	3,200만 원	4,400만 원
자녀장려금	해당 없음	7,000만 원	

▶ 근로소득 = 총급여액
▶ 이자 · 종교인 · 배당 · 연금소득 = 총수입금액
▶ 사업소득 = 총수입금액×업종별 조정률
▶ 기타소득금액 = 총수입금액 – 필요경비

3. 재산 요건

- 해당 소득세 과세기간의 6. 1. 현재, 가구원* 모두가 소유하고 있는 재산합계액이 2억 4천만 원 미만이어야 합니다.
  - 주택, 토지와 건축물, 승용자동차, 전세금(임차보증금), 현금, 금융자산, 유가증권, 회원권, 부동산을 취득할 수 있는 권리 등을 포함하며, 재산 평가 시 부채는 차감하지 않습니다.

* 1세대(가구)의 범위: 2024. 12. 31. 현재 거주자와 다음의 ①, ②, ③에 해당하는 자가 구성하는 세대
① 배우자 ② 거주자 또는 그 배우자와 동일한 주소 또는 거소에 거주하는 직계존비속 ③ 부양자녀

※ 재산합계액이 1억 7천만 원 이상 2억 4천만 원 미만이면 장려금 산정금액의 50%만 지급합니다.

4. 기타요건

- 해당 소득세 과세기간 종료일 현재 대한민국 국적을 가진 자(외국인 중에 대한민국 국적을 가진 자와 혼인한 자, 대한민국 국적의 부양자녀가 있는 자 포함)일 것
- 해당 소득세 과세기간 중 다른 거주자의 부양자녀가 아닐 것
- 거주자(배우자 포함)가 전문직 사업을 영위하고 있는 자가 아닐 것
- 거주자(배우자 포함)가 해당 소득세 과세기간 종료일 현재 계속 근무하는 상용근로자(일용근로자 제외)로서 월 평균 근로소득이 500만 원 이상이 아닐 것(근로장려금만 적용)

| 근로 · 자녀장려금 자동신청제도 확대 시행 안내

1. 자동신청제도란?

◈ 신청안내 대상자가 장려금 신청 시 자동신청에 동의하면 향후 2년간 신청 요건을 충족할 경우 별도의 신청절차 없이 장려금 신청이 완료되는 제도입니다. 자동신청된 장려금을 지급받으면 향후 2년간 자동신청 기간이 연장됩니다.

* 2024년 60세 이상 및 중증장애인 대상 → 2025년부터 전 연령으로 확대

2. 유의사항

◈ 향후 자동신청이 되면 장려금 신청결과를 문자 또는 서면으로 안내합니다.

• 향후 신청요건을 충족하지 않아서 자동신청 되지 않은 경우, 신청결과를 안내하지 않으니, 직접 홈택스* 등을 통해 확인하시기 바랍니다.

* 홈택스 ⇨ 장려금 · 연말정산 전자기부금 ⇨ 근로 · 자녀장려금 정기(반기) 신청 ⇨ 안내대상자 여부 및 자동신청 조회

- 다만, 자동신청되지 않았더라도 본인이 신청자격이 충족된다고 판단되면, 직접 홈택스* 등을 통해 신청할 수 있습니다.

* 홈택스 ⇨ 장려금 · 연말정산 전자기부금 ⇨ 근로 · 자녀장려금 정기(반기) 신청 ⇨ 직접 입력 신청

◈ 자동신청 동의 후 향후 2년간 신청요건을 충족하지 않아서 신청안내대상에 포함되지 않거나, 2년간 자동신청 되더라도 모두 지급제외된 경우에는 자동신청 동의효력이 소멸됩니다.

I 근로 · 자녀장려금 산정방법

◈ 가구 유형별 '총급여액 등'은 근로소득(총급여액)과 사업소득(총수입금액 ×업종별조정률) 및 종교인 소득(총수입금액)을 말합니다.

◈ 총급여액을 '장려금산정표*'의 해당구간에 적용한 후, 감액요인(자녀세액 공제 등)을 반영하여 산정합니다.

* 조세특례제한법 시행령 별표 11 및 11의2

• 장려금 계산은 홈택스(www.hometax.go.kr) ⇨ 장려금 · 연말정산 · 전자기부금 ⇨ 정기/반기 신청 ⇨ 「계산해보기」에서 가능

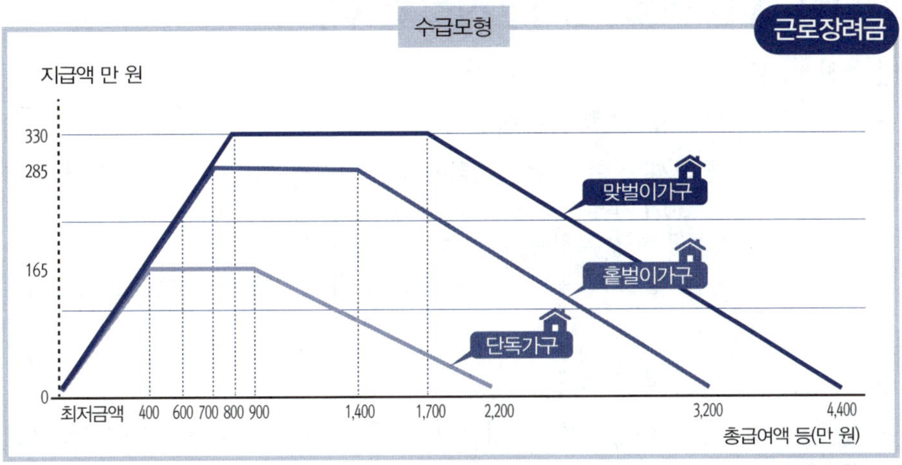

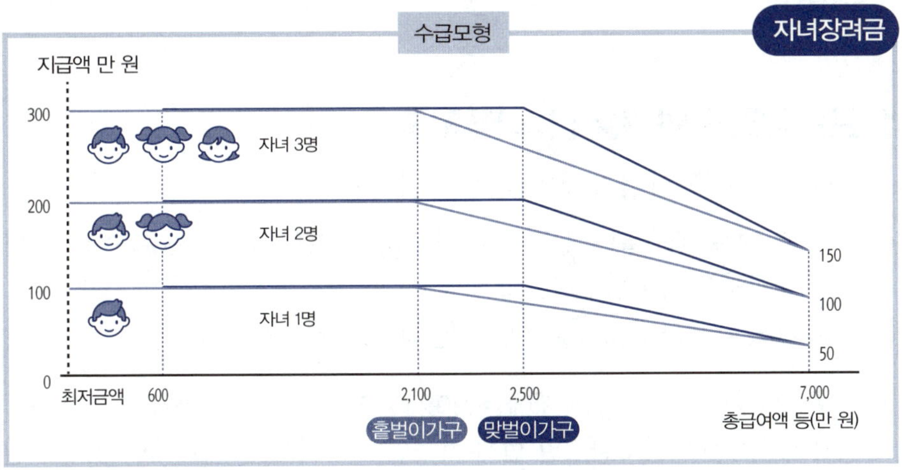

❙ 근로·자녀장려금 신청방법

◈ 신청방법: ① 홈택스(PC, 모바일)
② 모바일 안내문 "열람하기", 서면 안내문 QR코드
③ 자동응답전화(ARS): 1544-9944
④ 장려금 상담센터: 1566-3636
* 전화상담 및 신청대리 요청

┃ 근로·자녀장려금 정기분 신청 및 지급

1. 신청기간

◈ 해당 소득세 과세기간의 다음연도 5. 1. ~ 5. 31.까지 신청해야 합니다.

- 기간 내 신청하지 못한 경우, 신청기간 종료일의 다음 날부터 6개월 이내(6. 1. ~ 11. 30.) 기한 후 신청이 가능합니다.
  ※ 기한 후 신청을 한 경우에는 산정금액의 5%를 차감
- 근로소득자는 반기별 소득기준으로 반기신청 가능하며, 이 경우 자녀장려금도 신청한 것으로 봅니다.

2. 근로 • 자녀장려금 지급

◈ 장려금 정기신청자에 대하여 지급요건 등 심사를 거쳐 8월 말경에 지급됩니다.

┃ 근로장려금 반기별 신청 및 지급

1. 반기별 지급 신청자격(2024년 귀속분)

◈ 2024년에 근로소득만 있는 거주자(배우자 포함)로서 근로장려금 신청자격이 충족되어야 합니다.

- 근로소득 외 타소득(사업 · 종교인)이 있는 경우 정기신청한 것으로 봅니다.

◈ 다만, 2025년 6월 정산 시에는 2024년의 부부합산 총소득이 기준금액 미만이고, 2024년 6월 1일 현재 가구원 모두의 재산 합계액이 2.4억 원 미만이어야합니다.

2. 반기별 지급 및 정산

◈ 근로장려금 산정액의 35%를 반기별로 지급하고, 소득발생연도(귀속) 다음 연도 5월에 정기 신청했을 경우의 지급액과 비교하여 정산(차액을 추가 지급하거나 향후 10년간 지급할 장려금에서 차감)합니다.

- 상반기 소득분에 대한 지급액이 15만 원 미만인 경우에는 지급하지 않고 정산 시 지급

◈ 상반기 신청자는 상반기 총급여를 추정 연간근무월수로 환산하여 근로장려금 지급액을 산정합니다.

- 상용근로자 중 계속근무자: 상반기 총급여 + (상반기 총급여 ÷ 근무월수) × 6
- 일용근로자, 상용근로자 중 중도퇴직자: 상반기 총급여 × 2

◈ 하반기신청자는 상반기와 하반기의 총급여를 합산하여 근로장려금 지급액을 산정합니다.

2025년도 근로장려금 반기별 신청 및 지급일정

구분	신청기간	지급 시기	지급액
2024년 하반기 소득분	2025. 3. 1. ~ 2025. 3. 17.	2025년 6월 말	추가지급 또는 환수
2025년 상반기 소득분	2025. 9. 1. ~ 2025. 9. 15.	2025년 12월 말	연간예상산정액의 35%

* 향후 5년간 지급할 장려금에서 차감

허위 신청자에 대한 불이익

◈ 근로(사업)소득 지급확인서를 허위로 발급받아 신청하는 등 고의 또는 중대한 과실로 사실과 다르게 신청한 경우에는 장려금 환수와 2년 또는 5년간 지급제한 등의 불이익을 받게 됩니다.

납세자가 자주 묻는 상담사례 Top10 - 장려금

Q1 신청안내문을 받지 못한 경우에도 신청할 수 있나요?

A1 신청안내 대상인지 여부는 손택스 · 홈택스에서 확인 가능하며, 장려금 상담센터(1566-3636)나 세무서 장려금 담당자에게 전화하여 확인할 수 있습니다.

※ 홈택스(모바일, PC) 로그인 〉 장려금 · 연말정산 · 기부금 〉 근로 · 자녀장려금 정기(반기) 신청 〉 안내대상자 여부 및 자동신청 조회

신청안내를 받지 못했더라도 신청요건을 충족하면, 홈택스에 로그인한 후 장려금 · 연말정산 · 기부금 → 근로 · 자녀장려금 정기(반기) 신청 → 직접 입력 신청에서 신청하면 됩니다.

Q2 금년 5월에 정기 신청을 했는데 신청서에 기재한 계좌를 다른 계좌로 변경할 수 있나요?

A2 신청인이 신청기간인 5월에는 ARS(1544-9944), 홈택스(PC, 모바일앱)로 장려금 신청화면에서 직접 계좌를 변경할 수 있습니다.

신청기간이 경과된 경우에는 홈택스에서 장려금용 계좌개설(변경/철회) 신고서를 제출하시거나 관할세무서 민원봉사실에 장려금용 계좌개설(변경/철회)신고서를 제출하면 계좌 변경이 가능합니다.

필요한 서류는 본인 신분증과 해당 계좌의 통장 사본입니다.

▶ 장려금 계좌 변경
【홈택스(모바일, PC) 로그인 〉 장려금 · 연말정산 · 기부금 〉 근로 · 자녀장려금 정기(반기) 신청 〉 계좌개설(변경/철회)신고】

Q3 1가구 내에서 둘 이상 거주자가 신청한 경우 어떻게 되나요?

A3 1가구 내에서 둘 이상 거주자가 장려금을 신청한 때에는 다음의 순서에 따라 정한 거주자 1명이 신청한 것으로 봅니다.

장려금 신청 순서(조특령 §100의7④)

1. 총급여액 등이 많은 자
2. 해당 소득세 과세기간의 근로장려금이 많은 자
3. 해당 소득세 과세기간 직전 과세기간의 근로장려금을 받은 자

(단, 해당 거주자 간 상호합의로 정한 사람이 있는 경우에는 상호합의로 정한 자)

※ 가구 내 복수의 거주자가 각각 정기신청(5월) 및 기한 후 신청(6~11월)한 경우 정기신청한 거주자만 신청자로 인정하며, 가구 내 복수의 거주자가 각각 반기신청(9월, 3월)과 기한 후 신청 (6월~11월)한 경우 반기신청한 거주자만 신청자로 인정

Q4 현재 폐업 상태로 사업 활동을 하지 않고 있는데 장려금을 신청할 수 있나요?

A4 근로·자녀장려금 신청요건은 전년도 기준이므로 신청요건을 모두 갖추었다면 신청할 수 있습니다. 예를 들어, 음식점을 운영하다 2024년도에 폐업한 경우에도 총소득·재산요건 등 신청요건을 충족하면 2025년에 신청 가능합니다.

▶ 관련 법규
- 근로장려금의 신청 등(「조세특례제한법」 제100조의6)
- 자녀장려금의 신청 등(「조세특례제한법」 제100조의30)

Q5 언니랑 같은 주소에 거주하고 있는데 저랑 언니 모두 신청할 수 있나요?

A5 형제자매 등은 동일 주소에 거주하더라도 가구 구성원에 해당하지 아니하므로 요건을 충족하는 경우 각각 신청할 수 있습니다.

▶ 관련 법규
- 1세대의 범위 및 재산의 판정기준(「조세특례제한법」 시행령 제100조의4)

Q6 외국인인데 한국인과 결혼하여 살고 있습니다. 저도 신청할 수 있나요?

A6 외국인이라도 대한민국 국적을 가진 자와 혼인하거나, 대한민국 국적의 부양자녀가 있는 사람은 신청할 수 있습니다.

▶ 관련 법규
- 근로장려금의 신청자격(「조세특례제한법」 제100조의3)

Q7 이혼 후 친자녀는 전 배우자가 양육하고, 본인은 매달 양육비를 보내면, 친자녀는 누구의 부양자녀로 볼 수 있나요?

A7 부양자녀가 다른 거주자의 부양자녀에 해당하는 경우에는 다음의 순서에 따라 판정합니다.

부양자녀가 있는 거주자 판단 순서(조특령 §100의5)

1. 해당 부양자녀와 동일 주소 또는 거소에서 거주하는 자
2. 총급여액 등이 많은 자
3. 해당 부양자녀를 본인의 부양자녀로 하여 산정한 해당 소득세 과세기간의 근로장려금이 많은 자
4. 해당 부양자녀를 본인의 부양자녀로 하여, 해당 소득세 과세기간 직전 과세기간의 근로장려금을 받은 자
   (단, 해당 거주자 간 상호합의로 정한 사람이 있는 경우에는 상호합의로 정한 자)

Q8 은행에서 빌린 대출(부채)이 있는데 이 금액을 재산가액에서 차감할 수 있나요?

A8 부채를 차감하지 않습니다. 재산요건으로 가구원이 소유하고 있는 토지, 건물, 자동차, 예금 등 재산의 합계액이 2.4억 원 미만일 것을 규정하고 있고 토지, 건물, 전세금, 승용차, 예금 등 재산의 가액을 모두 합한 금액으로만 규정하고 있을 뿐 부채를 차감한다고 규정하고 있지 않습니다.

▶ 관련 법규
- 근로장려금의 신청자격(「조세특례제한법」 제100조의3)
- 1세대의 범위 및 재산의 판정기준(「조세특례제한법」 시행령 제100조의4)

Q9 **기본공제대상자인 배우자를 피보험자로 하여 보장성보험료를 납부하고 있습니다. 공제대상에 해당하나요?**

A9 근로소득이 있는 거주자가 근로자 본인 또는 기본공제대상자를 위하여 지급한 보장성보험료는 보험료 세액공제 대상에 해당합니다.

따라서, 소득요건을 충족하여 근로자의 기본공제대상자에 해당하는 배우자를 피보험자로 한 보장성보험료를 지급한 경우 보험료 세액공제를 적용할 수 있습니다.

▶ 관련 법규
- 재산의 판정기준(「조세특례제한법」 시행령 제100조의4 제3항 제3호, 제8항 제2의2호)

Q10 **소득세 확정신고 대상자인데 5월 종합소득세 신고를 하지 않은 경우에도 장려금을 받을 수 있나요?**

A10 소득세 확정신고 의무가 있는 신청자(배우자 포함)가 확정신고 기간 내에 신고를 하지 않은 경우에는 장려금을 지급받을 수 없습니다. 다만, 장려금 결정일까지 기한 후 신고를 하면 지급받을 수 있습니다.

▶ 다음의 경우에는 소득세 확정신고를 한 것으로 보아 신고를 하지 않아도 지급받을 수 있습니다.
- 일용근로자가 일용근로소득에 대해 신청한 경우
- 자영업자 중 단순경비율 적용대상자로서 종합소득금액이 기본공제액(150만 원) 이하인 자가 신청한 경우

- 소득세법 제73조(과세표준확정신고의 예외)에 따라 확정신고를 하지 아니한 자가 신청한 경우
- 2명 이상으로부터 근로, 공적연금, 퇴직, 종교인, 원천징수대상 사업소득을 받는 상용근로자로서 종합소득금액이 기본공제액(150만 원)이하인 자가 신청한 경우

소득세법 제73조에 따라 소득세 확정신고를 하지 않을 수 있는 경우

1. 근로소득만 있는 자
2. 퇴직소득만 있는 자
3. 공적연금소득만 있는 자
4. 제127조에 따라 원천징수되는 사업소득으로서 대통령령으로 정하는 사업소득만 있는 자

4의2. 제127조 제1항 제6호에 따라 원천징수되는 기타소득으로서 종교인 소득만 있는 자

5. 제1호 및 제2호의 소득만 있는 자
6. 제2호 및 제3호의 소득만 있는 자
7. 제2호 및 제4호의 소득만 있는 자

7의2. 제2호 및 제4호의2의 소득만 있는 자

8. 분리과세이자소득, 분리과세배당소득, 분리과세연금소득 및 분리과세기타소득만 있는 자
9. 제1호부터 제4호까지, 제4호의2, 제5호부터 제7호까지 및 제7호의2에 해당하는 사람으로서 분리과세이자소득, 분리과세배당소득, 분리과세연금소득 및 분리과세기타소득이 있는 자

영세납세자를 위한 복지세정

02 취업 후 학자금 상환제도

| '취업 후 학자금 상환제도' 란?

◈ 대학생이 재학 중 등록금을 대출받아 학업에 전념할 수 있도록 해주고, 그 대출원리금은 소득 발생 후 소득수준에 따라 상환하는 제도

- 대출자는 대출시점부터 원리금상환의무를 부담하되, 소득금액이 상환기준소득을 초과할 때까지 상환의무 자동 유예됨

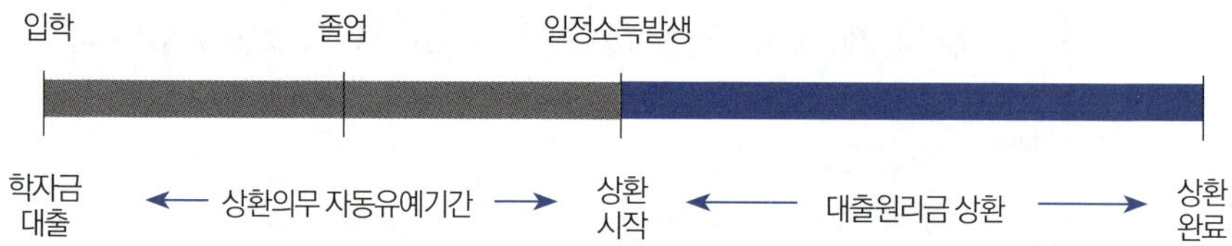

〈 취업 후 상환 학자금 대출 및 상환 구조 〉

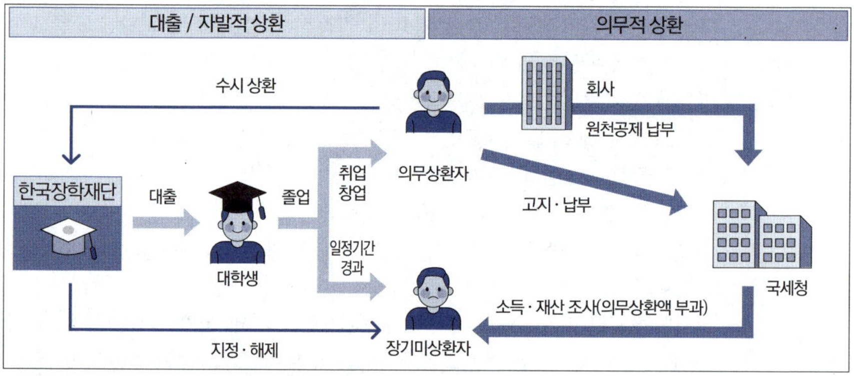

| 대출 및 상환 개요

◈ 대출대상자

- (학부) 교육부장관 또는 한국장학재단과 취업 후 상환 학자금 대출에 관한 협약을 맺은 대학에 재학 또는 입학예정인 자로 학자금 지원 9구간(2025년 기준 가구 월소득 인정액 1,829만 원) 이하 가구의 대학생
  - 대출 당시 만 35세 이하
  - 신입생은 대학 입학허가 획득자, 재학생은 직전 학기 12학점 이상 이수
    * 장애인 학생의 경우 이수학점 기준 적용 제외
  - 다자녀(3인 이상) 가구 학생 및 자립준비청년(보호 아동 포함)은 소득구간에 관계없이 이용가능
  - 교내외 장학금 및 대출을 받는 경우 이중수혜 금지

- (대학원) 교육부장관 또는 한국장학재단과 취업 후 상환 학자금 대출에 관한 협약을 맺은 대학원에 재학 또는 입학예정인 자로 학자금 지원 4구간(2025년 기준 가구 월소득인정액 548만 원) 이하 가구의 대학원생
  - 대출 당시 만 40세 이하

◈ 대출한도

- 학부
  - 등록금 소요액 전액 (한도없음)
  - 생활비 연간 400만 원(학기당 200만 원)
- 대학원
  - 등록금 소요액 전액(석사과정* 9천만 원, 박사과정** 1억 2천만 원 한도)

  * 석사과정: 일반·특수/전문기술석사 6천만 원,
  전문/의·치의·한의계열 9천만 원

  ** 박사과정(석박사 통합과정 포함): 일반·특수 9천만 원,
  전문/의·치의·한의계열 1억 2천만 원

  - 생활비 연간 400만 원(학기당 200만 원)

◈ 대출금리

- 교육부장관이 물가상승률, 실질금리 및 재원조달 금리 등을 고려하여 매학기 결정 고시
  - 2025년 1학기: 1.7%

  * 2018년 1학기 ~ 2019년 2학기: 2.2%, 2020년 1학기: 2.0%, 2020년 2학기: 1.85%, 2021년 1학기 ~: 1.7%

◈ 의무상환액

- 대출자의 연간소득금액이 상환기준소득을 초과하는 경우 그 초과금액에 상환율을 적용하여 계산한 금액을 의무적으로 상환해야 함
  - 소득발생에 상관없이 대출자의 선택에 따른 자발적 상환은 한국장학재단에 납부(자발적 상환은 국세청에 납부 불가)

의무상환액 = (연간소득금액 – 상환기준소득[1]) × 상환율[2]
– 소득 귀속연도의 자발적상환액[3]

1) 2025년 귀속 상환기준소득: 1,898만 원(총급여 기준 2,851만 원)

2) 상환율 : 20% 또는 25% (2022년까지는 20%로 일괄 적용)

① 학부생 대출잔액만 있는 경우: 20%

② 대학원생 대출잔액만 있는 경우: 25%

③ 학부생 대출잔액과 대학원생 대출잔액이 모두 있는 경우: 25%
- 단, 25%를 적용하여 산정한 의무상환액이 대학원생 대출잔액보다 큰 경우는 20%를 적용

3) 소득 귀속연도에 대출자가 한국장학재단을 통해 자발적으로 상환한 금액으로 근로·사업소득에 따른 의무상환액을 한도로 함

☞ 상환기준소득은 매년 교육부 장관이 고시(2025년 귀속 상환기준소득은 2026년 통지 시 적용)

※ 취업 후 학자금 상환 누리집(www.icl.go.kr) 『상환금 간편계산』 코너에서 편리하게 확인할 수 있습니다.

- 최소부담 의무상환액
  - 연간소득금액이 상환기준소득을 초과하여 산출된 의무상환액이 36만 원 미만인 경우 36만 원 상환

※ 상속·증여재산에 의한 의무상환액은 최소부담 의무상환액 적용 제외

의무상환 방법

◈ 원천공제 대상자

근로소득자, 퇴직소득자, 연금소득자, 보험모집인·방문판매원으로 연말정산하는 사업소득자

1. 매월 원천공제 납부

- 국세청이 전년도 근로소득을 기준으로 계산된 원천공제 대상 금액을 원천공제(7월~다음 해 6월)가 시작되기 전 대출자(5월) 및 고용주(6월)에게 각각 통지
  - 고용주는 대출자에게 급여지급 시 의무상환액을 원천공제하여 다음 달 10일까지 상환금 명세서에 의하여 상환내역을 신고 및 납부

2. 원천공제 미리 납부

- 국세청이 고용주에게 원천공제 대상자를 통지하기 전, 대출자가 원천공제 1년분 상환액을 일시에 또는 분할하여 미리 납부하면 고용주에게 원천공제 대상자로 통지되지 않음
  - 1년분 미리 납부: 5월 말까지 원천공제 통지액(1년분) 일시 납부
  - 분할납부: 50%는 5월 말까지, 나머지 50%는 11월 말까지 납부

3. 원천공제 개시 도중 잔여액 납부

- 매월 원천공제하여 납부하던 중이라도 원천공제 통지액에서 이미 납부된 상환액을 차감한 잔여액은 일시에 납부가능하며 잔여액 납부 시 고용주가 원천공제를 중단함

◈ 고지 · 납부 대상자

- 종합 · 양도소득 또는 상속 · 증여 재산이 발생한 경우 신고된 국세소득금액에 따라 의무상환액을 계산하여 대출자에게 납부고지서 발송
  - 대출자는 납부고지서에 기재된 가상계좌로 납부만 하면 됨
- 납부방법: 납부고지서의 가상계좌로 납부

※ 납부가능시간: 평일 09:00 ~ 21:00 (토요일 · 일요일 · 공휴일 제외)

◈ 자율상환제

- 근로 및 사업소득이 있는 대출자가 소득이 발생한 연도에 미리 자발적으로 상환하면 해당소득에 대해 다음해 부과될 의무상환액을 납부한 것으로 인정(2018. 3. 13.시행)

〈 의무상환액 납부방법 선택 〉

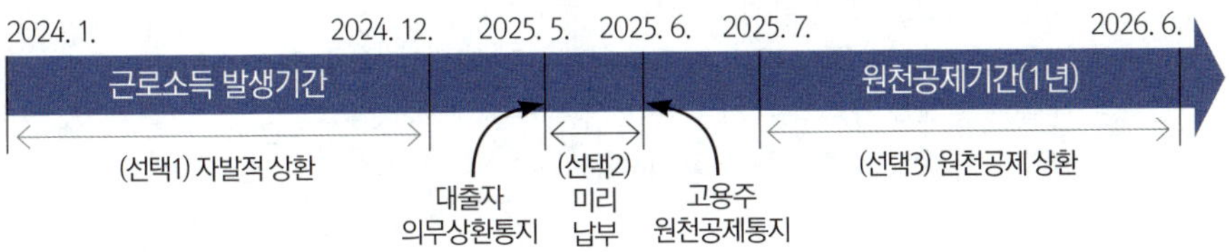

❙ 상담 및 문의

◈ 국세상담센터: ☎ 126번 ☞ 1번 '홈택스 상담' 선택 ☞ 4번 '학자금 상환' 선택

◈ 국세청 취업 후 학자금 상환 누리집(www.icl.go.kr)

영세납세자를 위한 복지세정

03 1세대 1경차 유류비 지원

❙ 경차유류세 환급제도

1세대에 1경차를 소유한 경우에는 '유류구매카드'로 연간 30만 원의 유류비를 지원받을 수 있습니다.
- '유류구매카드'는 신한 · 현대 · 롯데 카드사를 통해 발급받을 수 있습니다.

◈ 누가 지원받을 수 있나요?

• 배기량 1,000cc 미만의 경차(승용 · 승합) 소유자 및 주민등록표상 동거가족이 소유한 경차 각각의 합계가 1대인 경우에 해당됩니다.

① 경형승용차 1대만 소유한 경우
② 경형승합차 1대만 소유한 경우
③ 경형승용차와 경형승합차 각 1대씩만 소유한 경우

• 다음의 경우는 지원받을 수 없습니다.

① 장애인 · 국가유공자 유류비 지원을 받고 있는 경우
② 법인 차량 또는 개인명의 단체 차량
③ 경형승용차 2대 이상 또는 경형승합차 2대 이상 소유한 경우
④ 경형승용차와 다른 승용차 동시 소유
⑤ 경형승합차와 다른 승합차 동시 소유 등

◈ 유류구매카드는 어떻게 발급받나요?

• 차량등록증과 신분증 사본을 구비하여 아래의 방법으로 카드발급을 신청할 수 있습니다.

구분	롯데카드	신한카드	현대카드
인터넷	www.lottecard.co.kr 누리집 → 카드 → 카드신청 → 제휴카드 → 복지/공공 → '경차smart롯데카드'	www.shinhancard.com 누리집 → 카드 → 신용카드 → 공공 / 단체 → '신한카드경차사랑 Life'	www.hyundaicard.com 누리집 → 카드안내 · 신청 → 제휴카드 → 공공 → '경차전용카드(유류세환급)'
전화	1899-9955 → 카드신청 접수	080-800-0001 → 2번 경차사랑 간편 접수	1577-6982 → 1번 현대카드 경차전용카드
방문 (본인)	롯데카드 영업점 및 롯데백화점 카드센터	신한카드 · 신한은행 영업점	

◈ 어떤 혜택을 받나요?

- 2026년까지 연간 30만 원의 한도 내 유류 결제금액에서 일정금액이 차감됩니다.
  - 신용카드: 결제금액에서 리터당 할인금액을 차감하고 청구
  - 체크카드: 결제금액에서 리터당 할인금액을 차감하고 통장 인출

◈ 주의할 사항은?

- 신용카드는 모든 물품을 구매할 수 있으나 유류세 혜택은 해당 경차의 연료 구매분에 제한됩니다.
- 유류구매카드로 구입한 유류를 해당 경차 연료 외의 용도로 사용하거나, 카드를 타인에게 대여하는 등 부정사용 시 할인받은 세액과 40%의 가산세가 징수될 수 있습니다.

04 장애인 조세지원 제도

장애인의 경제적 부담을 덜기 위해 다음과 같은 조세지원을 하고 있습니다.

| 소득세 경감 혜택

◈ 본인 또는 부양가족이 장애인(직계비속이 장애인이고 그 배우자가 장애인인 경우 직계비속의 배우자도 포함)인 경우에는 소득세를 계산할 때 다음과 같은 소득공제 혜택이 있습니다.

- 기 본 공 제: 연령에 관계없이 1인당 연 150만 원 공제
- 장애인공제: 장애인 1인당 연 200만 원씩 추가 공제

- 보험료공제: 장애인 1인당 장애인전용 보장성보험료에 대하여 연간 100만 원까지 공제
- 의료비공제: 장애인의 의료비는 한도 없이 공제
- 교육비공제: 장애인의 재활교육에 드는 비용을 전액 공제

→ 세액공제: 각각 이 금액의 15%를 산출세액에서 공제한다.

- 비과세저축: 장애인을 가입대상으로 하는 생계형 저축 중 1인당 저축원금이 3천만 원(2015. 1. 1. 이후 가입 시 5천만 원) 이하까지는 소득세 · 지방소득세 소득분 · 농특세를 면제

※ 항시 치료를 요하는 중증환자(취학 · 취업이 곤란한 자)의 경우도 공제대상(비과세저축은 제외)

※ 보험료공제는 근로소득자에게만 해당되고 의료비공제와 교육비공제는 근로소득자와 일정 요건을 갖춘 성실사업자에게만 해당됨

| 증여세 경감 혜택

◈ 장애인이 증여받는 경우에는 다음과 같은 혜택이 있습니다.

- 장애인이 금전, 유가증권, 부동산을 증여받아 「자본시장과 금융투자업에 관한 법률」에 따른 신탁업자에게 신탁하는 경우에는 5억 원까지 증여세가 부과되지 않습니다.(증여자가 장애인을 수익자로 하여 위탁하는 경우 포함).

- 또한 장애인을 보험수익자로 하는 보험금으로서 연간 4천만 원까지의 보험금에 대하여 증여세를 비과세합니다.

상속세 경감 혜택

◈ 상속인 또는 동거가족 중 장애인이 있는 경우 장애인 1인당 1천만 원에 통계청장이 고시하는 기대여명 연수를 곱하여 계산한 금액을 상속재산가액에서 공제합니다.

납부기한 등의 연장 혜택

◈ 납세자 또는 그 동거가족의 질병이나 중 · 상해 등 장기 치료를 요하는 사유로 인하여 세금을 기한 내 납부하기가 곤란한 경우에는 일정기간 세금납부를 연장합니다.

기타 간접적 세제 혜택

◈ 기부금 공제

- 개인이 장애인복지시설에 기부 시 기부금액의 15%(1천만 원 초과분 30%, 3천만 원 초과분 40%) 세액공제(한도: 소득금액 x 30%)

※ 단, 사업소득만 있는 개인의 경우 소득금액의 30% 한도 내에서 필요경비산입(법인의 경우 소득금액의 10% 한도 손금산입)

◈ 부가가치세 영세율 적용(국내 공급 시)

- 「장애인 보조기기법」 제3조제2호에 따른 보조기기 또는 「의료기기법」 제2조에 따른 의료기기로서 기획재정부령으로 정하는 것

◈ 부가가치세 면세 적용(수입 시)

- 관세가 무세이거나 감면되는 것으로서 장애인을 위한 용도로 특수하게 제작되거나 제조된 물품 중 기획재정부령으로 정하는 물품

◈ 개별소비세 면세

- 장애인이 구입하는 승용차

◈ 관세 감면

- 장애인용 수입물품에 대한 관세 감면

◈ 지방세 면세

- 장애인용 차량에 대한 취득세 · 자동차세 면제

※ 기타 궁금한 사항은 국세상담센터(국번 없이 126)로 문의

05 중소기업 조세지원 제도

세법 상 중소기업에 해당하는 경우에는
일반기업에 비해 추가 세금지원 혜택이 주어집니다.

중소기업에 대한 세금지원 내용

구분	지원내용
창업중소기업 등에 대한 세액감면	• 창업중소기업, 창업벤처기업 등 5년간 법인세(소득세)의 50% ~ 고용 증가 시 최대 100%를 감면
중소기업에 대한 특별세액감면	• 제조업 등 소득에 대한 법인세(소득세)의 5~30%를 매년 납부할 세금에서 공제 (최대 1억 원)
지방이전 지원	• 수도권 과밀억제권역 안의 본사, 공장이 지방으로 이전 시 7년(5년)간 법인세(소득세) 면제, 그 후 3년(2년)간 50% 감면
최저한세 적용한도 우대	• 법인이 최소한 부담해야 하는 최저한세 적용기준을 일반 법인에 비해 3%~10% 포인트 우대 • 각종 감면 적용하기 전 과세표준 × 7%(일반법인 10%~17%) • 중소기업 졸업 시 유예기간 이후 3년간 8%, 그 이후 2년간 9%
수도권과밀억제권역안 투자에 대한 조세감면 배제 제외	• 수도권과밀억제권역안 대체투자의 경우 통합투자세액공제 가능
결손금 소급공제	• 직전사업연도에 납부한 세금 중 당해 사업연도에 발생한 결손금 만큼을 소급해서 환급 적용 가능
기업업무추진비 손금 인정범위 확대	• 접대비 인정한도 (①+②) ① 기본금액: 3,600만 원(일반기업: 1,200만 원) ② 수입금액 × 적용율
구조조정 지원	• 중소기업간 통합 시 양도소득세 이월과세
원천징수 방법 특례	• 상시 고용인원이 20인 이하인 사업자는 관할세무서장의 승인을 받아 반기(6개월)별로 원천징수 신고 및 납부 가능
고용유지·증대 지원	• 고용 유지 시 임금감소액의 10%, 시간당임금 증가액 15% 세액공제 • 고용증가인원의 사회보험료 증가분 50~100% 세액공제(2024. 12. 31.까지 적용) • 청년 등 1인당 1,450~1,550만 원 세액공제 • 청년 등 외 1인당 850~950만 원 세액공제 • 정규직 전환·육아휴직 복귀자 1인당 1,300만 원 세액공제
기술이전 및 취득 지원	• 특허권, 실용신안권, 기술비법 등 이전 소득 50% 감면, 기술대여 소득 25% 감면
상생결제제도 이용 지원	• 상생결제제도를 이용하여 중소기업에 지급하는 구매대금의 (0.15~0.5%) 10% 한도 (지급기한별) 세액 공제

※ 일부 규정은 중견기업에도 적용되나, 공제액 등은 다를 수 있음

Ⅰ 일반기업과 같이 적용받는 세금지원 내용

구분	지원내용
공장(본사) 지방이전에 대한 세금감면	• 공장(본사) 이전연도부터 7년(최대 10년)간 세금감면 – 이전연도부터 5년(최대 10년)간 100%, 그 후 2년(최대 3년) 간 50% 감면
연구 · 인력 개발에 대한 지원 (공익 · 중소)	• 직전연도 초과액의 25%(중견기업 40%, 중소기업 50%)와 해당연도 지출액의 0~2%(중견기업 8%, 중소기업 25%)*중 큰 금액 세액공제 * 중소기업 졸업 시 유예기간 이후 3년간 15%, 그 후 2년간 10% • 신성장 · 원천기술 연구개발비 최대 30%(코스닥 상장 중견기업 · 중소기업 최대 40%) 세액공제 • 국가전략기술 연구개발비 최대 40%(중소기업 최대 50%) 세액공제
농공단지 등 입주 기업에 대한 감면	• 입주 후 소득이 발생한 사업연도부터 5년간 법인세(소득세)의 50% 감면
통합투자 세액공제	• 기계장치 등 사업용 유형자산 등에 투자한 경우 [기본공제] – 일반: 투자금액의 1%[중견5(7)%, 중소10(12)%] – 신성장·원천기술: 투자금액의 3%[중견 6(8)%, 중소 12(14)%] – 국가전략기술: 투자금액의 15%[중견 15%, 중소 25%] – 국가전략기술 중 반도체 기술: 투자금액의 20%[중견 20%, 중소 30%] [추가공제]: 기본공제금액의 2배 한도로 공제 – 직전 3년 평균투자금액 초과분 ×10% ※ ( ) : 임시투자세액공제율(2025. 1. 1. 이후 최초 과세표준을 신고하는 경우의 적용 세율이며, 2023년 투자분에 대해서는 2023년 임시투자세액공제율 적용)
연구개발특구 입주기업에 대한 감면	• 첨단기술 및 연구소 기업에 대하여 소득발생 후 3년간 법인세(소득세) 100% 감면, 그 후 2년간 50% 감면 ※ 고용인원, 투자누계액과 연계하여 일정한도 내 공제
전자신고 세액공제	• 소득세, 법인세, 부가가치세를 전자신고방법으로 제출 시 1만 원~2만 원 세액공제
기업도시개발구역 입주기업 감면	• 기업도시개발구역 입주기업 등에 대해 5년간 25%~100% 감면 ※ 고용인원, 투자누계액과 연계하여 일정한도 내 공제
사회공헌사업 지원	• 사회적기업으로 인증받은 기업 3년간 100% 감면, 이후 2년간 50% • 장애인표준사업장으로 인정받은 기업 3년간 100% 감면, 이후 2년간 50%
통합고용 세액공제	• 상시근로자가 증가한 경우 [기본공제] 증가인원 1인당 중소기업은 850~1,550만 원, 중견기업은 450~800만 원, 일반기업은 400만 원 공제 [추가공제] 정규직전환·육아휴직복귀자 1인당 중소기업은 1,300만 원, 중견기업은 900만 원 공제 ※ 2023년 및 2024년 과세연도분에 대해서는 통합고용세액공제와 기존 고용증대세액공제 또는 사회보험료세액공제 중 선택하여 적용해야 함(중복적용 불가)

※ 감면내용 및 방법에 대해 궁금하신 사항은
국세상담센터 (국번 없이 126)로 문의하시기 바랍니다.

06 납부기한 등의 연장 제도

| 사업이 어려운 경우에는 세금납부 연기를 신청할 수 있습니다.

◈ 정부에서는 사업자가 재해를 당하거나 거래처의 파업 등으로 사업이 중대한 위기에 처한 경우 납부기한 등의 연장 제도를 통하여 일정기간 세금납부를 연기할 수 있도록 지원하고 있습니다.

| 납부기한 등의 연장

◈ 다음과 같은 사유에 해당되는 경우 납부기한 등의 연장을 신청할 수 있습니다.

- 납부기한 등의 연장 신청: 「납부기한 등의 연장 승인신청서」를 납부기한 3일 전까지 관할세무서장에게 제출
- 납부기한 등의 연장 기간: 기한만료일의 다음날부터 9개월 이내
- 고용재난지역, 고용위기지역, 산업위기대응특별지역 및 특별재난지역 중소기업은 기한만료일(특별재난지역은 선포된 날부터 2년으로 한정)의 다음 날부터 2년 이내 (법인세 · 부가가치세 · 소득세 및 이에 부가되는 세목 한정)
- 특별재난지역 선포의 사유가 된 재난으로 인해 신체에 피해를 입은 「소득세법」에 따른 사업자와 재난으로 인해 사망한 「소득세법」에 따른 사업자가 경영하던 사업장을 상속받은 상속인은 기한만료일의 다음 날부터 2년 이내 (부가가치세 · 소득세 및 이에 부가되는 세목 한정)

◈ 납부기한 등의 연장 사유

① 납세자가 재난 또는 도난으로 재산에 심한 손실을 입은 경우

② 납세자가 경영하는 사업에 현저한 손실이 발생하거나 부도 또는 도산의 우려가 있는 경우

③ 납세자 또는 그 동거가족이 질병이나 중상해로 6개월 이상의 치료가 필요한 경우 또는 사망하여 상중(喪中)인 경우

④ 권한 있는 기관에 장부나 서류 또는 그 밖의 물건이 압수 또는 영치된 경우 및 이에 준하는 경우

⑤ 정전, 프로그램의 오류, 그 밖의 부득이한 사유로 한국은행 및 체신관서의 정보통신망의 정상적인 가동이 불가능한 경우

⑥ 금융회사 등 또는 체신관서의 휴무, 그 밖의 부득이한 사유로 정상적인 세금 납부가

곤란하다고 국세청장이 인정하는 경우

⑦ 납세자의 장부 작성을 대행하는 세무대리인 등이 화재, 전화, 그 밖의 재해를 입거나 도난을 당한 경우

⑧ ①~③항에 준하는 사유가 있는 경우

| 영세개인사업자 체납액 징수특례 제도

◈ (대상자) 아래 요건 모두 충족

① 2022. 12. 31. 이전에 개인사업*을 모두 폐업하고

* 폐업일이 속하는 과세연도 포함 직전 3년 평균 총수입금액이 15억 원 미만

② 2020. 1. 1. ~ 2025. 12. 31. 기간 중, 개업 후 1개월 이상 계속 사업 또는 취업 후 3개월 이상 계속 근무

③ 신청일 현재 종합소득세 · 부가가치세 합계 체납액(가산금 · 납부지연가산세 제외) 5천만 원 이하

◈ (특례 내용) 가산금 · 납부지연가산세 면제 및 체납국세 분할납부(최대 5년) 허용

◈ (신청기간) 2020. 1. 1. ~ 2026. 12. 31.

— 세금절약 가이드 I —

05

납세자 보호 제도

국세청

www.nts.go.kr

납세자 보호 제도

01 모범납세자 우대제도

세정상 우대혜택

◈ 세무조사 유예

- 단, 객관적이고 명백한 조세포탈 행위 등이 있을 경우 우대혜택을 배제합니다. (국세청장 표창 이상 수상자에게 3년간, 지방청장 표창 이하 수상자에게 2년간)

◈ 관세청 세정지원

- 최대 1년 이내 납기연장 또는 최대 6회 분할납부(담보생략), 정기관세조사 1년간 유예 및 선정 제외합니다.(세무서장 표창 이상 수상자에게 1년간)

사회적 우대혜택

◈ 철도운임 할인

- 업무목적으로 주중 철도 이용 시 최저 10%, 최대 30%의 운임할인을 제공합니다(세무서장 표창 이상 수상자에게 1년간).

◈ 지방자치단체가 운영하는 공영주차장 및 국립공원 주차장 무료 이용

- 모범납세자 스티커 부착차량은 지정된 주차장 무료 이용이 가능합니다(국세청장 표창 이상 수상자에게 1년간).

◈ 신용보증기금 보증심사 시 우대

- 보증료율 0.2%p 인하 및 보증비율 최대 90% 우대합니다(국세청장 표창 이상 수상자에게 3년간).

◈ 보증지원우대

- 서울보증보험주식회사의 이행보증 보험료 10% 인하, 보증한도 10~30억 원 확대, 맞춤형 신용관리 서비스 무상지원 혜택을 제공합니다(국세청장 표창 이상 수상자에게 3년간).
- HUG 주택도시보증공사의 보증료 10% 인하, 보증한도 최대 50억 확대 혜택을 제공합니다(국세청장 표창 이상 수상자에게 3년간).

◈ 국방부 물품 · 용역 적격 심사 시 가점 부여(국세청장 표창 이상 수상자에게 3년간)

◈ 방위사업청 물품 · 장비정비용역 적격심사 시 가점 부여(국세청장 표창 이상 수상자에게 3년간)

◈ 대출금리 경감, 금융수수료 면제 등 금융상 우대

- 신한은행, 우리은행, IBK기업은행, NH농협, 부산 · 경남 · 제주은행 등과 업무협약을 체결하여 모범납세자의 자금운용에 도움을 드리고 있습니다(대상 훈격과 우대기간 및 우대 내용은 은행별로 다르므로 이용 전 문의 필요).

◈ 의료비 할인혜택

- 강동경희대병원, 일산백병원, 을지대학병원, 부산 동의의료원 등과 업무협약을 체결하여 의료비 부담을 덜어드리고 있습니다(대상 훈격과 우대 기간 및 우대 내용은 의료기관별로 다르므로 이용 전 문의 필요).

02 세금포인트 제도

세금포인트 제도란?

◈ 세금 납부에 대한 보람과 자긍심을 고취하기 위해 개인 또는 법인(중소기업)이 납부한 세금(소득세 · 법인세)에 따라 포인트를 부여하고, 세금포인트를 사용하여 다양한 혜택을 받을 수 있는 제도입니다.

세금포인트 부여

구분	개인	법인
제도시행	2004. 4. 1.	2014. 3. 1.
대상	모든 개인납세자	조특법 시행령 제2조의 중소기업
부여대상 세목	종합소득 · 양도소득세 및 원천징수되는 근로 · 퇴직 · 사업 · 기타소득세	법인세 및 법인세 감면분에 대한 농어촌특별세
부여시점	2000. 1. 1. 이후 연도부터 납부세액을 기준으로 부여	2012. 1. 1. 이후 연도부터 납부세액을 기준으로 부여
누적관리 기간	최근 5년 동안 부여(6년 이전 부여 포인트 소멸) ※ 개인납세자 포인트는 2025년에 부여하는 포인트부터 관리기간(5년) 적용	
부여기준	자진납부세액 10만 원당 1점	
부여한도	1년에 개인 · 법인 인당 50 포인트 한도로 부여	
부여일정	매년 3월 부여(전년도 납부실적까지 부여) ※ 단, 원천징수되는 소득세는 전전년도 납부실적까지 부여	

ㅣ 세금포인트 조회 및 사용방법 확인

◈ 홈택스(PC) · 손택스(모바일)에 로그인하여 세금포인트를 조회하거나 사용방법을 확인하실 수 있습니다.

※ 홈택스·손택스 → 「My 홈택스」 → 「세금포인트」 → 「세금포인트 혜택 바로가기」

❙ 세금포인트 사용혜택

<table>
<tr><th>구분</th><th>상세내용</th></tr>
<tr><td>1</td><td>• 납부기한 등의 연장 담보면제(개인·법인 이용)
- 납부기한 등의 연장 신청 시 아래 요건을 만족하는 경우 담보면제 신청가능
(보유한 세금포인트 x 10만 원 담보면제)

요건 : ① 신청일 현재 체납액이 없고, ② 최근 2년간 체납 사실 여부 등을 고려하여 조세일실의 우려가 없는 경우로서 ③ 납부기한 등의 연장 승인 요건을 충족하는 경우</td></tr>
<tr><td>2</td><td>• 소액체납자 재산 매각 유예(개인·법인 이용)
- 1천만 원 이하 체납자의 경우 세금포인트 사용하여 매각유예 신청 가능
(보유한 세금포인트 x 10만 원 매각유예)</td></tr>
<tr><td>3</td><td>• 인천국제공항 비즈니스센터(개인 이용)
- 인천국제공항 내 위치한 모범납세자 전용 비즈니스센터 이용(5P 사용)</td></tr>
<tr><td>4</td><td>• 납세자 세법교실 우선 수강권(개인 이용)
- 국세공무원교육원에 운영하고 있는 납세자 세법교실에 대한 우선수강권 부여
(3P 사용)</td></tr>
<tr><td>5</td><td>• 공항 출입국 우대카드 발급(개인·법인 이용)
- 납세자의 날에 지방국세청장 표창 이상을 수상한 모범납세자는 세금포인트 100포인트를 사용하여 출입국 우대카드 발급 신청(100p 사용)</td></tr>
<tr><td>6</td><td>• 세금포인트 할인쇼핑몰 (개인·법인 이용)
- 전용 온라인 쇼핑몰에서 중소기업 제품을 5% 할인구매
• 구매금액별 사용포인트 및 할인율
<table>
<tr><th>구매금액</th><th>2만 원 이하</th><th>2~4만 원</th><th>4~6만 원</th><th>6~8만 원</th><th>8만 원 초과</th></tr>
<tr><td>사용포인트</td><td>1P</td><td>2P</td><td>3P</td><td>4P</td><td>5P~</td></tr>
<tr><td>할인율</td><td colspan="5">5%</td></tr>
</table></td></tr>
<tr><td>7</td><td>• 행복한 백화점 모바일쿠폰(개인·법인이용)
- 행복한 백화점에서 물품구매 시 일정금액 할인(5~25P 사용)
• 구매금액별 사용포인트 및 할인율
<table>
<tr><th>구매금액</th><th>할인금액</th><th>쿠폰수량(사용P)</th></tr>
<tr><td>10만 원 이상 20만 원 미만 구매 시</td><td>5,000원</td><td>1장(5P)</td></tr>
<tr><td>20만 원 이상 30만 원 미만 구매 시</td><td>10,000원</td><td>2장(10P)</td></tr>
<tr><td>30만 원 이상 40만 원 미만 구매 시</td><td>15,000원</td><td>3장(15P)</td></tr>
<tr><td>40만 원 이상 50만 원 미만 구매 시</td><td>20,000원</td><td>4장(20P)</td></tr>
<tr><td>50만 원 이상 구매 시</td><td>25,000원</td><td>5장(25P)</td></tr>
</table></td></tr>
</table>

<table>
<tr><th>구분</th><th colspan="3">상세내용</th></tr>
<tr><td rowspan="4">8</td><td colspan="3">• 한국무역보험공사의 국외기업신용조사 서비스(법인 이용)
– 세금포인트를 사용하여 한국무역보험공사가 제공하는 국외기업신용조사 서비스 연간1회 무상이용(22~49P사용)</td></tr>
<tr><td>보고서 종류</td><td>일반조사</td><td>재무제표 미비</td></tr>
<tr><td>요약보고서</td><td>33P</td><td>22P</td></tr>
<tr><td>Full Report</td><td>49P</td><td>33P</td></tr>
<tr><td rowspan="23">9</td><td colspan="3">• 문화·여가 모바일 쿠폰(개인 이용)
– 아래 사용처에서 이용요금 할인</td></tr>
<tr><td rowspan="12">관광지</td><td colspan="2">• 국립자연휴양림(46개) 입장료 1천 원 감면</td></tr>
<tr><td colspan="2">• 한국자생식물원 입장료 1천 원 할인</td></tr>
<tr><td colspan="2">• 평화누리캠핑장 이용료 5천 원 할인</td></tr>
<tr><td colspan="2">• 베어트리파크 입장료 1천 원 할인</td></tr>
<tr><td colspan="2">• 국립세종수목원 입장료 1천 원 할인</td></tr>
<tr><td colspan="2">• 청남대 입장료 1천 원 할인</td></tr>
<tr><td colspan="2">• 서산버드랜드 입장료 1천 원 할인</td></tr>
<tr><td colspan="2">• 국립백두대간수목원 입장료 1천 원 할인</td></tr>
<tr><td colspan="2">• 경주시 사적지 등(10개) 입장료 1천 원 할인</td></tr>
<tr><td colspan="2">• 경주엑스포대공원 입장료 2천 원 할인</td></tr>
<tr><td colspan="2">• 경주버드파크 입장료 3~5천 원 할인</td></tr>
<tr><td colspan="2">• 부산 아홉산숲 입장료 1천 원 할인</td></tr>
<tr><td rowspan="7">과학관 · 전시관</td><td colspan="2">• 국립중앙박물관 · 기획특별전시 관람료 10% 할인</td></tr>
<tr><td colspan="2">• 국립생태원 입장료 1천 원 할인</td></tr>
<tr><td colspan="2">• 국립해양·낙동강·호남권생물자원관 입장료 1천 원 할인</td></tr>
<tr><td colspan="2">• 세종문화예술회관 기획전시관 관람료 1천 원 할인</td></tr>
<tr><td colspan="2">• 국립중앙과학관 입장료 1천 원 할인</td></tr>
<tr><td colspan="2">• 예천천문우주센터 입장료 할인</td></tr>
<tr><td colspan="2">• 국립광주과학관 입장료 1천 원 할인</td></tr>
<tr><td rowspan="3">기타</td><td colspan="2">• CGV 영화관(193개) 관람료 2천 원 할인</td></tr>
<tr><td colspan="2">• 베스트웨스턴플러스호텔 세종 퇴실시간(11시~12시) 연장</td></tr>
<tr><td colspan="2">• 라고바움 관광호텔 퇴실시간(11시~14시) 연장</td></tr>
</table>

◈ 자세한 할인조건은 반드시 손택스 · 사용처에서 확인

납세자 보호 제도

03 국선대리인 제도

경제적 사정 등으로 세무대리인을 선임하지 못한 영세 납세자가 청구세액 5천만 원 이하의 과세전적부심사, 이의신청, 심사청구를 제기하는 경우 세무대리인을 무료로 지원하고 있습니다.

국선대리인 지원대상

◈ 청구세액 5천만 원 이하의 과세전적부심사, 이의신청, 심사청구를 제기하는 개인 또는 법인이 아래 요건을 모두 충족하는 경우 국선대리인을 지원받을 수 있습니다.

※ 상속세·증여세·종합부동산세는 제외

납세자 구분	지원 요건	
개인납세자	소득금액	종합소득금액 5천만 원 이하
	재산가액	보유재산가액 5억 원 이하
법인납세자	수입금액	매출액 3억 원 이하
	자산가액	자산가액 5억 원 이하

국선대리인은 누구?

◈ 국선대리인은 지식기부에 참여한 세무사·공인회계사·변호사를 말하며 2024년 12월 현재 320명의 국선대리인이 활동중입니다.

◈ 국선대리인은 영세납세자를 위하여 무료로 법령검토·자문, 증거서류 보완 등 불복청구 대리업무를 수행합니다.

국선대리인 지원 절차

- **불복청구 전**: 불복청구할 관서에 국선대리인 제도 문의
- **불복청구 후**: 세무관서에서 직접 지원대상 여부 검토

→ 지원대상에 해당하는 경우 담당부서에서 납세자에게 지원절차를 안내 → 납세자가 지정신청을 하면 국선대리인을 지정하여 통지 → 국선대리인이 불복청구 업무 수행

국선대리인 담당부서

◈ 과세전적부심사: 세무서·지방국세청의 납세자보호담당관실

※ 국세청에 청구한 경우 국세청 심사2담당관실

◈ 이의신청: 세무서·지방국세청의 납세자보호담당관실

◈ 심사청구: 국세청 심사1담당관실

납세자 보호 제도

04 영세납세자지원단 제도

경제적인 사정 등으로 세무대리인을 선임하지 못하는 영세납세자가 세금에 대한 고민 없이 생업에 전념할 수 있도록 나눔세무사·회계사가 사업주기별 맞춤형 서비스를 통해 세금문제 해결을 도와드리는 제도입니다.

지원 대상 및 범위

◈ 세무대리인이 선임되어 있지 않은 개인사업자, 영세중소법인(혁신기업 포함), 사회적 경제기업, 장애인 사업장이 지원 대상입니다.

◈ 나눔세무사·회계사가 종합소득세, 부가가치세, 법인세, 원천세와 관련된 세무자문 서비스를 제공합니다.

※ 단, 신고 대리는 지원하지 않으며 자산의 이전·보유에 따른 재산제세(양도소득세, 상속·증여세, 종합소득세) 관련 사항 등은 지원범위에 포함되지 않음

신청방법

◈ 세무서 납세자보호담당관실(문의는 국번 없이 126 → 3번)

◈ 국세청 홈택스(www.hometax.go.kr) 또는 모바일 홈택스(손택스) → 상담·불복·제보 → 납세자 보호 → 영세납세자지원단 서비스 신청

제공되는 서비스

◈ 무료세무자문 서비스

세무대리인이 선임되어 있지 않은 영세 개인사업자 등에게 세금문제 전반에 대하여 세무자문 서비스를 제공하고 있습니다.

◈ 창업자 멘토링 서비스

신규(예비) 창업자 등에게 사업개시일이 속하는 과세사업연도의 소득에 대한 종합소득세 확정신고 또는 법인세 정기신고 시까지 1:1 맞춤형 세무자문 서비스를 제공하고 있습니다.

◈ 폐업자 멘토링 서비스

폐업한 영세 개인사업자 등에게 폐업일이 속하는 과세사업연도의 소득에 대한 종합소득세 확정신고 또는 법인세 정기신고 시까지 1:1 맞춤형 세무자문 서비스를 제공하고 있습니다.

◈ 찾아가는 서비스

전통시장, 다문화센터, 창업보육센터 등 영세납세자의 상담 수요가 밀집한 곳을 영세납세자지원단이 방문하여 세무상담 및 신고지원(신고 대리 서비스 제외) 서비스를 제공하고 있습니다.

납세자 보호 제도

05 납세자권리헌장

납세자권리헌장

납세자의 권리는 헌법과 법률에 따라 존중되고 보장됩니다.

납세자는 신고 등의 협력의무를 이행하지 않았거나 구체적인 조세탈루 혐의가 없는 한 성실하다고 추정되고 법령에 의해서만 세무조사 대상으로 선정되며, 공정한 과세에 필요한 최소한의 기간과 범위에서 조사받을 권리가 있습니다.

납세자는 증거인멸의 우려 등이 없는 한 세무조사 기간과 사유를 사전에 통지받으며, 사업의 어려움으로 불가피한 때에는 조사의 연기를 요구하여 그 결과를 통지받을 권리가 있습니다.

납세자는 세무대리인의 조력을 받을 수 있고 명백한 조세탈루혐의 등이 없는 한 중복조사를 받지 아니하며, 장부·서류는 탈루혐의가 있는 경우로서 납세자의 동의가 있어야 세무관서에 일시 보관될 수 있습니다.

납세자는 세무조사 기간이 연장 또는 중지되거나 조사범위가 확대될 때, 그리고 조사가 끝났을 때 그 사유와 결과를 서면으로 통지받을 권리가 있습니다.

납세자는 위법 · 부당한 처분 또는 절차로 권익을 침해당하거나 침해당할 우려가 있을 때 그 처분의 적법성에 대하여 불복을 제기하여 구제받을 수 있으며, 납세자보호담당관과 보호위원회를 통하여 정당한 권익을 보호받을 수 있습니다.

납세자는 자신의 과세정보에 대해 비밀을 보호받고 권리행사에 필요한 정보를 신속하게 제공받을 수 있으며, 국세공무원으로부터 언제나 공정한 대우를 받을 권리가 있습니다.

납세자 보호 제도

06 납세자보호위원회

「납세자보호위원회」 제도란?

◈ 납세자보호위원회는 국세행정 집행 과정에서 납세자 권익보호 사안을 보다 공정하고 투명하게 처리하기 위해 세무서, 지방국세청 및 국세청에 설치된 기구입니다.

◈ 심의 대상

세무서 · 지방국세청	국세청
❶ 위법 · 부당한 세무조사 및 세무조사 중 세무공무원의 위법 · 부당한 행위	재심의 ❶❷❸
❷ 중소규모납세자 이외의 납세자에 대한 세무조사 기간연장 및 범위확대 승인	
❸ 중소규모납세자의 세무조사 기간연장 및 범위확대에 대한 이의제기	
④ 세무조사 시 장부 등의 일시보관 기간연장	-
⑤ 납세자의 권리보호를 위하여 납세자보호담당관이 심의가 필요하다고 인정하는 안건	-

＊ 중소규모납세자: 연간 수입금액 또는 양도가액이 가장 큰 과세기간의 연간 수입금액 또는 양도가액이 100억 원 미만

위원회 구성 및 운영

- 납세자보호위원회는 납세자보호(담당)관을 제외한 모든 위원이 조세 · 법률 · 회계 분야에 전문적인 학식과 경험이 풍부한 민간위원으로 구성되어 있으며
- 소속 위원들은 심의 과정에서 알게 된 민원인, 조사대상자 등에 대한 과세 정보를 타인에게 제공할 수 없고, 위원회의 회의 내용은 공개되지 않습니다.

「납세자보호위원회」 심의 절차

◈ 심의 요청 및 결과 통지

	세무서 · 지방국세청	국세청
심의 요청	세무조사 기간이 끝나는 날까지	세무서장 또는 지방국세청장의 결정 통지를 받은 날부터 7일 이내
결과 통지	요청받은 날부터 20일 이내	요청받은 날부터 20일 이내

◈ 심의 절차

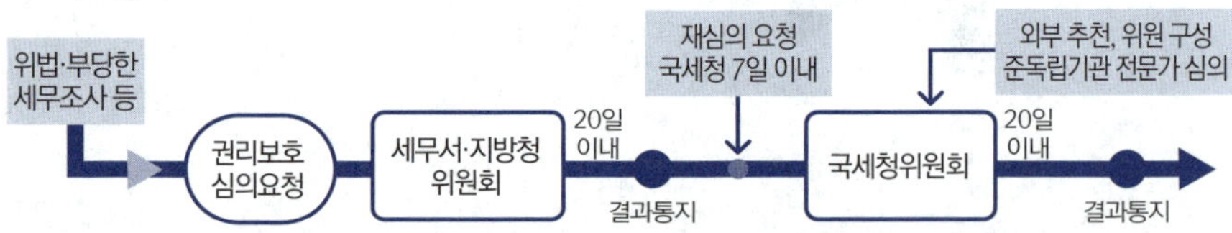

납세자 보호 제도

07 납세자보호담당관

「납세자보호담당관」 제도란?

◈ 세금의 부과 · 징수 그리고 조사과정에서 불가피하게 일어날 수 있는 납세자의 억울함을 해결하고 납세자 불만을 적극적으로 해소하여 납세자의 권익을 보호하는 국세전문 옴부즈맨(ombudsman)제도를 말합니다.

◈ 조사 부서와 납세자보호담당관실이 서로 견제와 균형을 이루어 세무조사가 세법에 따라 공정 · 투명하게 이루어지고, 청탁이 없는 깨끗한 조사 환경 조성을 위한 예방적 기능을 수행합니다.

◈ 「납세자보호담당관」은 전국 세무관서(국번 없이 126 → 3번)에 설치되어 있습니다.

「납세자보호담당관」의 역할은?

◈ 국세의 부과 · 징수과정에서 국세공무원이 위법 · 부당한 권한 행사를 했다고 생각하십니까?

- 사실 여부를 확인하여 잘못된 경우 시정합니다.

◈ 부과된 세금 때문에 고민이 있으십니까?

- 친절하고 자세하게 상담해 드립니다.

◈ 세무조사 진행과정에서 조사공무원이 부당한 권한행사를 한다고 생각하십니까?

- 조사진행과정을 확인하여 잘못된 경우 즉시 시정조치합니다.

◈ 세무조사결과 통지 내용에 불만사항이 있으십니까?

- 과세전적부심사청구 시 국세심사위원회의 심의를 거쳐 결정하고, 그 결과를 통지해 드립니다.

◈ 세금이 잘못 나왔다고 생각하십니까?

- 이의신청이나 심사청구 시 국세심사위원회의 심의를 통하여 세금이 잘못 부과된 경우 바로 잡아드립니다.

08 권리보호요청 제도

권리보호요청 제도란?

◈ 세무관서장의 처분이 완료되기 전 사항으로서 국세행정 집행(예정) 과정에서 납세자의 권리가 부당하게 침해되고 있거나 권리침해가 현저히 예상되는 경우 납세자보호담당관에게 권리보호를 요청하는 제도입니다(2009. 10. 26. 시행).

권리보호요청 대상은?

◈ 세무조사 관련 권리보호요청 대상 예시

1. 세법 · 같은 법 시행령 · 같은 법 시행규칙에 명백히 위반되는 조사(「국세기본법」 제81조의 18제2항제4호에 따른 위법한 세무조사를 포함)
2. 조세탈루의 혐의를 인정할 만한 명백한 자료가 없는 등 법령이 정하는 구체적 사유 없이 같은 세목 및 같은 과세기간에 대한 재조사
3. 「국세기본법」 제81조의18제2항제3호에 따라 중소규모 납세자가 세무조사 기간연장 및 범위확대에 대해 세무조사 일시중지 및 중지를 요청하는 경우
4. 다음 각 목에 해당하는 세무조사 중인 국세공무원의 위법 · 부당한 행위
   가. 조사 대상 세목 및 과세기간의 과세표준 · 세액 계산과 관련 없는 장부 등의 제출을 요구하는 행위
   나. 적법한 절차를 거치지 아니하고 조사대상 과세기간 · 세목 등 조사범위를 벗어나 조사하거나 조사기간을 임의로 연장 또는 중지하는 행위
   다. 납세자 또는 권한 있는 자로부터 동의를 받지 않거나 적법한 절차를 거치지 아니하고 임의로 장부 · 서류 · 증빙 등을 열람 · 복사하거나 일시보관하는 행위
   라. 납세자 또는 세무대리인에게 금품 · 향응 또는 업무집행과 직접 관련 없는 사적편의 제공을 요구하는 행위
   마. 납세자가 제출한 자료나 업무상 취득한 자료를 관련 법령에 의하지 않고 타인에게 제공 또는 누설하거나, 사적인 용도로 사용하는 행위
   바. 조사중지 기간 중 납세자에 대하여 과세표준 및 세액의 결정 또는 경정을 위한 질문을 하거나 장부 등의 검사 · 조사 또는 제출을 요구하는 행위
5. 기타 제1호부터 제4호까지의 규정에 준하는 사유로서 납세자의 권리가 부당하게 침해되고 있거나 침해가 현저히 예상되는 경우
6. 납세자가 「국세기본법」 제81조의18제3항의 규정에 따라 세무서장 또는 지방국세청장이 납세자보호위원회 심의를 거쳐 결정한 사항에 대해 국세청장에게 취소 또는 변경을 요청하는 경우

◈ 일반 국세행정 관련 권리보호요청 대상 예시

1. 소명자료 제출 · 고충민원 · 불복청구 · 체납세액 완납 등의 절차가 완료되었으나 그에 필요한 결정취소 · 환급 · 압류해제 등 후속처분을 지연하는 행위
2. 사전예고(독촉) 없이 재산을 압류하거나 소명안내 없이 과세자료에 의한 고지처분을 진행하는 행위(관련 법령 또는 규정에 의한 경우 제외)
3. 납세자가 권리구제 등의 필요에 의해 본인의 과세정보에 대해 열람 또는 제공 요구를 한 경우, 특별한 사유 없이 이를 거부하거나 제공을 지연하는 행위
4. 납세자 또는 세무대리인에게 금품 · 향응 또는 업무집행과 직접 관련 없는 사적편의 제공을 요구하는 행위
5. 납세자가 제출한 자료나 업무상 취득한 자료를 관련 법령에 의하지 않고 타인에게 제공 또는 누설하거나 사적인 용도로 사용하는 행위
6. 과세자료 처리 등에 있어 세금의 부과 · 징수와 관련 없는 자료 또는 소명을 과도하게 요구하거나 납세자가 이미 제출 또는 소명한 자료 등을 반복적으로 요구하는 행위
7. 과세자료 처리 시 납세자가 해명자료를 제출하였음에도 정당한 사유 없이 처리를 지연하는 행위
8. 신고내용 확인에 대한 적법 절차를 미준수하여 납세자의 권리를 부당하게 침해하는 행위
9. 현장확인 시 출장 목적과 관련 없이 무리하게 장부 · 서류 등 제출을 요구하거나 사실관계를 확인하는 행위
10. 제1호부터 제9호까지의 규정에 준하는 사유로 납세자 권리가 부당하게 침해되고 있거나 침해가 현저히 예상되는 경우

권리보호요청과 납세자보호위원회, 납세자보호담당관의 권한

◈ 납세자의 권리보호요청이 접수되면 납세자보호담당관이 사실관계를 확인하고 적절한 권한을 행사하여 시정조치합니다.

◈ 세무조사와 관련된 권리보호요청은 관할 세무관서장이 납세자보호위원회의 심의를 거쳐 처리하고

◈ 납세자는 관할 세무관서장의 결정에 대해 7일(7일이 경과하기 전에 세무조사 기간이 종료되는 경우에는 그 종료일) 이내에 국세청장에게 그 결정의 취소 또는 변경을 요청할 수 있습니다.

납세자 보호 제도

09 억울한 세금의 권리구제 절차

납세자의 권리구제를 위하여
다음과 같은 제도를 두고 있습니다.

◈ 법에 의한 권리구제 제도
- 과세전적부심사청구
- 이의신청, 심사 · 심판청구
- 행정소송

◈ 행정에 의한 권리구제 제도
- 고충민원 신청

Ⅰ 과세전적부심사 제도

◈ 세무서 · 지방국세청으로부터 세무조사결과통지 또는 업무감사 및 세무조사 파생자료 등에 의한 과세예고통지를 받았을 때 받은 날로부터 30일 이내에 세무서 · 지방국세청에 과세예고통지 내용의 적법성에 관한 심사를 청구할 수 있는 제도입니다.

◈ 청구세액이 5억 원 이상인 경우 등에는 국세청에 과세전적부심사 청구를 할 수 있습니다.

◈ 청구서가 접수되면 해당 세무서 · 지방국세청 · 국세청에서는 접수받은 날로부터 30일 이내에 국세심사위원회의 심의를 거쳐 결정하고 그 결과를 통지해 드립니다.

Ⅰ 이의신청

◈ 납세고지를 받은 날 또는 세금부과 사실을 안 날로부터 90일 이내에 고지한 세무서 또는 소관 지방국세청에 이의신청을 할 수 있습니다.

◈ 세무서에 과세전적부심사를 청구한 경우에는 소관 지방국세청에 이의신청을 하여야 합니다.

◈ 이의신청서를 접수한 날로부터 30일 이내에 결정합니다. 다만, 이의신청인이 당초 결정기간(30일)내에 항변서를 제출하는 경우에는 60일 이내에 결정하고 그 결과를 통지해 드립니다.

| 심사 · 심판청구

◈ 납세고지를 받은 날 또는 세금부과 사실을 안 날로부터 90일 이내에 심사 또는 심판청구를 할 수 있습니다.

◈ 이의신청을 한 경우에는 이의신청의 결정통지를 받은 날로부터 90일 이내에 심사 또는 심판청구를 할 수 있습니다.
(다만, 이의신청 결정기간 내에 결정통지를 받지 못한 경우 결정통지를 받기 전이라도 그 결정기간이 지난 날부터 심사 또는 심판청구 가능)

※ 심사청구서 및 심판청구서는 관할세무서에 제출하시면 됩니다.

◈ 심사 · 심판청구를 접수한 날로부터 90일 이내에 결정하여 청구인에게 그 결과를 통지해 드립니다.

| 행정소송

◈ 심사청구, 심판청구 또는 감사원 심사청구에 의해 권리구제를 받지 못한 경우에는 결정통지를 받은 날로부터 90일 이내에 해당 세무관서를 관할하는 법원에 소송을 제기하면 됩니다.

| 고충민원

◈ 세법을 잘 알지 못하고, 경제적 어려움 등으로 불복청구 제도를 이용하지 못하는 영세납세자의 권리구제 제도입니다.

10 납세자권익24

「납세자권익24」란?

◈ 납세자가 권익보호 정보를 손쉽게 이용할 수 있도록 국세청에 여러 채널로 분산된 정보를 체계적으로 제공하는 누리집입니다.

접근경로 : 「납세자권익24」(www.nts.go.kr/taxpayer_advocate/main.do)

「납세자권익24」 제공 서비스

납세자권익보호 소개	• 납세자권리헌장, 국세행정서비스헌장 등 소개 • 납세자권리구제 제도 소개 - 권리보호요청, 고충민원, 불복(과세전적부심사, 이의신청, 심사청구, 국선대리인 제도)
권리구제/불복 신청	• 권리보호요청, 고충민원, 불복(과적/이의/심사), 국선대리인 신청, 세무조사 참관 제도
성실납세우대	• 세금포인트 · 아름다운납세자 제도 소개 • 모범납세자 추천(신청)
세금지원/상담 신청	• 고객의 소리(VOC), 영세납세지원단 서비스 신청, 인터넷 상담 신청, 세법해석 신청, 방문 상담 예약, 공감소통 · 민생지원소통추진단 소개
심의 사례/자료실	• 분기별 주요 심의 사례, 심의 사례 검색, 발간보고서 / 책자, 세무 서식

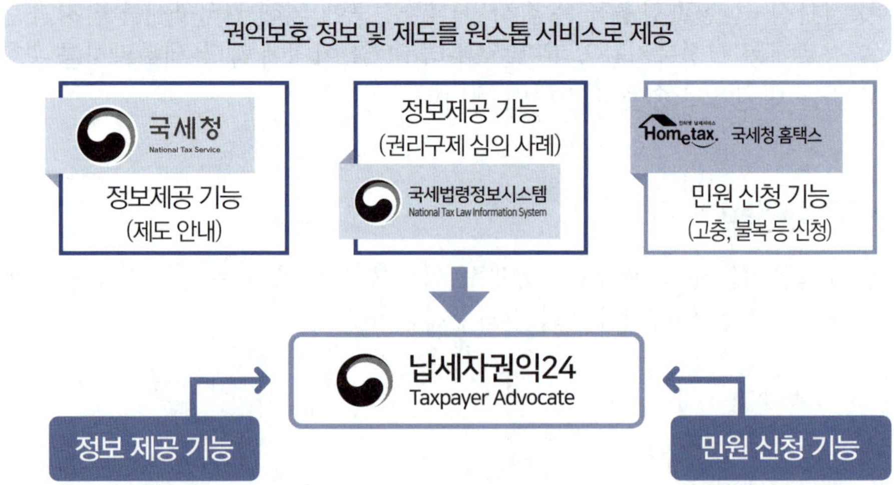

국세청
www.nts.go.kr

권리보호신청 메뉴 바로가기

- 권리보호요청 신청
- 고충민원 신청
- 영세납세자지원단 서비스 신청
- 과세전적부 심사청구
- 이의신청
- 심사청구

권리보호 현황(2023년 1월 ~ 12월 누계)

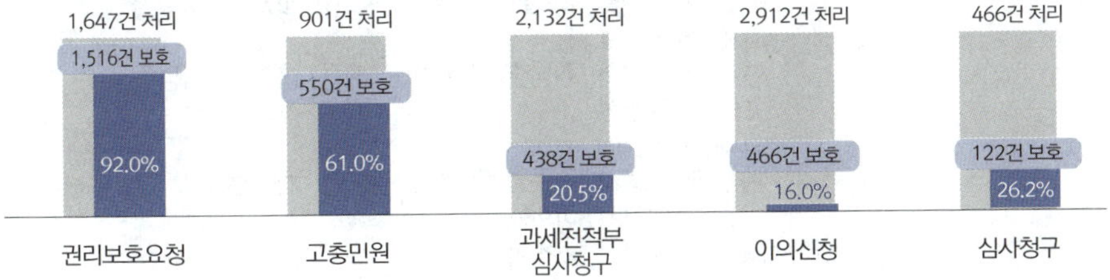

2025
세금절약 가이드 I

인 쇄 일 | 2025년 5월 발 행 일 | 2025년 5월

발 행 처 | 국세청 세정홍보과

편집위원 | 세정홍보과장 장성우 행정사무관 이동규
국세조사관 허수범

집필위원 | (1장) 국세조사관 김수현, 이환희, 김지호, 조영혁, 전태훈, 원두진, 김민주, 주미영, 박원규, 이현영, 이상준, 홍준영

(2장) 국세조사관 전병헌, 양미선, 이옥녕, 김강훈, 조준영, 김보혜, 구재흥, 임정진, 오한솔, 김현섭, 김미영, 배유진, 김정효, 최근수, 곽형신, 유지희, 김창희, 문혜림, 추명운, 김지현, 김민주

상담사례_부가가치세 부분
국세조사관 구재흥, 김보혜, 임정진, 김정효, 박지현, 이철용

상담사례_종합소득세 부분
국세조사관 유지희, 김강훈, 김창희, 문혜림, 홍준영, 김정효, 김주현

상담사례_원천세 부분
국세조사관 권옥기, 조준영, 곽형신, 김도현, 차상훈, 김지현, 백신기, 이희윤

(3장) 국세조사관 백신기, 조준영

상담사례_연말정산 부분
국세조사관 백신기, 이희윤

(4장) 국세조사관 김은경, 강다은, 전병헌, 김보혜, 홍준영, 이태호, 손성탁, 장수환, 이상준, 김수진

상담사례_장려금 부분
국세조사관 김은경, 유종현

(5장) 국세조사관 이현도, 조강희, 강형규, 김주엽, 원두진, 정병호, 이은미, 조영혁, 전태훈

디자인·인쇄 | (주)일진커뮤니케이션(02)2277-4424

구 입 | 가나북스 (031)959-8833 / 팩스 (031)959-8834

ISBN 979-11-6446-123-3 03320

국세상담이 필요할 땐 국번 없이 126 국세상담센터로

※ 이 책자는 2025년 2월자 시행령 개정사항까지 반영하였으며, 책자에 대한 오류 · 수정 요청은 국세청 세정홍보과(044-204-3285)로 연락바랍니다.

이 책자는 국세청 누리집(www.nts.go.kr → '국세정책/제도' → '통합자료실' → '국세청 발간 책자' → '세금안내 책자')에서 전자책자 및 파일을 다운로드(무료) 받으실 수 있습니다.

 정가: 7,000원